企业招聘
精细化管理

实操一本通

罗 芳/编著

中国铁道出版社有限公司
CHINA RAILWAY PUBLISHING HOUSE CO., LTD.

内 容 简 介

这是一本系统介绍企业招聘工作的书籍，书中以招聘管理的工作流程为线索，从系统到专项，详细讲述了招聘管理的知识点、流程、操作方法及技巧。

全书共 11 章，分为四部分。第一部分介绍正式招聘之前的管理工作；第二部分从招聘工作的流程出发，详细讲解发布招聘信息、选择招聘渠道、筛选简历、组织面试面谈等一系列的工作要点；第三部分介绍新员工的入职管理，包括新员工入职培训、转正、劳动合同的订立以及风险防范等内容；第四部分介绍管理新员工的技巧和心理学运用。

本书将招聘工作流程、案例、实用表单等重要内容通过不同的形式来表现，适合各类企业中高层管理人员、人力资源管理从业人员、招聘专员、部门负责人等学习使用。

图书在版编目（CIP）数据

企业招聘精细化管理实操一本通 / 罗芳编著 . —北京：

中国铁道出版社有限公司，2021.8

ISBN 978-7-113-27673-7

Ⅰ . ①企… Ⅱ . ①罗… Ⅲ . ①企业管理 – 人才 – 招聘

Ⅳ . ① F272.92

中国版本图书馆 CIP 数据核字（2021）第 087592 号

书　　名：企业招聘精细化管理实操一本通
　　　　　QIYE ZHAOPIN JINGXIHUA GUANLI SHICAO YIBENTONG

作　　者：罗　芳

责任编辑：王　佩　　　编辑部电话：(010) 51873022　　　邮箱：505733396@qq.com
封面设计：宿　萌
责任校对：孙　玫
责任印制：赵星辰

出版发行：中国铁道出版社有限公司（100054，北京市西城区右安门西街 8 号）
印　　刷：三河市兴达印务有限公司
版　　次：2021 年 8 月第 1 版　　2021 年 8 月第 1 次印刷
开　　本：700 mm×1 000 mm 1/16　印张：19　字数：271 千
书　　号：ISBN 978-7-113-27673-7
定　　价：69.80 元

前言

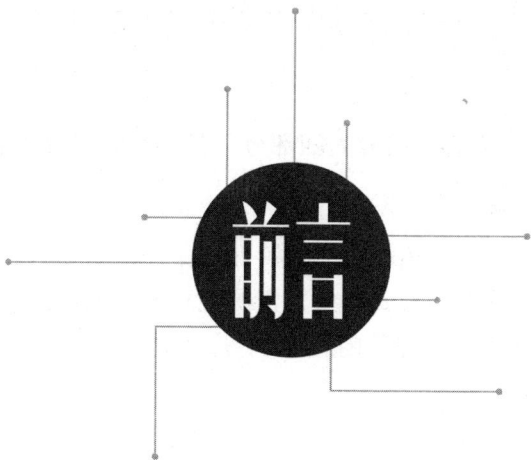

　　HR 是 Human Resource 的英文缩写，即人力资源，全称人力资源管理，主要负责企业的各种人事管理，对所属员工进行选拔、任用、培养、考核、奖惩等一系列的管理活动，对于企业来说这是一个非常重要的职位。而在 HR 的人事管理中，最为重要的一项工作就是员工的招聘。招聘工作能为企业带来新的人才，为企业注入新鲜的血液，保证企业的生产经营不受影响。

　　招聘是组织获取人力资源的第一环节，也是人员选拔的基础。这项工作并不是简单地由招聘、录用、入职三个部分组成，而是包含了不同层面的一系列工作，如招聘准备工作、人力资源规划、设置招聘管理制度、选择招聘渠道、筛选简历、组织面试面谈、办理入职手续、防范法律风险等。

　　在招聘过程中，除了人力资源部，还需要企业其他各个部门的配合，才能真正做好招聘精细化管理。本书从招聘管理的各个环节出发，按招聘顺序介绍各环节的核心工作，并通过图示、表格、示例多种表达方式帮助 HR 了解具体的招聘工作细节，以及招聘管理的相关技巧，为 HR 提供有序、清晰的操作指导。

全书包括 11 章内容，可分为四部分，各部分的内容如下。

◎ 第一部分：第 1 ~ 3 章

该部分是正式招聘之前的管理工作，介绍了招聘管理的入门知识，如人才库建立方式、人力资源规划设计以及招聘管理制度设置等内容，通过对该部分内容的学习，HR 可以了解人力资源管理与招聘工作的联系。

◎ 第二部分：第 4 ~ 8 章

该部分主要介绍招聘工作的基本流程，从最开始的组织招聘团队、发布招聘信息，再到选择招聘渠道、筛选优秀简历，最后通知应聘者参加面试、进行面试面谈、拟出录用名单。

◎ 第三部分：第 9 ~ 10 章

该部分重点讲解新员工的入职管理，包括迎接新员工、新员工入职培训、新员工转正、劳动合同的订立风险、雇佣双方的知情权使用以及如何规避招聘歧视等内容。

◎ 第四部分：第 11 章

该部分介绍了管理新员工的技巧和心理学运用，通过实用的技巧和心理效应，能够使 HR 更加顺利地管理新员工，做好招聘入职的各项事宜。

本书内容全面，将招聘工作流程、招聘工作内容、实用表单等重要内容通过不同的形式来表现，结构多样化，HR 可切实了解招聘工作的流程、细节、技巧、注意事项等。本书可供各类企业中高层管理人员、人力资源管理从业人员、招聘专员、部门负责人等相关人员学习使用。

由于编者能力有限，对于书中内容不完善的地方希望获得读者的指正。

编　者

目录

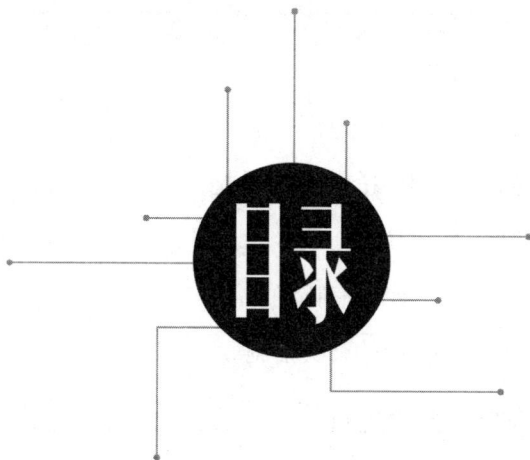

第一章　招聘入门，管理知识全面了解

企业要想在竞争激烈的行业中取得一席之地，就需要有不同的管理人员和专业技术人员为企业工作，不断地发展企业的业务，并科学地管理企业，使得企业能够良好地经营。所以人才招聘和管理逐渐成为人力资源管理的重点。

第二章 人力资源，规划好才有备选人才

HR 想要做好招聘工作，只关注于招聘工作本身是不行的。从长远的方向来看，做好人力资源管理工作对企业源源不断地获得人才有很大帮助，也是招聘活动进行的基础。

第三章　招聘管理，制定制度定基调

　　招聘工作的流程复杂，环节较多，要实现良好的衔接有一定难度，所以需要统一管理。要各相关部门的人员与人事管理者做好自己的工作，并协调帮助其他人，就要制定合理的招聘管理制度，优化招聘体系。

第四章　招聘准备，工作做足才顺利

人力资源部进行招聘工作之前要进行招聘准备，这样才能保证招聘工作的顺利完成。前期的准备工作主要包括组建招聘团队、发布招聘信息和制作招聘广告。HR要按步骤做好准备工作，为之后的工作打下坚实的基础。

第五章　招聘渠道，多种方式多种选择

要招聘到优秀的人才，企业首先要吸引符合招聘要求的人才前来投递简历。而根据不同的招聘渠道，HR获得的招聘效果也有所不同。所以HR要注意分析各招聘渠道的特点，选择适合的招聘渠道为企业招聘人才。

第六章 把关简历，有效筛选可用的人才

简历可以告诉 HR 人才的基本信息，HR 在深入了解人才之前，可以通过简历对人才进行筛选，缩小招聘范围，为招聘工作打下基础。简历的筛选工作是讲究技巧的，HR 不能凭主观感受决定人才是否可用。

第七章　　面试面谈，选择人才的关键环节

　　面试面谈是招聘工作的重点，HR 通过与候选人的面谈可以了解其工作能力、职业素养、个人性格等方面的信息，以此来判断其是否适合在公司工作。而面试面谈的过程阶段性明显，由面试邀约到初试，再到复试，HR 需要按照相应的流程完成工作任务，确保与人才顺利面谈。

第八章　通过复试，如何做到优中选优

复试是对候选人进行再一次的考核，这样 HR 可以更加深入地了解候选人的工作才能、性格、岗位契合度。只有通过复试，HR 才能最终确定录用的员工并与其进行薪酬谈判，完成人员的录用与审批。

第九章　入职管理，为正式工作打好基础

新员工入职对于公司各部门都有很大的影响，HR要做的工作非常多，不仅要安排员工办理入职手续，还要在试用期对员工进行指导，帮助员工尽快融入公司。

第十章　法律法规，掌握才能防范招聘风险

录用新员工到公司工作，要贴出招聘启事，办理入职手续，签订劳动合同，这一系列环节都有可能涉及法律问题。如果HR不加以注意，了解其中的法律风险，就有可能给企业带来不小的损失。

第十一章　管理提升，借助心理学辅助工作

一直以来，都有企业利用心理学效应来管理公司，并且取得了非常好的效果。对于 HR 来说，如何运用各种技巧，尤其是心理学技巧，来实现人事管理，是非常重要的一课。

第一章

招聘入门，管理知识全面了解

企业要想在竞争激烈的行业中取得一席之地，就需要有不同的管理人员和专业技术人员为企业工作，不断地发展企业的业务，并科学地管理企业，使得企业能够良好地经营。所以人才招聘和管理逐渐成为人力资源管理的重点。

1.1
岗位分析不能少

相信人力资源工作从业人员一定非常熟悉岗位分析的概念。岗位分析是对企业各类岗位的性质、任务、职责、劳动条件和环境，及员工承担本岗位任务应具备的资格条件所进行的系统分析与研究，并由此制订岗位规范、工作说明书等人力资源管理文件的过程。

1.1.1　为什么要进行岗位分析

要进行企业的招聘活动，岗位分析是必不可少的一步。通过岗位分析，人力资源部的相关人员可以对公司需要的岗位有整体把握，并明确任职相关岗位需要满足的条件，制订人力资源计划，为招聘到符合要求的人才做好充分准备。而进行岗位分析的作用远不仅如此，如下为岗位分析工作的五大作用。

优化人才招聘制度。很多企业的招聘工作都是临时进行的，按各部门需要招聘新的人员，没有系统性，招聘到的人员也未必能够胜任相关工作。而对于现代企业来说，招聘机制应该和人才储备、人才划分、人才考核、人才培训密切关联，这样才能准确向企业提供源源不断的人才。

薪酬划定。员工的薪酬标准在招聘之前就要确定好，人力资源部不能随意制定薪酬。薪酬的制定首先要通过岗位分析对岗位的价值进行判定，再结合公司的实际情况、行业的实际情况来统一制定薪酬管理体系。

明确绩效管理方向。现在很多企业都会进行绩效管理，而绩效管理中最重要的一部分就是绩效项目的确定，根据岗位分析我们能够了解岗位具体的工作项目，为绩效考核提供思路。

指出晋升方向。有些能力出众的员工在招聘时会对自己未来的晋升路线进行了解，而进行岗位分析后，该岗位的上级和下级都一目了然，人力资源部可由此设计相关岗位的晋升路线，并对晋升岗位的相关要求作出说明。

培训计划参考。 员工进入试用期后，如果要进行相关的岗位培训，企业要提前做好培训规划，包括培训人员、培训时间、培训课程和培训资料等。而根据岗位分析，人力资源部可以按工作要求，罗列员工所需技能，设置培训课程。

1.1.2　岗位分析的主要内容是什么

通过搜集各种信息对工作岗位进行分析，提供工作岗位的全面信息，并为企业内部的各项人事工作提供依据和方向，是我们对岗位分析的初步认识。在实际工作中，岗位分析应该包含哪些内容，才能真正帮助企业顺利开展各项工作呢？

岗位分析的内容主要分为两个部分：一是岗位要素，二是岗位对员工的要求。岗位的各项要素如图 1-1 所示。

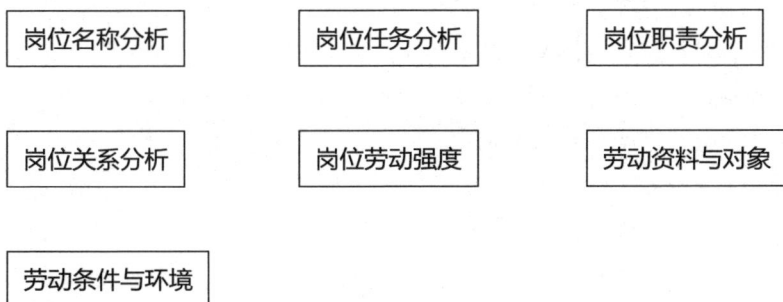

岗位名称分析	岗位任务分析	岗位职责分析
岗位关系分析	岗位劳动强度	劳动资料与对象
劳动条件与环境		

图 1-1

岗位对员工的要求也是岗位分析的关键内容，具体应包括以下 5 点。

◆ **工作能力要求**：主要对任职相关工作的基本能力进行分析，得出科学合理的结论，如任职财会类岗位，需要具备数字处理能力、财务管理能力、Excel 使用能力等。

◆ **知识水平要求**：与工作能力不同，这是对岗位员工的学历提出的要求，如有的工作只需要大学专科即可，有的工作需要大学本科或研究生才能胜任。

◆ **职业道德要求**：不同的工作对人员的职业要求不一样，在进行岗位分析的时候要区分开来，如销售人员要热情、谦虚；生产部门人员需要具备责任感。

◆ **身体素质要求**：对于一些特殊的职业，在岗位分析的时候要考虑对于体力的需求，尤其是车间、工厂类的工作对体力要求较高。如果在岗位分析的时候不引起重视，招到不合适的员工，会有很大的安全隐患。

◆ **工作经验要求**：一般的工作都会要求工作经验，而对工作经验的分析，相关人员要结合有关资料得出合理的结论，不能"一刀切"。例如，所有工作都要求 3 年工作经验。

知识延伸｜岗位分析要解决的六大问题

在开始岗位分析工作前，如果相关人员对有关内容无法有效梳理，可以询问自己以下6个问题。

①工作的内容是什么（What）？

②由谁来完成（Who）？

③什么时候完成工作（When）？

④在哪里完成（Where）？

⑤怎样完成此项工作（How）？

⑥为什么要完成此项工作（Why）？

1.1.3 岗位分析的原则与流程

在进行岗位分析前，相关人员还应该了解该项工作的基本原则，及相关流程，这样开展岗位分析工作才能事半功倍。

在进行岗位分析时应遵循以下六大原则。

◆ 系统性原则

进行岗位分析时，不要仅仅着眼于某一工作的相关资料，而要想到该项工作与其他工作的关联，如生产加工和采购工作是有联系的。另外，还要考虑到岗位在企业内部的位置和级别，便于有关人员系统地概括岗位特征和任职要求。

◆ 动态性原则

岗位分析并不是一件一劳永逸的工作，当企业的发展方向、业务类型和组织行政发生调整，岗位分析的结果也会有所改变。如裁撤主管层后，某个项目的经理就要承担管理工作。所以岗位分析要定期进行一次，以应对不断改变的企业环境。

◆ 目的性原则

岗位分析并不是一件多余的工作，而是在不同环节有不同的目的，如准备招聘工作、明确工作职责、设定薪酬待遇等。目的不同，侧重点也有所不同，对于招聘工作来说，对员工的要求是需要重点考虑的内容。

◆ 经济性原则

岗位分析要经历几个步骤，是一项较为复杂的工作，所以会耗费企业一定的人力物力，因此更要科学、合理地进行该项工作，减少企业的运营成本。

◆ 职位性原则

岗位分析是围绕各种职位的工作内容、特性、任职要求等展开的，所以具有职位特殊性，每项岗位分析都不一样，相关人员要接受这样的不同，不能随意评判工作性质。

◆ 应用性原则

岗位分析的最后是要有一个完整的结果，这样才能应用到企业管理的相关事务上。一般来说，岗位分析的结果是职位描述、工作规范或岗位说明书。

岗位分析的流程包括 5 个阶段，按照流程进行可以让工作更加简便，其5 个阶段的具体描述如图 1-2 所示。

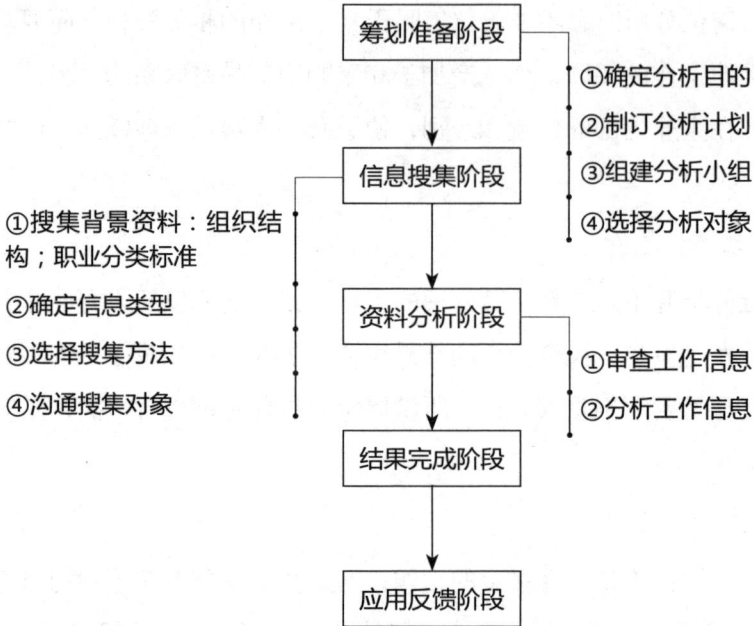

```
                    ┌──────────────┐
                    │  筹划准备阶段  │ ──────┐ ①确定分析目的
                    └──────┬───────┘       │ ②制订分析计划
                           ↓               │ ③组建分析小组
                    ┌──────────────┐       │ ④选择分析对象
 ①搜集背景资料：组织结  │  信息搜集阶段  │
 构；职业分类标准    ─── └──────┬───────┘
 ②确定信息类型              ↓
 ③选择搜集方法       ┌──────────────┐
 ④沟通搜集对象        │  资料分析阶段  │ ──────┐ ①审查工作信息
                    └──────┬───────┘       │ ②分析工作信息
                           ↓
                    ┌──────────────┐
                    │  结果完成阶段  │
                    └──────┬───────┘
                           ↓
                    ┌──────────────┐
                    │  应用反馈阶段  │
                    └──────────────┘
```

图 1-2

1.1.4 岗位分析的方法

正式开始岗位分析后，不能仅仅靠工作组讨论得出最后的分析结果，而要借助有实践性、科学合理的方法来完成分析工作，这样不仅可以节约成本，还可以减少工作量。岗位分析的方法有多种，最常见的是以下 6 种。

（1）实践法

顾名思义，实践法是通过对岗位的实际工作的观察、了解而对具体的工作内容和要求进行分析和概括的方法。在运用实践法时，要注意以下三个方面的内容。

◆ 注意了解实际的工作任务，并以此判断对任职人员的体力等综合因素的要求。

◆ 对实际工作的条件、环境、流程等进行记录，找出不合理或需要改进的地方。

◆ 该方法不适用于训练难度大、危险的工作，如飞行员、脑外科医生等，只适用于短期内可以掌握的工作。

（2）访谈法

通过与岗位相关人员的对话来了解岗位的全部信息，这种方法对访谈人员的沟通能力有很大考验。不过如果遵守相关规则，掌握访谈要点，也不失为一种搜集信息的好方法。

在进行访谈时，要注意以下四项谈话标准。

①所提问题和岗位分析的目的有关。

②岗位分析人员在语言表达上要清楚，确保对方能明白自己要表达的意思。

③所提问题和谈话内容不能超出被访谈对象的知识和信息范畴。

④所提问题和谈话内容应该有边界，不能引起对方不满或涉及对方隐私。

访谈法运用广泛，几乎在进行岗位分析时，都会参考相关人员的看法，其具体的优缺点如表 1-1 所示。

表 1-1　访谈法的优缺点

优点	缺点
1. 操作简单、便捷，适用范围广，尤其对于编制工作描述非常有帮助	1. 对访谈者的沟通技巧有较高的要求，该因素会导致搜集到的信息质量有好有差，所以不能作为搜集信息的唯一方法
2. 可以作为其他信息搜集方法的辅助，如问卷调查没有涉及的方面、实践法做不到的地方	2. 对于被访谈对象而言，这样的对话可能影响其正常的工作进度

续上表

优点	缺点
3. 可从多个视角来分析岗位特性，能够为之后的管理工作提供一些思考，获得不同管理层的信息	3. 访谈问题的设定可能会不够准确，导致双方信息接收不对等或信息失真
4. 能拉近与员工的距离	

（3）问卷调查

问卷调查是通过设计相关问卷，要求被调查者据此进行回答以搜集资料的方法。在调查问题的设计上，一定要围绕岗位分析的具体目标，可以包括工作职责、失误影响、工作重要性、领导风格、内部沟通和外部接触、工作独立性、工作时间要求等部分。常见的岗位分析调查问卷如下例所示。

| 范例解析 | 某企业岗位分析问卷调查

我们诚邀您在百忙之中抽出时间填写这份问卷，本问卷的目的在于了解公司各岗位的基本状况，使人力资源部有一个更为详细和准确的职位分析。问卷题目没有正确与错误的区别，请您根据工作中的实际情况填写。

1.个人基本信息

姓名：＿＿＿＿＿＿＿＿　　岗位：＿＿＿＿＿＿＿＿＿＿

入职时间：＿＿＿＿＿＿＿　所在项目及部门：＿＿＿＿＿＿＿＿

直接上司：＿＿＿＿＿＿＿　直接下属：＿＿＿＿＿＿＿＿

晋升方向：＿＿＿＿＿＿＿　轮换的岗位：＿＿＿＿＿＿＿

2.工作时间

①正常工作时间：＿＿＿＿＿＿＿＿＿

②每周外出时间占正常工作的比例？（没有、很少、偶尔、许多、非常频繁）＿＿＿＿＿＿＿＿＿＿＿

③外地出差情况每月平均（　）次，每次平均要（　）天。

④实际上下班时间是否随工作情况经常变化？（总是、有时是、偶尔是、否）_____，经常变化的原因：_____

⑤本地因公外出情况平均每月（　）次，每次平均（　）小时，（基本没有）_____

3.工作概要（请简单地概括一下您现在岗位的工作内容）

_____

4.岗位职责（请按重要性排序，若表格不够，请在下面补充完整）

序号	工作内容	工作性质（主要、日常、临时）	占全部工作时间的百分比	发生的频次	负责的程度（部分／全部／协助）	工作联系
1						
2						
3						
4						

5.工作内容补充（请将第4题岗位职责没有描述完整的写在下方空白处）

_____

6.您认为上述工作内容中有哪些是原不属于本岗位的职责范围，但自己却在做的？

_____

7.您所负责的工作岗位工作量符合度如何？

□超负荷　　□满负荷　　□半负荷　　□无负荷

8.请列举您有决策权的工作项目

_____

9.您认为胜任岗位所需的最合适的学历应该是什么?

□硕士　　□本科　　□大专　　□高中　　□高中以下

10.您认为需要多长时间的工作经验才能胜任本岗位?此工作经验应该是哪类?

_____

11.您认为承担本岗位应该需要参加什么培训?应该培训多长时间?

_____

12.您在工作中有哪些方面感到棘手?

_____

13.您认为本岗位工作安排有哪些不合理的地方,应如何改善?

不足:_____

建议:_____

问卷调查法同样有其优缺点,具体如表1-2所示。

表1-2　问卷调查法的优缺点

优点	缺点
1.能够快速、大量地获得有用的信息,节省很多人力物力,成本很低	1.设计问卷的题目需要耗费一定的人力物力,如果邀请专业人士来设计还要花费高昂的费用
2.员工可以随时随地填写问卷,不会影响个人的工作	2.这是一种单向沟通方式,有些问题可能得不到员工的理解
3.结构化问卷的最终结果可由计算机处理	3.可能出现填写人不认真,最终影响调查质量的情况

（4）观察法

观察法与实践法有异曲同工之处,不过也有特别针对的工作范畴,适用于标准化的、周期较短的、以体力活动为主的工作，如生产线工人、会计，而不适用于工作内容灵活度高的工作，如律师、设计师等。

在通过观察法观察相关对象时，要注意以下一些事项。

①该岗位工作较为稳定，工作场所固定。

②不要影响被观察者的工作，最好秘密进行相关工作。

③观察法得到的信息并不全面，最好有其他的方法进行辅助。

④进行观察前最好设计详细的提纲，对需要观察的项目进行列示。

⑤可以采用瞬间观察，也可以采用定时观察。

（5）日志法

日志法即通过搜集员工的工作日志对相关岗位进行分析，在适用的情况下能够得到大量一手资料，但该方法只对某些岗位适用，如工程类需要每天进行工作记录的岗位等。对于其他的岗位，可能会加大员工的工作量。另外，在员工日志收集整理方面，相关人员的工作量可能会很大。

（6）关键事件法

关键事件法是用于搜集工作分析信息的方法之一。关键事件法能对完成工作的关键性行为进行记录，搜集、整理导致某项工作成功或失败的典型、重要的行为特征或事件。

对关键事件进行搜集，能够使相关人员更清楚和了解岗位的工作行为，挑选出特定的工作行为，用于绩效、培训等管理工作，或者帮助招聘人员全方位地描述岗位特点。

1.1.5 善用岗位说明书

岗位分析的直接目的是编写岗位说明书，经过访谈、问卷调查等方法，搜集与岗位相关的信息，在汇总、处理后，整理成书面形式的文件。一般来说，岗位说明书分为岗位描述和岗位规范两部分。

◆ **岗位描述：** 指与工作内容有关的信息，包括职务概况、岗位工作目标、岗位工作特点、岗位工作关联等。

◆ **岗位规范：** 指岗位的任职资格，即任职该岗位需要员工满足什么条件。

岗位说明书的格式没有明确的规定，企业可以根据自身情况来编制，但是岗位说明书不能随意编写，应该以岗位分析为基础。在招聘工作开始之前，岗位说明书的相关内容都可以应用到招聘启事里。如表1-3所示为某企业的财务经理岗位说明书。

表1-3 财务经理岗位说明书

部门	财务部	岗位名称	财务经理
任职		任职人签字	
直接主管	副总经理	直接主管签字	
任职条件	学历	大学本科及以上文化程度	
	工作经历	有中小型企业管理工作经验3年以上	
	专业知识	熟悉预算管理，能提供准确的公司财务状况分析；了解工商税务部门的工作流程；与金融机构有良好的关系，具有融资攻关能力；具有优秀的综合素质、职业操守和独立工作能力，善沟通、懂协调、会管理	
	业务了解范围	熟悉企业财务工作的全部流程，可以独立完成年度财务计划并分解、执行	
岗位目标与权限	1. 对各部门预算内的费用支出有审核权。 2. 对各部门预算外的费用申请有建议权。 3. 对各部门的费用使用状况有监督权。 4. 对违反财务制度的行为有处罚建议权。		

续上表

岗位目标与权限	5.对公司的财务运行有监控权。 6.对公司的财务计划有建议权。 7.对本部门工作有分配权、指挥权。 8.对本部门有管理权。 9.对下属岗位有考核权。 10.对下属岗位有人事建议权
岗位职责	1.对公司财务计划的实现负责。 2.对公司财务运行的正确性负责。 3.对各部门费用支出的审核负责。 4.对下属岗位的工作质量和准确性负责。 5.对公司财务及财务信息的安全性负责。 6.负责公司工商、税务及政府机构的联络工作

根据上表所示的财务经理岗位说明书，企业若需要招聘财务经理，可以编制如下所示的招聘启事。

│ 范例解析 │　某企业财务经理招聘启事

××有限责任公司成立于1994年8月28日，属于民营企业，截至目前，一直是行业的"领头羊"，年营业额达到10亿元，公司员工达300人。因本公司的业务发展需要，特向社会公开招聘财务经理一名，具体要求如下：

工作职责：

1.对公司财务计划的实现负责。

2.对公司财务运行的正确性负责。

3.对各部门费用支出的审核负责。

4.对下属岗位的工作质量和准确性负责。

5.对公司财务及财务信息的安全性负责。

6.负责公司工商、税务及政府机构的联络工作。

任职要求：

1.学历：大学本科及以上文化程度。

2.工作经历：有中小型企业管理工作经验3年以上。

3.熟悉预算管理，能提供准确的公司财务状况分析。

4.了解工商税务部门的工作流程。

5.与金融机构有良好的关系，具有融资公关能力。

6.具有优秀的综合素质、职业操守和独立工作能力，善沟通、懂协调、会管理。

7.业务了解范围：熟悉企业财务工作全部流程，可以独立完成年度财务计划并分解、执行。

我们能为您提供：

1.工作日：周一至周五，9:30～18:00，周末双休（特殊情况除外）。

2.五险一金。

3.全年5天带薪年假（满一年后）。

4.公司聚餐、团队活动、带薪旅行等。

5.职位薪资：8 000～12 000元/月。

1.2
明确招聘需求，才能开展招聘工作

招聘需求分析是指企业在招聘员工时所需要的人才类型的综合分析，它是一项系统而专业的工作。招聘需求简单来说就是企业需要什么样的人才，这一点随着企业业务的改变、发展路线的改变，也在不断改变。

招聘需求分析是人力资源管理的一项重点工作，那么招聘需求分析的主要内容有哪些呢？下面一起来学习。

1.2.1 招聘需求分析的内容

负责招聘的人力资源专员可能常常会遇到这样的情况，即对岗位的招聘要求在不同的时间、不同的情况下会有很大变化，从而给招聘工作带来一定的难度。

而如果能够事先做好招聘需求分析，这样的情况就能避免。如何开展该项工作呢？首先，我们要清楚招聘需求分析的基本内容。招聘需求分析是在岗位分析的基础上进行的，有了基础的岗位分析后，才能进行接下来的分析工作。

（1）团队状况及人员配合分析

在编写好岗位说明书后，对于招聘岗位的团队状况也该有所了解。团队的性质不同，招聘的方向也会不同。如处于初创阶段的部门，可能更重视员工的创新能力、业务能力；而团队进入稳定状态后，可能更需要招聘具有综合能力的员工。

除此之外，团队现有人员之间的工作搭配也会影响招聘的走向，如果团队负责人想要通过新加入的人员刺激团队的氛围，那么可以侧重招聘偏外向、热情的人员。同时，为了方便部门或团队管理，招聘人员要符合人才梯队的相关规律，能力和经验要有所区别，不能同时招聘很多相同技能的人才，这样管理起来非常困难。

（2）人才市场岗位供应分析

在招聘时还要考虑的一个因素就是市场因素，有的时候虽然企业明确了招聘需求，但仍然招不到合适的人才。出现这种情况，一般有以下两方面的原因。

◆ 一是企业市场竞争大，很多企业都有对同一岗位的人才需求，所以公司环境、薪酬待遇就成为了人才的选择要素。

◆ 二是新兴行业的岗位人才稀缺，一时没有很多从事相关岗位的人才，如人工智能行业，有很多岗位都是新出现的，市场上还没有成熟的人才可用。

如果在对行业市场进行分析后，发现目前人才稀缺，企业应该尽量调整自己的招聘需求和策略，减少招聘成本。具体可以从以下几方面入手。

①分解工作职责，招聘不同专业的人才合力完成工作。

②降低任职要求，比如从工作经验 5 年降到工作经验 3 年。

③招聘有潜力的人才，企业进行行业内培训，从而解决人才稀缺的问题。

除了以上两大内容的分析外，还有以下一些内容在招聘需求分析的范围内。

了解部门招聘的真实目的。部门提出招聘要求，并不意味着部门领导想要招新人，或许是为了激励员工、替换员工。如果只是激励员工，可能只需要走个过场就行了。人力资源部的相关人员只有搞清楚了这些，才能做有效的工作。

分析企业文化。了解公司的企业文化对招聘工作是有正面作用的，即使同一个岗位，不同的企业文化，也会导致招聘的人才有所区别，比如有的公司注重正规学历，有的公司注重工作经验。

了解用人部门的需求程度。如果出现几个部门同时提出招聘需求，人力资源部要针对不同部门的工作性质和需求程度，将招聘岗位按紧急需求程度进行排列，了解部门希望的到岗时间，再做招聘准备工作。

1.2.2 招聘需求分析步骤

了解招聘需求分析的相关内容后，人力资源部还应该对招聘需求分析的工作流程进行了解，这样在实际操作时才不会顾前不顾后。招聘需求分析的步骤主要有以下 4 步，来看看具体的内容吧。

◆　第一步，岗位信息的采集搜集

可以借助岗位说明书、岗位员工资料、组织机构设计等文件，通过一些信息搜集方法来完成前一阶段的准备工作，在之前的小节中我们也介绍了岗位信息搜集的 6 种方法，这里不再赘述。

◆　第二步，岗位信息的整理提炼

搜集信息是最简单的工作，之后还要对相关信息进行整合。整合资料要有章法，可以先将自己想要得到的信息进行分类，然后"按需填坑"，主要可分为如表 1-4 所示的 4 类。

表1-4　信息分类

分类	包含内容
岗位职责要求	岗位的关键作用是什么？岗位对人员的要求是什么？这些要求哪些是针对人的，哪些是针对工作的？
工作环境特点	工作环境是否特殊？是否要承担较大的工作压力？工作强度如何？任职人员所在团队氛围如何？
公司文化特征	公司倡导什么样的价值观？公司员工的精神风貌是怎样的？公司需要体现什么样的工作风格？
公司发展需要	公司的业务方向是什么？在可预见的未来，业务发展对人员的要求会有什么变化？

◆　第三步，汇总岗位的用人要求

岗位的用人要求和任职要求有些类似，人力资源部要从 5 个维度进行汇总和取舍，包括知识、技能、经验、能力、动机／价值观。

◆　第四步，有效招聘要素的选择

对于第三步的用人要求，理论上讲是很难达到的。为了更有效地招聘到合适的人才，人力资源部有必要重点选择一些核心要素作为招聘要素，如图 1-3 所示。

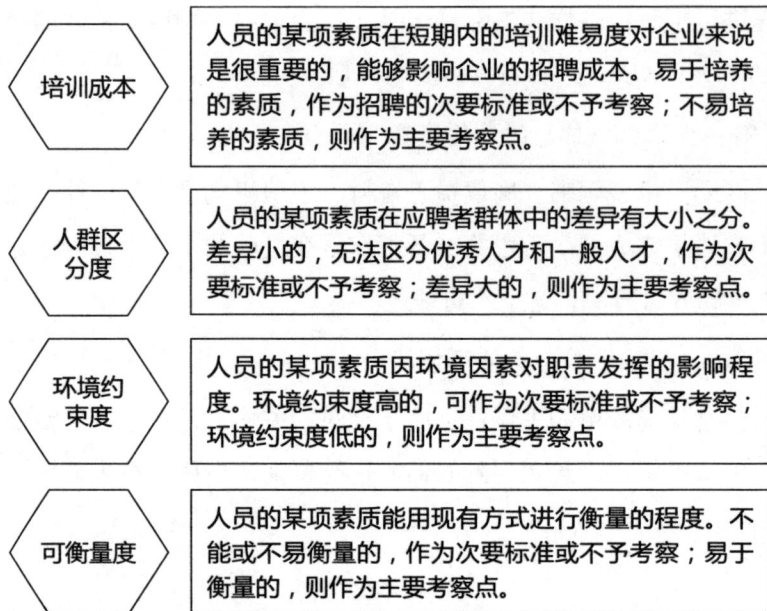

培训成本	人员的某项素质在短期内的培训难易度对企业来说是很重要的，能够影响企业的招聘成本。易于培养的素质，作为招聘的次要标准或不予考察；不易培养的素质，则作为主要考察点。
人群区分度	人员的某项素质在应聘者群体中的差异有大小之分。差异小的，无法区分优秀人才和一般人才，作为次要标准或不予考察；差异大的，则作为主要考察点。
环境约束度	人员的某项素质因环境因素对职责发挥的影响程度。环境约束度高的，可作为次要标准或不予考察；环境约束度低的，则作为主要考察点。
可衡量度	人员的某项素质能用现有方式进行衡量的程度。不能或不易衡量的，作为次要标准或不予考察；易于衡量的，则作为主要考察点。

图 1-3

1.2.3 制作招聘需求调查表

进行了招聘需求分析后，人力资源部要对最终的结果进行汇总，最好制作成表格，方便后续招聘工作的开展。

如何制作招聘需求调查表呢？首先就要对分析结果的各项内容进行列示，选择重要的考察要素，以表格的形式来展示，如表 1-5 所示。

表 1-5 招聘需求调查表

日期：

部门		拟招岗位		人数	（　　）人
学历要求					
岗位职责（概述）					

续上表

薪资待遇	
任职资格（包括专业、年龄、工作技能等要求）	
最迟到岗时间	
申报增补原因	
所在部门现编制	
所在部门现阶段实有人数	
所在部门 2020 年计划编制	
备注	

1.3
招聘有风险，做好评估最妥帖

企业招聘风险是指由于企业招聘工作不当，使企业招不到合格员工或招到不合格员工，从而影响企业经营，使企业蒙受损失的风险。招聘风险会影响企业的生产效率和发展，给企业造成损失。所以人力资源部应该对招聘风险有所了解，并做好风险防范。

1.3.1　招聘工作存在哪些风险

所谓"居安思危"，我们不能等到危机发生时才去想解决的办法，招聘工作也是如此，针对招聘工作中可能出现的风险，下面一起来认识一下吧。

◆ 制度和体系风险

招聘的成功是多方共同努力的结果，其中任何一环出现问题，都会对招聘工作产生影响。所以有一套完善的招聘体系非常重要，这是招聘工作的基础支撑，尤其是一些管理不善的小企业，更需要完善的招聘体系来保证招聘工作不出错。

◆ 招聘渠道风险

现在，由于网络的发展，招聘渠道越来越丰富，可供人力资源选择的招聘渠道也越来越多，包括人才招聘会、校园招聘会、网络招聘、招聘广告、内部推荐、猎头公司和人才中介机构等方式。

选择靠谱的渠道进行招聘，可以免去招到不靠谱人才的风险。要知道，很多优秀的人才都有自己的关系网，不会轻易通过招聘会或网上招聘找工作。所以，人力资源在招聘不同岗位人才时，要注意区别人才类型。一般的人才可以通过招聘会、网络招聘进行，而技术人才、高级管理人才还是选择猎头公司、相关人员推荐等渠道比较好。

而就算选择猎头公司招聘优秀人才，也不是一件简单的事，一方面会涉及外包成本，另一方面，筛选猎头公司也是有风险的，如果不对其进行全方位的考察，很可能选到不专业的猎头公司，为企业后来的招聘工作埋下隐患。

◆ 信息不对称风险

在招聘时，很多应聘人员会根据企业的任职要求来装饰自己，期望被录取。如果 HR 不能看穿应聘人员的谎言而让其入职，对企业来说是一种损失。所以对于应聘者提供的资料，包括学历证书、资格证书等都应该查验真伪，此外，对于应聘者的工作履历，人力资源部也应该做一些基本的背调。

从另一方面来看，为了招到优秀的人才，企业也可能存在夸大自身实力的问题，但是通过夸大公司实力、薪酬待遇来招聘员工，员工在进入公司后发现与想象的不一样，也不会久留。这对公司的影响更大，所以人力资源部不要为了一时方便，做这种得不偿失的事。

◆　测评风险

现在，有的企业十分依赖人才测评技术，将其作为招聘工作中的重要一环，而市面上的人才测评技术也是五花八门，包括心理测试、职业测评等。HR 要知道，这些测评对招聘工作只能起到辅佐的作用，不要过分依赖其寻找人才，有极大的可能招到不合适的人才。

◆　简历管理风险

相信很多企业对简历管理都不是很重视，但是为了不遗漏、错过优秀的人才，人力资源部应该系统地管理收到的简历，分清哪些是重复的、哪些是面试过的。建立简历的筛选机制和回复机制，形成良性循环。

◆　法律风险

招聘工作中自然会涉及劳务关系的确立，这就给为企业带来一定的法律风险，很多 HR 容易忽视，而等事故发生时，才后悔自己做得不够周全。关于法律风险的相关内容，我们会在后面的章节详述，这里不多做介绍。

1.3.2　招聘风险的原因有哪些

企业在招聘活动中会遇到各种风险，而了解产生各种风险的原因，对 HR 防范风险有积极作用，下面来看看导致招聘风险产生的五大原因。

外在文化环境。不同地区的行业环境会有所区别，文化氛围也会有所不同，由于招聘工作也是人与人之间沟通的活动，所以会受到地区文化环境的影响。因此 HR 不要引起行业文化、地区文化的冲突，以免影响公司的外在形象。

人才市场供需。市场供需会直接影响企业招聘的主动权，如果人才供应充足，企业就不必担心招不到相关人才，或是承担人才突然离职的风险。而如果人才供应有很大的问题，企业会面临人才缺失、生产规模下降等一系列风险。

企业竞争。如果行业竞争较为激烈，互相挖墙脚，那么招聘的风险就会加剧，企业会深受其害，造成很大的损失。

应聘者素质。应聘者的素质高低是招聘环节的隐形要素，如果应聘者有很高的道德素养，则在面试中展示自己真实能力的可能就越大。

人力资源管理。企业自身的管理能力和手段也会从一定程度影响招聘顺利与否。如果人力资源部不够重视，不做前期准备工作，不做岗位分析，也不对应聘者的信息进行核查，那么就会导致面试中判断失误，招到不合适的人。

1.3.3　做好风险防范的解决措施

为了尽量减少招聘过程中可能遇到的风险，人力资源部应该事先做好防范措施和风险管理。人力资源风险管理并不仅仅针对招聘工作，而是一种统一的管理思路，即在人力资源政策制订和实施过程中，为了不因各种因素造成人事工作无法执行所做的防范措施。

一般来说，人力资源部可从两个方面进行风险防范，下面来看看具体的内容。

（1）针对招聘工作的防范措施

人力资源部要从招聘的流程入手，对招聘流程中容易面临风险的情况，提前做好应对措施。

招聘渠道要靠谱。在选择面试者时，就应该从靠谱的渠道筛选简历，如各大招聘网、招聘会、内部员工推荐等，甚至可以多渠道同时筛选，以确保前来面试人员的基本素质达标。

确定招聘人员。进行招聘工作的面试官，人力资源部应该安排专业的人员，并和各部门经理、职业人士共同构成面试小组主持面试工作，注重专业的面试技巧，减少主观判断。

加大信息透明度。信息不透明就有可能出现互相隐瞒的情况，这样对招聘工作是不利的，人力资源部一定要对面试信息进行甄别，同时，也不要隐瞒公司的实际情况，这样一来才能保证双方作出最理性的选择，不会出现后续的问题。

招聘评估。招聘结束后，人力资源部还应该做好后续的管理工作，对此次招聘的各部分进行评估，得出优势与劣势，总结不同渠道的区别，为今后改进招聘方法和渠道提供思路。

（2）辅助招聘工作的防范措施

除了针对招聘工作的风险防范措施，人力资源部还应该从整体入手，提高人事工作的专业性，防范招聘风险具体有如下一些措施。

合理规划人力资源。招聘工作的基础就是人力资源规划，这项工作是不容忽视的。很多公司都是缺少什么人才就去招聘，而有了周密的人力资源规划就能减少人员上岗的滞后时间，及时为企业各个部门输送优秀的人才。一般来说可以通过德尔菲法、回归分析法等方法进行人力资源规划。

优化薪酬管理。为了更好地吸引员工，人力资源部要不断地优化薪酬管理，使员工收入能够跟上时代的发展、行业的变化，主要可以从薪酬水平、结构和形式等方面进行优化，方便招聘时向应聘者做出解释。

善用内部招聘。企业应该尽量减少招聘工作，这样可以节省成本、减少内耗和招聘风险。但如避免不了员工离职、跳槽，人力资源部就要善于从内部招聘，一来企业与员工之间互相了解较深，二来招聘流程简单，三来对员工是一种激励。

1.4
招聘未起，预算先行

招聘预算是企业在招聘过程中对于未来一定时期内产生的招聘支出（成本）的计划。在开展招聘工作之前，招聘预算的准备工作是一定要做的，这样才能有效控制招聘成本，以免在没有预算的情况下浪费公司资源。

1.4.1　按流程审批招聘预算

招聘预算是对招聘过程中企业要承担的成本费用进行预测与列示，招聘成本包括内部成本、外部成本和直接成本。

◆ 内部成本包括企业内招聘专员的工资、福利、差旅费支出和其他管理费用。

◆ 外部成本包括外聘专家参与招聘的劳务费、差旅费。

◆ 直接成本包括广告费、招聘会支出、招聘代理、职业介绍机构收费、员工推荐人才的奖励金等。

一般来说，在做预算的时候，不考虑内部成本，而是对直接支出和外部支出进行计划，并通过表格的形式形成正式的审核文件，如表 1-6 所示。

表 1-6　招聘费用预算表

基本信息	
招聘时间	
招聘地点	
负责部门	
具体负责人	

续上表

预算项目		
序号	项目	预算金额（元）
1	企业宣传海报及广告制作费用	1 000.00
2	招聘场地租用费	3 000.00
3	会议室租用费	600.00
4	交通费	200.00
5	食宿费	300.00
6	招聘资料复印打印费	30.00
合计		5 130.00
预算审核人（签字）：	公司主管领导审批（签字）：	
制表人：	制表日期： 年 月 日	

如表 1-6 所示，预算表通常包括招聘活动基本信息、预算具体项目、审批三方面的内容，企业人事专员可据此灵活设计。

在做出预算表后，人力资源部首先要和财务部门沟通，得到财务部门的认可。很多时候，人力资源部的预算表并不是制作出来就能通过审核的，可能还需要一改再改。通常要经历这样一个过程：完成预算表→财务部审核→人力资源部修改→财务部门签字→主管领导签字→财务部门备案→申请预算费用。

1.4.2 找到控制招聘成本的方法

人才招聘工作是每个企业都会面临的，而伴随招聘活动产生的运营成本对企业来说也是一笔不小的开支。如果不能有效控制招聘成本，会对其企业的日常工作产生影响，尤其是一些小型企业。那么有哪些办法能控制招聘成本呢？一起来看看吧。

◆ 确定招聘成本

控制成本首先要从现有的消耗成本入手，列出在招聘活动中需要投入的成本条目，如广告费、网站费、海报制作费等。然后从中找到可以削减的项目，从不同的方面来节省成本，比如多走内部招聘，减少广告和网站宣传的费用等。

◆ 减少每个招聘环节的时间

从招聘的前期准备工作开始，到招聘顺利结束的每个环节，HR 都能保持专业性，并节约相应的时间，那么就能减少招聘成本。从内部成本来说，HR 可以花费更多的时间去做别的工作，提高工作效率；从支出成本来说，场地租用费、网站宣传费等都会相应的减少。

◆ 做好人才管理

要想从源头解决成本控制问题，就要减少招聘工作的次数，这样成本自然会减少。当人才流失率稳定或减少时才能有效减少招聘次数，所以人力资源部要做好人才管理工作，主要从图 1-4 所示的两个方面入手。

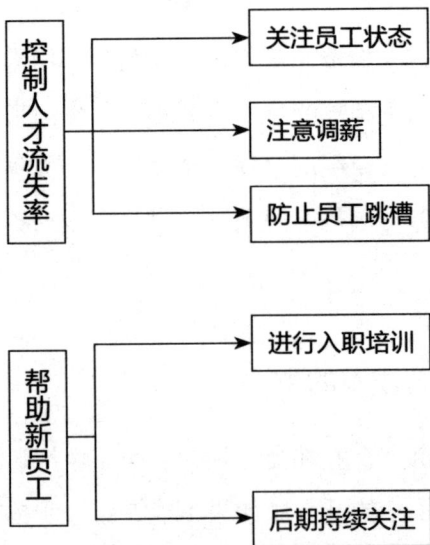

图 1-4

◆　建立自己的人才库

外部招聘渠道是比较花费成本的，无论是在大型招聘网上建立账户，还是在人才市场上定点招聘。如果能建立公司自己的招聘网站，并建立相应的简历库，这样就能减少对其他渠道的依赖，获得更多有用的数据，进而减少成本。

1.5
招聘有计划，不怕突发事件

招聘计划是人力资源部门根据用人部门的增员申请，结合企业的人力资源规划和职务描述书，明确一定时期内需招聘的职位、人员数量、资质要求等因素，并制订具体的招聘活动执行方案。在进行招聘工作前，做好计划才能按计划执行，就算出现主管外出、人手不足等意外情况，接替人员也能继续工作。

1.5.1　招聘计划的基本内容和制订原则

为了避免招聘工作混乱，事先做好招聘计划是非常重要的，而制订招聘计划首先就要了解招聘计划的基本内容，这样新手 HR 才便于上手操作。招聘计划一般包括以下九项内容。

①人员需求清单，包括招聘的职务名称、人数、任职资格要求等内容。如表 1-7 所示。

表1-7　人员需求清单

部门	岗位	计划人数	现有人数	需求人数	招聘条件	备注
综合部	档案管理员	2	1	1	大专以上文化程度，有两年以上档案专业工作经历	拟增设1人
综合部	人事专员	1	0	1	大专以上文化，18～30周岁，从事相关专业一年以上工作经历	拟增设岗位
采购部	采购员	3	2	1	1.采购、经济相关专业大专以上学历；2.熟悉采购流程；3.具备良好的商务谈判能力，熟悉相关合同条款	
	仓储员	4	1	3	1.大专以上文化程度，熟练掌握Office办公软件及相关财务软件；2.熟悉仓库货品进出管理流程、进销存账务、统计等作业；3.能接受加班；4.熟悉储存物资的储存条件及注意事项	

②招聘信息发布的时间和渠道。

③招聘小组人选，包括小组人员姓名、职务、各自的职责。

④应聘者的考核方案，包括考核的场所、大体时间、题目设计者姓名等。

⑤招聘的截止日期。

⑥新员工的上岗时间。

⑦招聘预算费用，包括资料费、广告费、人才交流会支出费用等。

⑧招聘工作时间表，尽可能详细，以便于他人配合。

⑨招聘广告样稿。

　　了解了招聘计划的基本内容后，我们还应该清楚制作招聘计划的原则，这样可以避免在制作过程中的不当操作，如表1-8所示。

表 1-8 招聘计划的制订原则

制订原则	具体内容
实际	不要过分夸大计划以期得到更多的关注，这样只会耗费多余的费用
详细	对于职能描述、招聘人数、岗位要求等核心内容一定要详细说明，不能一笔带过，否则计划内容将形同虚设
程序性	计划不能乱作一团，毫无章法，一定要按照程序设计，列明时间、地点、招聘人数等内容。如果出现几个招聘活动同时进行的情况，要根据紧急程度计划好先后顺序

1.5.2 招聘计划的制订流程

招聘计划的制订流程是根据招聘的基本内容来设计的，一般包括以下 7 个步骤，如图 1-5 所示。

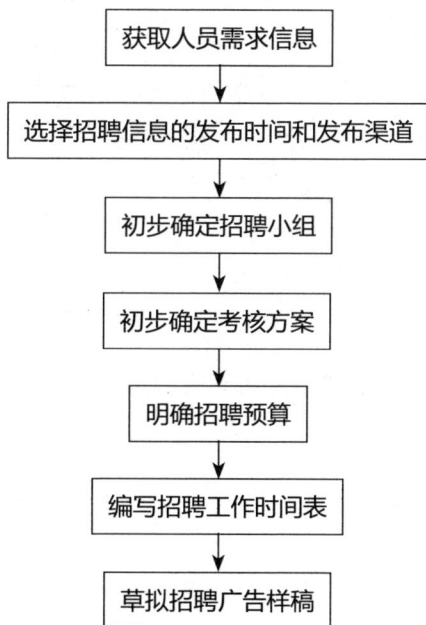

图 1-5

人力资源部要根据人员需求来着手编制招聘计划，得到人员需求信息一般有3种渠道：①人力资源计划中明确规定的人员需求信息；②企业在职人员离职产生的空缺；③部门经理递交的招聘申请，并经相关领导批准。

1.5.3　按招聘计划书来工作

人力资源部按步骤制订出的招聘计划，最终需以招聘计划书的形式来展示，这样相关人员就可以根据招聘计划书来开展工作了。如下例所示为常见的招聘计划书。

| 范例解析 |　招聘计划书

××股份有限公司员工招聘计划书

一、公司简介

××股份有限公司成立于1994年，公司以金融、银行、投资、基金、证券行业为主，目前有490名员工。目前，公司在全国多个城市设有113家营业部，拥有235万客户。2008年，公司市场占有率稳步提升，各项创新业务有序开展。2010年，公司被××杂志评为"最佳经纪行"。

二、招聘目标（人员需求）

1.招聘岗位：软件工程师。

人数：3名。

要求：大学本科及以上学历，35岁以下。

2.招聘岗位：销售员。

人数：8名。

要求：大学本科及以上学历，相关工作经历3年以上。

3.招聘岗位：行政文员。

人数：1名。

要求：大学专科及以上学历，30岁以下。

三、招聘信息发布时间和渠道

1.××商报，2020年3月16日。

2.智联招聘网，2020年3月16日。

四、招聘小组成员名单

组长：明远（人力资源部主管）对招聘活动全面负责。

成员：李思（人力资源部招聘专员）负责资料整理；王二（人力资源部招聘专员）负责接待应聘者；张三（人力资源部招聘专员）负责招聘现场布置；罗月（人力资源部招聘专员）负责发布招聘信息。

五、选拔方案及时间安排

1.软件工程师

人力资源部进行简历筛选，截至3月25日。

开发部经理开展初试（面试），截至3月28日。

开发部命题小组开展复试（笔试），截至3月29日。

2.销售员

人力资源部进行简历筛选，截至3月25日。

销售部主管开展初试（面试），截至3月28日。

销售部总经理开展复试，截至3月29日。

3.行政文员

人力资源部进行简历筛选，截至3月25日。

行政部主管开展面试，截至3月28日。

六、新员工报到时间

预计在4月1日左右。

七、招聘预算费用

1.××商报广告刊登费4 000元。

2.智联招聘网站招聘刊登费2 000元。

合计：6 000元。

八、招聘工作时间表

时间	招聘环节
3月10日	起草招聘广告
3月10日	进行招聘广告版面设计
3月11日	与报社、网站进行联系
3月16日	报社、网站刊登广告
3月16日~3月25日	整理应聘资料、对资料进行筛选
3月26日	通知应聘者面试
3月28日	进行面试
3月29日	进行软件工程师复试（笔试）、销售员复试
3月31日	向通过复试的人员通知录用
4月1日	新员工报到

××股份有限公司人力资源部

2020年3月7日

第二章

人力资源，规划好才有备选人才

HR 想要做好招聘工作，只关注于招聘工作本身是不行的。从长远的方向来看，做好人力资源管理工作对企业源源不断地获得人才有很大帮助，也是招聘活动进行的基础。

2.1
建立人才库，以备不时之需

人才库，即企业储备各类人才资料的地方。在现代企业中，为了解决长期的人才供应问题，会进行人才库管理。企业每一位员工在经过基本的能力评估后都会进入人才库，并根据岗位、专业技能分门别类。通过长期人才库的建立，企业能够实时找到人才的资料，以应对人才紧缺的状况。

2.1.1　几种人才库类型

在建立人才库之前，人力资源管理者需要清楚企业适合建立哪种人才库，下面来认识一下人才库的三种基本类型。

公司员工的储备。即对公司内部的员工进行能力评估，建立人才资料库。目的是方便以后的职位调动、管理培训，面对职位空缺的情况可以紧急调动。

应聘者储备。在企业进行招聘活动期间，肯定会从各个渠道收集应聘者的简历，对于没有录用的应聘者，人力资源部可以按情况进行筛选、建档，如招满而没录用的，因薪酬未谈妥而没有录用的，因岗位不符而未录用的等。等到将来有机会时，可以重新录用。

简历储备。对于公司内部人员流动率较大的岗位，人力资源部可在平时就储备一些相关简历，以备不时之需。

2.1.2　寻找人才资料作为基石

要想建立人才库，一大前提就是有足够的人才资料，所以 HR 应该通过各种渠道搜集一些有价值的人才资料，以便后续建立人才库使用。HR 要通过哪些方式搜集人才资料呢？主要有以下几种渠道。

（1）善用各种招聘网

由于互联网的发展，各种招聘网层出不穷，为企业招聘带来极大的便利，尤以智联招聘、58 同城、前程无忧为主。在招聘网站不断发展的过程中，其网站功能不断丰富。企业不仅可以在上面发布招聘信息、接收简历，还可以根据关键条件筛选适合企业的人才资料。

下面以智联招聘为例讲解人才资料搜集的基本操作。

进入智联招聘官网（https://www.zhaopin.com/），进行企业登录（没有企业账号的需注册），企业版智联招聘页面分为九大区——简历下载专区、常用快捷操作专区、智能引导专区、每日待办专区、企业信息提示区、人才沟通提示专区、人才推荐专区、智联币管理区、积分及任务兑换专区。

这里我们主要在简历下载专区进行人才资料搜寻的操作，在搜索框内输入职位名、技能名、公司名、证书等关键词，单击"搜人才"按钮，如图 2-1 所示。

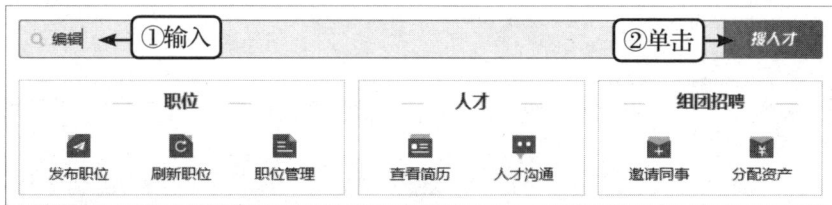

图 2-1

进入"搜索简历"页面，智联招聘提供了 3 种搜索方式：关键词搜索、根据发布职位搜索、简历 ID 搜索。其中，关键词搜索采用的是精准搜索的方式，可以满足 HR 更多的职位要求。设置好精准搜索的条件，单击"人才搜索"按钮，在页面下方就会出现符合筛选条件的简历，如图 2-2 所示。

图 2-2

浏览筛选出的简历信息，对感兴趣的人才，单击其头像超链接，进入其个人简历界面，如图 2-3 所示。

图 2-3

在其个人简历界面，HR 可以对其求职意向、教育经历、工作经历、项目经历、专业技能、所获证书等进行了解。并可对其简历采取下载、收藏、打印等操作，用于之后的招聘活动或者人才库建立。

除了精细化搜集简历外，人力资源部还可以就现在公司急需的岗位进行一键搜索，以建立相关的人才库。单击"根据发布职位搜索"超链接，在打开的页面可以快速定位企业发布的招聘职位。单击"职位名称"右侧的下拉按钮，选择其中一个发布职位，然后就可以对相关学历、工作年限、管理经验进行设置，最后单击"人才搜索"按钮，在页面下方就会出现相应的简历信息，如图2-4所示。

图 2-4

这种搜集方式是有针对性的，与广撒网式的搜索方式不同，一般针对企业目前急需的岗位，在搜集时可减少一些操作。另外，智联招聘会根据企业过往发布的招聘信息为企业推荐比较适合的、活跃的人才，在人才推荐专区单击"下载简历"就可以搜集到大量的人才资料。如图2-5所示。

图 2-5

（2）各地区人才网

各省市都有自己的人才网，用于提供人才交流的相关服务，HR 可以在本地区的人才网上搜索相关的简历信息，补充人才库库存。下面以成都人才网（http://www.rc114.com/）为例进行基本介绍。

进入成都人才网，在首页右侧单击"单位登录/注册"按钮，进行登录注册，完成后在首页单击"人才"选项卡，输入相关关键词（职位等），单击"搜索"按钮，如图 2-6 所示。

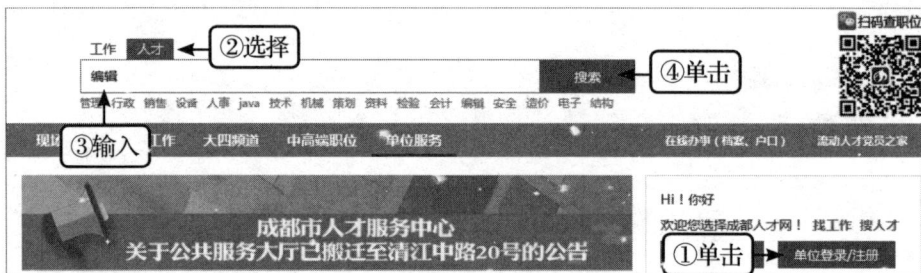

图 2-6

在打开的页面对搜索条件进行具体设置，单击"搜人才"按钮，在页面下方会直接展示符合要求的人才信息，单击任意人才超链接，即可获得具体信息，如图 2-7 所示。

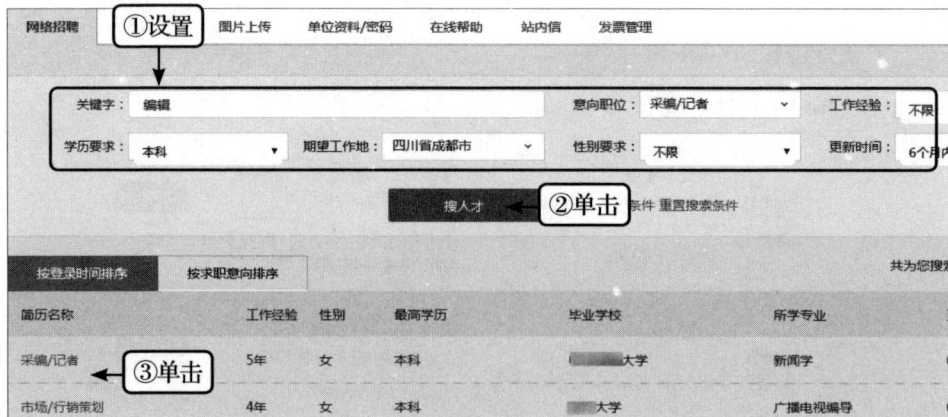

图 2-7

（3）招聘活动搜集简历

除了利用网络搜集人才资料以外，HR 还可以通过招聘活动对投递的简历进行筛选，留下合适的简历储存在人才库中。这种方式搜集的简历有一定的针对性，并且是长时间要进行的工作。在筛选简历的时候，要注意对不同类型的简历进行分类，这需要借助表格来完成该项工作。如表 2-1 所示为某企业人才资料登记表。

表 2-1　企业人才资料登记表

统计时间：6 月 1 日～6 月 30 日

工作岗位	日期	面试优秀未录用人员	录用未报到人员	简历筛选合格未到面试的人	同行业储备	离职的优秀人员
财务专员	6 月 3 日			2（陈 ×、李 ×）		
	6 月 3 日	1（罗 ×）				
	6 月 5 日	1（章 ×）				
	6 月 5 日	1（罗 ×）				
网络设计师	6 月 7 日			2（祝 ×、梁 ×）		
	6 月 7 日			2（周 ×、鲁 ×）		
	6 月 9 日	1（曾 ×）				
	6 月 9 日					1（赵 ×）

除了以上 3 种主要的搜集方式，对于高级人才，HR 可以通过如下一些方式对人才库资料进行补充。

◆ 与其他人力资源公司进行简历交换或直接购买，以得到想要的人才资料。

◆ 可直接从各大高校或高级培训机构购买高级人才简历资料。

◆ 通过网络平台、电话等方式主动联系高级人才获取其简历资料。

◆ 通过各人事专员、领导层的人际关系来搜集高端人才资料。

2.1.3 划分人才类型

企业要建立人才库，除了搜集大量的人才资料外，还应该对人才进行更精细的分类，不能一股脑地储存在一起，这样需要使用的时候很难找到相应的资料。

通常，企业的人才库都应该有个基本的框架，可分为三个层次——高层人才库、中层人才库、基层人才库，这也是我们常说的人才梯队。不过根据企业实际情况的不同，框架结构也会有所区别，如有的企业还会设置专业技术型人才库、核心人才库等类型。

企业首先需要明确现阶段及发展阶段所需的人才类型，并对每种人才类型的入选条件进行规定，才能建立属于自己的人才梯队。结合建立的人才梯队，企业可以不断从各个渠道搜集人才资料，并定期评估、删选，确保需要的时候能给企业带来益处。

人力资源部可以通过表格的形式来建立人才梯队，如表 2-2 所示为某企业建立的人才梯队。

表 2-2 人才分类及入选条件

人才类型	入选条件
核心人才	1. 985、211 高校 ×× 专业毕业的研究生。 2. 具有较强的自主创新能力，拥有 1 项及以上与公司生产经营密切相关的国家发明专利，且排名在前 3 位的人员。 3. 负责 ×× 高性能结构钢等公司战略产品生产、研发的关键岗位人员。 4. 负责新技术、新工艺的开发应用，×× 装备技术的设计、研发、制造的关键岗位人员
管理人才	1. 公司主营业务及重要管理部门的主要领导人员。 2. 掌握 ×× 核心业务和经营管理的关键管理人员。 3. 企业内部人员推荐的其他优秀管理人员
潜在人才	1. 年龄在 30 周岁以下，工作 3 年以上的技术人员。 2. 具有初级及以上专业技术职称或高级职业技能资格。 3. 工作态度良好，认同公司的经营理念

2.1.4　人才库储存平台

人才库是一个虚拟的概念，对于企业来说，一般都是通过电脑进行资料的储存与管理。而人才库的储存平台随着时代的发展也在不断地变化，最初的人才库通常是利用 Excel 进行保存。现在，很多企业都是通过网络平台来搜集简历、统一模板、分类储存，与以前相比要智能很多。

企业要建立这样的网络储存平台通常是通过专门的招聘管理软件服务商完成，如北森、雇得易、职酷网、大易等较为专业。专业的服务商会提供人才库管理的相关功能，包括测评、人才挖掘、人才关系维护等。如图 2-8 所示为北森人才库管理页面（https://www.beisen.com）。

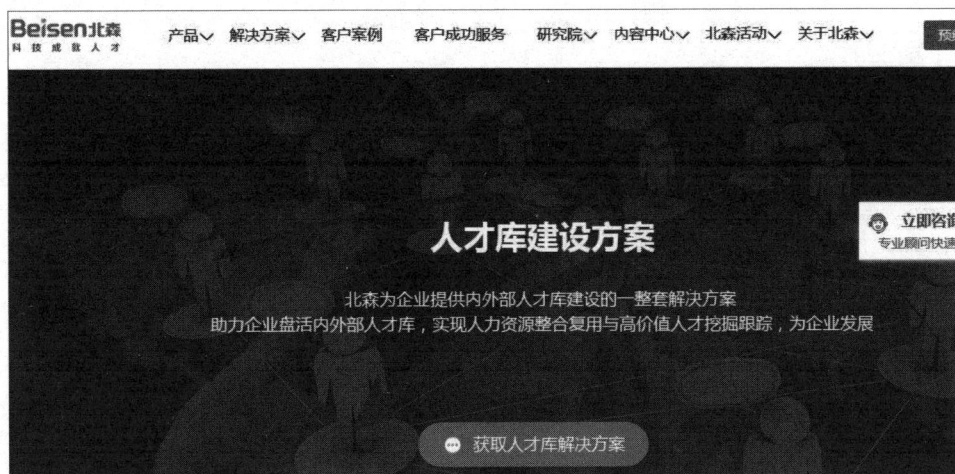

图 2-8

2.2
了解人才测评技术

人才测评是通过一系列科学的手段和方法对人的基本素质及其绩效进行

测量和评定的活动，并将其应用在组织发展与人才管理等领域。人才测评技术一般被用在企业人才管理上，通过对员工进行测评，了解其优势，以便更好地安排其工作。

2.2.1 人才测评的基本类型

根据不同的目的和面向，人才测评可分为五种基本类型，下面一起来认识一下。

选拔性测评。为了区分人才的优劣，选拔出更优秀的人才，人力资源部可对指定的人才进行测评。这类测评强调对人才的区分，测评过程也要尽量客观，并且要有客观的测评结果。常见的选拔性测评就是考试，可反映每个人的能力水平。

配置性测评。为了实现人岗匹配，企业有时会进行配置性测评，结合岗位任职要求，对员工的专业能力进行考核。在考核时要注意根据不同的岗位任职要求和标准，进行不同的测评。

开发性测评。主要是为了发现员工的潜能，得出其未来可以发展的方向，有利于企业对其进行专门培养。如果企业想提高员工某一方面的能力，可以有针对性地进行测评。

诊断性测评。是指以服务于了解素质现状或组织诊断问题为目的的人才素质测评，例如需求层次调查。在组织管理中，对于出现的种种问题可能需要从人才素质测评方面查找原因，而诊断性测评比较全面细致，通过寻根问底的测评，探究问题产生的根源，一般不公开结果，主要供管理人员参考。

考核性测评。又称"鉴定性测评"，目的是鉴定和验证员工是否具备某种素质，或者具备的程度和水平。鉴定性测评经常穿插在选拔性测评和配置性测评之中，它的原则是全面、充足、可信及权威和公众性，测评的分类包括效度再测评、信度再测评和人事测评。

2.2.2 人才测评的主要作用

对于企业人事管理来说，人才测评能够为企业的招聘、选拔、配置和评价等活动提供科学、专业的依据，所以人才测评对企业管理有很大的作用，具体体现在以下五个方面。

◆ 有利于人才选拔和使用

过去很多选拔工作都是以领导的主观意见为准，这样很容易造成选拔不合适，进而影响企业正常的生产经营活动。使用科学的人才测评技术，可以对选拔的人才进行全面考核，为其匹配更适合的岗位。

在进行招聘工作时，为了从众多的人才中选拔更优秀的，可以利用人才测评来了解相关人员的素质和能力。

◆ 补充人力资源信息

对于不重视人事管理的企业来说，可能只会对员工的基本信息进行记录，如性别、年龄、学历等。而专业的人事管理不仅会记录员工的基本信息，还会对其能力、优劣势、个人特点等进行保留，而这些信息都可以通过人才测评获得。

所以，人才测评对企业人才库的建立也有积极意义，还可以根据测评结果对员工进行培训，从而科学地管理员工。

◆ 有助于团队配合

为了更好地促进团队工作，充分发挥每个员工的作用，团队领导必须要对每个员工的能力和擅长的技能全然了解，才能合理安排工作，使员工之间紧密配合。这就需要人才测评技术为团队领导提供可靠的依据。

◆ 帮助员工改进自我

从员工个人来说，经过人才测评后，员工能够更了解自己，包括性格、能力、工作态度等方面。这样能更好地改进自己的不足，清楚自己的优势，从而为自己设计职业发展规划和晋升路线。

◆ 有助于管理者开展工作

对于企业管理者来说，员工的绩效是管理者最重要的工作之一，员工绩效又受到员工能力的直接影响，通过人才测评，管理者对员工有足够的了解，就能为员工安排合适的工作，提高员工的工作绩效，为管理工作提供支持。

2.2.3　人才测评的常见方式

在招聘活动中，为了录用到适合企业的人才，面试官可通过一系列的测评手段对应聘者进行相关测评，以此了解其性格、心理素质、工作能力等，提高面试的准确率和成功率。常见的人才测评方式有以下三种。

（1）纸笔考试

纸笔考试这种测评形式在面试中非常常见，主要用来考核应聘者的基本常识、专业知识、管理知识、综合分析能力和文字表达能力等素质及能力要素。这种方式非常传统，当然也是使用最广泛的测评方法，至今依然是很多企业组织测评的重要方式，其优势有以下几点。

◆ 成绩评定客观、公平，成本低。
◆ 在知识层面和思维分析能力方面测评效果非常明显。
◆ 可以大规模地实施测评，在进行招聘初试、复试的时候常常作为基本的筛选工具。

企业可以根据自己的实际情况，进行笔试试题的设计，这类测评试题的种类很多，包括人际交往能力测试、适应能力测试、合作精神测试及专业水平测试等，如下例所示为某企业员工谈判能力测评题。

| 范例解析 |　企业员工谈判能力测评题

谈判能力是一种很重要的能力，很多岗位都要求员工具备一定的谈判能力，如销售、公关、采购、教育、咨询和管理等。本公司也需要对员工的谈判能力进行测试，请如实完成以下试题。

谈判能力测评题

1.你是否总是在商谈前做好相应的准备？

A.总是　B.时常　C.有时　D.不常　E.没有

2.你是否能适当表达自己的观点？

A.经常是　B.超过一般水准　C.一般水准　D.低于一般水准　E.相当差

3.有人在陈述和你不同的观点时，你能够倾听吗？

A.把头掉转开　B.听一点点，很难听进去　C.听一些，但不太在意

D.合理地倾听　E.很仔细地听

4.置身在压力下，你的思路是否仍然很清晰？

A.是的，非常清晰　B.比大部分人都清晰　C.一般程度

D.在一般程度之下　E.根本不行

5.你对于别人的动机和愿望的敏感程度如何？

A.高度敏感　B.相当敏感　C.大约普通程度

D.比大部分人敏感性低　E.不敏感

6.在商议中，你想要定下哪一种目标？

A.很难达成的目标　B.想当然的目标　C.不太难也不太容易的目标

D.相当适切的目标　E.不太难，比较容易达成的目标

7.面对那些地位比你高的人感觉如何？

A.非常舒服　B.相当舒服　C.复杂的感觉　D.不舒服　E.相当不舒服

8.商谈中，你是否会问探索性的问题？

A.擅长此道　B.相当不错　C.一般程度　D.不太好　E.不擅此道

9.商议时，对于处理困难的问题，你的成绩如何？

A.很好　B.超过一般程度　C.一般程度　D.一般程度以下　E.很糟糕

10.兴奋时，你是否会激动？

A.很镇静　B.原则上很镇静，但是会被对方激怒　C.和大部分人相同

D.性情有点急躁　E.有时会激动起来

11.生意上的秘密，你是否能做到守口如瓶呢？

A.非常保密　B.相当保密　C.一般程度

D.常常说得比应该说的还多　E.说得太多

12.商议时你对于自己目标的执著程度如何？

A.非常执著　B.相当执著　C.有点执著　D.不太执著　E.相当有弹性

13.你是否能广泛地听取各方面的意见？

A.是的，非常能　B.大部分如此　C.普通程度

D.不听取别人的意见　E.观念相当固执

14.商谈中，你面对直接的冲突有何感觉？

A.非常不舒服　B.相当不舒服　C.虽然不喜欢，但还是会面对

D.有点喜欢这种挑战　E.非常欢迎这种机会

15.谈判时，通常你是如何让步的？

A.非常的缓慢　B.相当的缓慢　C.和对方的速度相同

D.我多让点步，试着使谈判快点完成

E.我不在乎付出更多，只要完成谈判就行

计分方式：

题号	A	B	C	D	E
1	20	15	5	−10	−20
2	8	4	0	−4	−6
3	−10	−5	5	10	15

续上表

题号	A	B	C	D	E
4	10	5	3	0	−5
5	15	10	0	−10	−15
6	10	15	5	0	−10
7	10	8	3	−3	−10
8	10	10	4	0	−5
9	10	8	8	−3	−10
10	10	8	5	−3	−10
11	10	8	0	−8	−15
12	12	12	3	−5	−15
13	10	3	5	−5	−10
14	−10	−5	10	10	−5
15	15	10	−3	−10	−15

100分以下，说明谈判能力较弱。

100～120分，具有一定的谈判能力，在对方优势不大的情况下，能顺利完成任务。

121～150分，谈判能力和工作能力并存，能有效把握谈判节奏，并结合企业与对方的优势有效取舍。

151～160分，谈判风格一针见血，能点到要害，不浪费多余的时间。

161分以上，谈判风格成熟，能真诚表达自己，又不给让步的机会。

（2）面谈

作为管理人员，对面谈这种方式应该都非常熟悉，面谈即通过双方面对面的观察、交流使管理人员获取想知道的信息，包括被测试者的心理素质、工作态度、工作经历等。在招聘活动中，面试是不能避免的测试方法，按照形式的不同，招聘面试可以分为结构化面试和非结构化面试。

结构化面试。即首先根据岗位分析，确定面试重点，根据面试重点准备好面试的题目，然后对面试者的表现进行量化分析。为了保证面试的公平，在招聘同一岗位时，一律采用统一的测试流程和评分标准。

非结构化面试。即没有固定面谈程序的面试方式，面试官一般凭借自己的经验对面试者进行提问，所以没有统一的评价标准，以面试官的主观判断为准。

（3）情景模拟

情景模拟是通过对工作条件的实际描述来考察员工的工作能力，一般来说，管理者需要向被测试者提供较为真实的工作场景，让被测试者按要求完成某项工作任务。

管理者可以根据员工的表现进行测评，这样能够更加直观地了解到员工是否适合本工作岗位。情景模拟测评主要适用于管理人员和某些专业人员，常用的情景模拟测评有以下四种。

文件筐处理。这种测评方式主要针对的是文件处理的相关工作，将工作中可能接收到的各类邮件、提示、便笺和指令等放在一个文件筐中，让被测试者按规定的时间处理好文件，以此来考察员工的文件处理能力、工作解决能力等。

小组讨论。小组讨论主要测试员工的组织协调能力和人际交往能力，通过小组的形式对若干员工进行测评，抛出工作任务，考察各位员工的应对方式，管理者可以从中找到表现突出的员工，给予工作安排。

管理游戏。这种方式与小组讨论有些相似，通过游戏的形式对多名员工进行考察，考察被测试小组成员的各种工作能力。

角色扮演。通过将被测试者置身于某一场景和角色，来考察被测试者处理问题和化解矛盾的能力。这类场景是有针对性的，一般设置在工作场所中会遇到的人际冲突情境。如下例所示是某公司的角色扮演测试。

| 范例解析 | 角色扮演测试

为考察员工的工作协调能力，企业在招聘面试时准备了一项情境模拟测试题，面试官向面试者提出一个假设：

"假设你是公司总经理，人事主管将最近的招聘工作情况汇报于你，由于宣发部一直没有抽调合适的人员担任面试官，所以该部门的招聘工作一直未能如期完成；而另一边，公司的新产品已经抽检合格，正准备上市，你与宣发部沟通后，发现他们的工作任务非常繁重，使得每个人必须各司其职，无法抽调人员负责部门招聘工作。你作为总经理，在面对这样两难的情况，会如何做呢？"

2.2.4 人才测评的流程

人才测评并不是要遵循某种统一的标准，由于每个人所从事的职业不同，如销售类、文职类、管理类等，所以测评方式的选择也会有区别，那么要完成人才测评需要经历哪几个环节呢？

随着人才测评的广泛运用，现在人才测评的基本流程已经逐渐成形，主要包括五个步骤，下面来看看具体的内容。

◆ 第一，设定测评标准

既然是进行测评，那么理所当然事先设定测评标准，这样才能对测评的结果进行分析和排名。而测评标准根据测评目的和形式的不同，也会有所不同。有的测评以最终的得分为标准，有的测评以满足基础要素为准，有的测评标准是员工的行为。表 2-3 为常见的测评标准表。

表 2-3　测评标准表

应聘者姓名		应聘职位	
所属部门		面试日期	
考核内容	权重	测评要素	评分标准及等级划分 （优：10～8分；良：7～5分；差：4～1分）
仪容仪表	10%	着装打扮	□形象气质较佳；□打扮得体；□形象一般； □较邋遢；□邋遢
		言谈举止	□言谈举止较佳；□符合一般的礼仪；□无多余动作；□小动作较多；□坐立不安
知识水平	40%	学历	□研究生及以上；□本科；□大专；□高中； □中专
		专业能力	优：具备岗位要求的所有技能，可以较好地胜任工作，曾经处理过众多项目
			良：具备岗位要求的一般技能，能独立工作或在他人指导下工作
			差：不具备岗位要求的基本技能
能力要求	50%	逻辑思维能力	优：层次清楚、条理性强，考虑得比较全面
			良：回答问题思路较清晰，条理一般
			差：回答模糊不清，没有层次感
		语言表达能力	优：表达流畅，逻辑性强，有说服力
			良：能够将事情说清楚
			差：表达不清，逻辑混乱
		应变能力	优：对突发情况和复杂局面反映灵敏并能作出相应的决策
			良：对突发情况和复杂局面反应一般
			差：不能很好地解决目前困难的局面
面试官			□建议录用　　□建议复试　　□待定 □建议不录用

上表所示的测评表，对测评的内容、测评的标准都做了详细地说明，这种测评标准的设计一般是针对面试形式的。如果是笔试形式，那么测评标准

可参考如下内容。

本套试题测评90分以上，超出录用标准，推荐××岗位。

本套试题测评80分以下，达到录用标准，获得培训资格。

本套试题测评75分以下，未达到录用标准，不予通过。

知识延伸｜人才测评的准备过程

除了测评标准的设定，还有一些其他的准备工作需要完成，包括以下三点：

①确定测评目标，在设计测评标准之前就要对测评目标进行确定，要了解企业是进行普通的招聘工作，还是选拔特殊的人才。

②组建测评团队，根据测评的不同目标组建相应的测评团队，并选出主要负责人和必要的测评人员。

③测评时间和地点需要提前确定，以便让各方人员安排好相关工作。

◆ 第二，选择测评工具

测评工具与测评方式息息相关，选择什么样的测评方式就应该准备相应的测评工具，包括智力测评工具、人格测验工具 [DISC（Dominance- 支配，Influence- 影响，Steady- 稳健，Compliance- 服从）试题或 MBTI（Myers-Briggs Type Indicator）试题] 等，当然现在有很多人力测评公司能够为企业提供专业的测评工具，企业只需提供自己的测评目的，就能得到较好的测评方案。常见的人才测评服务公司有人啊人、博为峰、睿正、肯耐珂萨等，如图2-9所示为肯耐珂萨提供的情商测评系统。

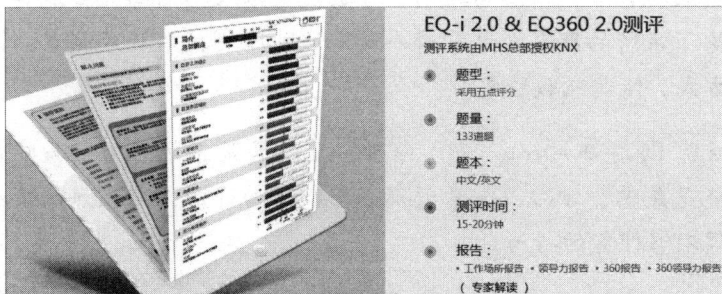

图 2-9

◆ 第三，进行数据收集

在测评后，管理人员要及时对测评的有关数据进行收集、整理，最好通过量化的数据展示结果，以对不同的测评人员进行区分排列。因此，就涉及分数的统计、筛选、录入和整理。

◆ 第四，分析测评结果

对测评的数据进行记录后，就要通过分析得出测评结果，一般来说，测评结果有两种展示形式——测评分数和测评报告。

测评分数可以非常直观、简单地展示最终的测评结果。而测评报告即对测评过程和结果进行图文展示，以方便相关人员查阅。如下所示为一份艾森克EPQ（Eysenck Personality Questionnaire 的简称）——人格测试结果报告实例。

| 范例解析 | 人格测试结果报告

一、测评工具说明

艾森克人格问卷是由英国心理学家艾森克及其夫人编制的一种自陈量表，其由三个人格维度和一个效度量表组成，分别为：

1.精神质（P：Psychoticism）维度：它在所有人身上都存在，只是程度不同。但如果某人表现出较为明显的程度，则容易发展成行为异常。分数高可能是孤独、不关心他人，难以适应外部环境，不近人情，感觉迟钝，与别人不友好，喜欢寻衅搅扰，喜欢做奇特的事情，并且不顾危险。

2.内外向（E：Extraversion）维度：分数高表示人格外向，可能是好交际、渴望刺激和冒险，情感易冲动。分数低表示人格内向，可能是好静，富于内省，除了亲密的朋友之外，对一般人缄默冷淡，不喜欢刺激，喜欢有秩序的生活方式，情绪比较稳定。

3.神经质（N：Neuroticism）维度：反映的是正常行为，与病症无关。分数高可能是焦虑、担心、常常郁郁不乐、忧心忡忡，有强烈的情绪反应，以至于出现不够理智的行为。

4.掩饰（L：Lie）量表：测定被试者的掩饰、假托或自身隐蔽，或者测定其社会性朴实幼稚的水平。L与其他量表的功能有联系，但它本身代表一种稳定的人格功能。

根据受测者在各量表上获得的总分（粗分），据常模换算出标准分T分[T＝50＋10×(X－M)÷SD]，便可分析受测者的个性特点。各量表T分在43.3～56.7分之间为中间型，T分在38.5～43.3分或56.7～61.5分之间为倾向型，T分在38.5分以下或61.5分以上为典型。

二、测评结果

章××的人格类型为内向稳定型。

解析：

心理特点——稳重、克制，考虑问题全面；易忍耐，情绪不易外露。

典型表现——严守公司制度，埋头工作；与同事交往不会给人压迫感。

适合职业——管理人员、出纳员、会计和人事主管等。

三、最终分数

（图示）

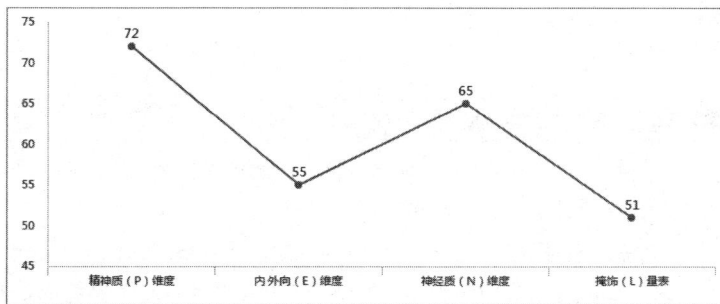

（具体分析）

测评维度	得分	结果与建议
（P）	72	您可能缺乏对他人的关心，倾向孤独、敏感，喜欢做一些古怪且不平常的事，包括恶作剧，所以很大胆

续上表

（E）	55	您既不是外向的人，也不是很内向的人，偏向于中间状态
（N）	65	您可能会出现焦虑、紧张、易怒的状况，严重时导致抑郁，具有攻击性，容易出现因偏见导致的错误
（L）	51	您比较会掩饰自己或伪装自己

◆ 第五，善用测评结果

得到员工或应聘人员的测评结果后，管理人员还必须要懂得妥善利用，测评结果可以利用的方面有很多，包括人员招聘、调岗、晋升、绩效等，常见操作有如下几点。

①员工晋升，可通过测评结果和绩效成绩考虑是否合格。

②帮助员工了解自己，找准方向，尤其是新员工刚刚通过面试进入公司的时候，会比较迷茫，找不到工作方向。

③指明员工的培养方向，制定合适的培训课程。

④招聘工作不能有效进行时，可以通过测评结果对员工的优势进行考核，并安排到紧急空缺的职位上接替工作。

知识延伸｜人才测评管理误区

在进行人力测评时，很多管理人员都会进入到某种误区中去，这是因为对测评工作不熟悉导致的，常见的测评误区有以下两个。

误区一：认为编成计算机软件的人才测评工具才最科学。其实测评工具的要点不在于技术的先进，而在于内容的精良，好的测评工具是企业经过多次总结而来的。

误区二：认为人才测评其实是心理测验。实际上，人才测评的方面有很多，心理上的测验只是其中之一。在具体的实践工作中，管理者如果要进行测评工作，应该结合测评目的，综合选择测评方法。

2.3
制订人力资源规划

人力资源规划是现代企业不能缺少的管理工作，通过对企业发展目标和经营计划目标的分析，结合内外部环境和条件，确定人力资源的需求，并对获取人力资源的各个环节进行计划，满足企业的用人需求。

制订人力资源规划对企业来说是非常重要的工作，比起传统的人事管理，人力资源规划更加统一、具体、未雨绸缪。

2.3.1 人力资源规划的主要内容及分类

人力资源规划有广义和狭义之分，其是配合企业发展而必要的管理工作。从狭义的角度来看，人力资源规划是人事管理的重要内容。由于存在广义与狭义之分，人力资源管理的主要内容也有所区别。图 2-10 所示为广义人力资源规划的内容。

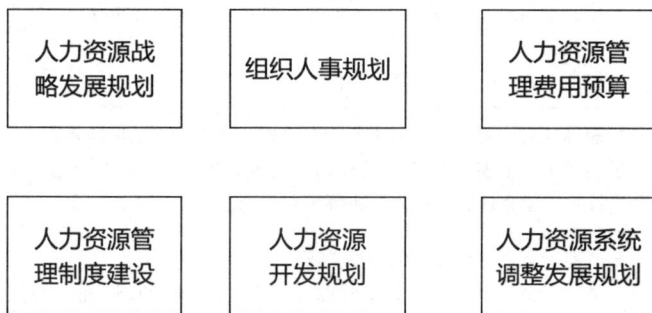

人力资源战略发展规划	组织人事规划	人力资源管理费用预算
人力资源管理制度建设	人力资源开发规划	人力资源系统调整发展规划

图 2-10

而对于较小的企业来说，在进行人力资源规划的时候，管理人员一般会考虑以下三项内容。

◆ 人员配备计划。

◆ 人员补充计划。

◆ 人员晋升计划。

根据不同的条件划分，人力资源规划可以有不同的类型，具体介绍如表 2-4 所示。

表 2-4 人力资源规划分类

划分条件	分类
范围	1. 整体人力资源规划。 2. 部门人力资源规划。 3. 某项具体任务或工作的人力资源规划
内容	1. 人力资源战略发展规划：根据企业发展战略的目标，进行人力资源的统一管理和开发，是各种具体的人力资源计划的基础。 2. 人力资源组织人事规划：包括对组织结构的设计、人力资源供需平衡等内容。 3. 人力资源管理费用预算：固定期限内（一般为一年）人力资源活动预期的费用支出计划。 4. 人力资源管理制度建设：对实施人力资源规划是一种保证。 5. 人力资源开发规划：包括企业全员培训开发规划、专门人才的培养计划、人员轮换接替计划、员工职业生涯发展规划、企业文化建设等内容。 6. 人力资源系统调整发展规划：人力资源规划应该是不断调整的，使其更符合实际的状况，完成企业目标
期限	1. 中长期规划：一般来说，5 年以上的计划可称为长期规划；而 1～5 年的计划称为中期规划。 2. 短期规划：一般在一年及以内
层次	1. 总体规划：对企业人力资源的总目标、实施步骤及总预算的安排。 2. 各项业务计划：包括配备计划、退休解聘计划、补充计划、使用计划、培训开发计划、职业计划、绩效与薪酬福利计划和劳动关系计划等
全局性	1. 战略计划：体现组织的发展要求。 2. 战术计划：对企业未来的外部人力资源供求的预测，能制订具体方案，包括招聘、辞退、晋升、培训和工资福利政策等

2.3.2 对人力资源需求进行预测

在企业的实际管理工作中，人力资源需求预测是非常重要的，很多企业即使不做精细化的预测，也会简单地做一些预测工作。

人力资源需求预测是指根据企业的发展规划和企业的内外部条件，选择适当的预测技术，对人力资源需求的数量、质量和结构进行预测。预测的基本步骤如图 2-11 所示。

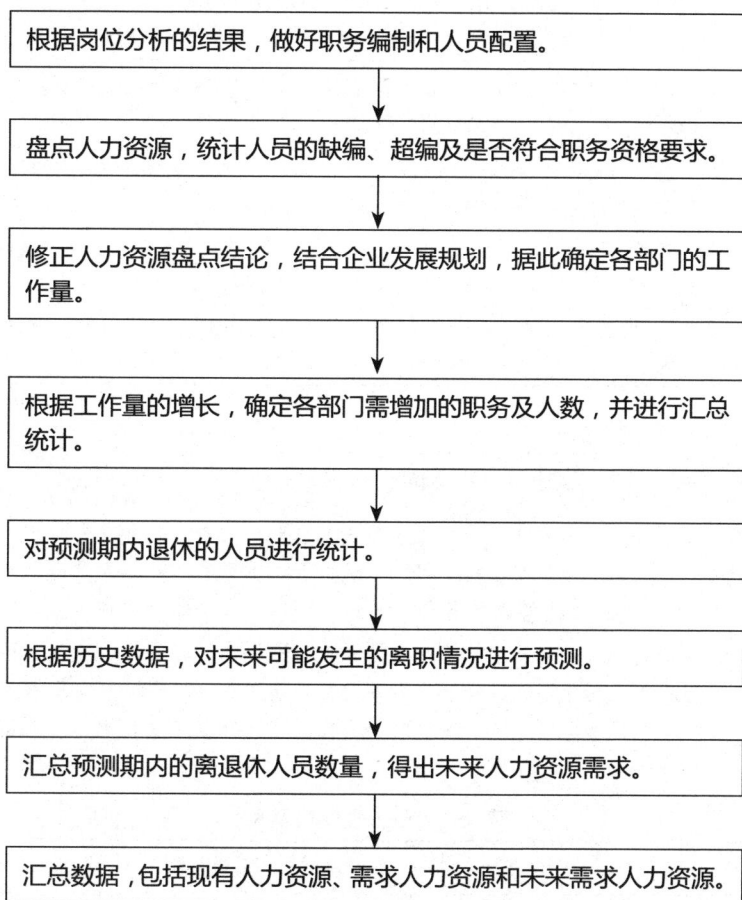

根据岗位分析的结果，做好职务编制和人员配置。

盘点人力资源，统计人员的缺编、超编及是否符合职务资格要求。

修正人力资源盘点结论，结合企业发展规划，据此确定各部门的工作量。

根据工作量的增长，确定各部门需增加的职务及人数，并进行汇总统计。

对预测期内退休的人员进行统计。

根据历史数据，对未来可能发生的离职情况进行预测。

汇总预测期内的离退休人员数量，得出未来人力资源需求。

汇总数据，包括现有人力资源、需求人力资源和未来需求人力资源。

图 2-11

要顺利进行人力资源预测，除了要了解人力资源预测的步骤外，还要懂得使用基本的人力资源预测方法，常见的方法有如表 2-5 所示的几种，企业管理人员可以加以利用。

表2-5　人力资源需求预测方法

分类	具体内容
定性预测	经验预测法：即企业根据以往的经验对人力资源进行预测的方法，该方法又分为两种方式，一种方式是根据管理层的经验预测总需求，然后制定需求指标分配到各部门；另一种方式对各部门的需求进行统计，然后提交管理层审核
	现状规划法：人事管理专员只需测算在规划期内哪些岗位上的人员将得到晋升、降职、退休或调出本企业，再准备相应的人员调动计划即可
	驱动因素预测法：找出企业经营活动中对人力资源需求影响最大的因素，预测驱动因素的变动，进而预测人力资源需求
定量预测	简单趋势模型预测法：假设人力资源需求与企业产出水平（产量、销售收入等）成比例关系，根据产出水平变动预测人力资源需求
	多元回归预测法：不只考虑时间或产量等单个因素，要同时考虑两个或两个以上因素对人力资源需求的影响

知识延伸 | 了解人力资源供给预测

　　人力资源供给预测是对企业之后的发展时期，组织内部所能供应的（或经过培训可能补充的）及外部劳动力市场所提供的一定数量、质量和结构的人员进行预测，以满足企业为达成目标而产生的人员需求。

　　预测的主要内容与企业内部人员的特征有关，包括年龄、级别、素质、资历、经历和技能。所以管理人员要收集和储存有关人员发展潜力、可晋升性、职业目标及采用的培训项目等方面的信息。可通过技能档案表来帮助我们完成预测，其表格模板如表2-6所示。

表2-6　员工技能档案表

姓名		年龄		最高学历	
现岗位		职称		到公司时间	
工作经验	（起止时间）（单位名称）（岗位）				
持证书情况	（证书类型）（证书名称）（取得时间）（发证机关）				
技能积累	（开始时间）（获得的成就）				

2.3.3　人力资源规划的制订步骤

人力资源规划应该如何制订呢？企业管理人员应该按照相关流程来操作，一般包括资料搜集、人力资源需求预测、供给预测、编制、实施与反馈这几个环节。具体的制订步骤如图 2-12 所示。

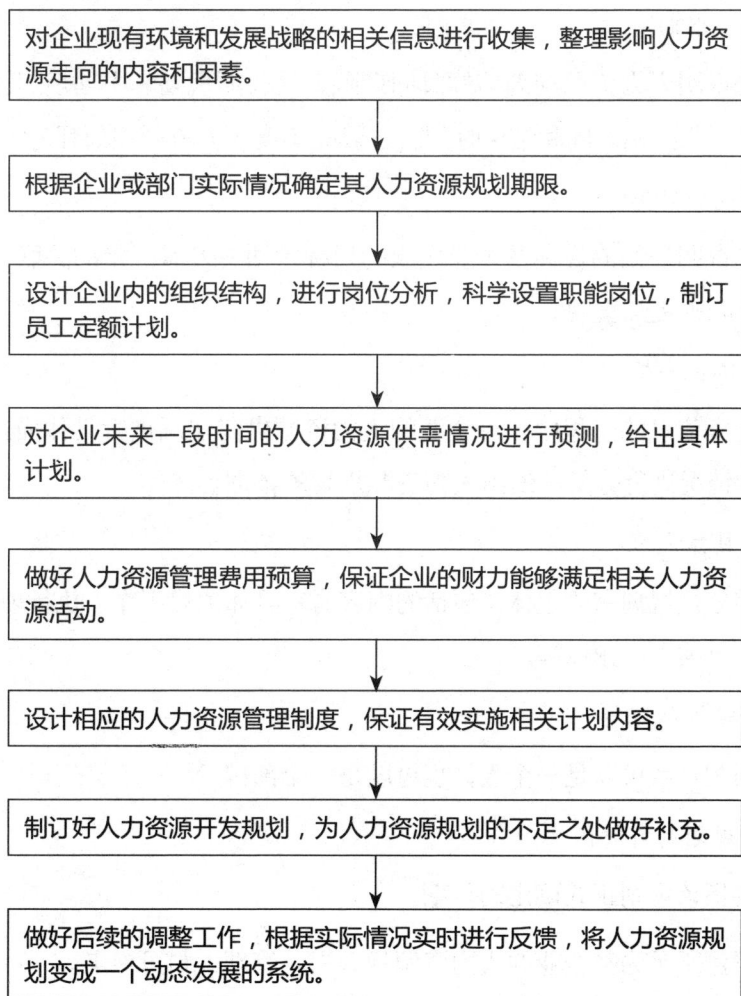

对企业现有环境和发展战略的相关信息进行收集，整理影响人力资源走向的内容和因素。

↓

根据企业或部门实际情况确定其人力资源规划期限。

↓

设计企业内的组织结构，进行岗位分析，科学设置职能岗位，制订员工定额计划。

↓

对企业未来一段时间的人力资源供需情况进行预测，给出具体计划。

↓

做好人力资源管理费用预算，保证企业的财力能够满足相关人力资源活动。

↓

设计相应的人力资源管理制度，保证有效实施相关计划内容。

↓

制订好人力资源开发规划，为人力资源规划的不足之处做好补充。

↓

做好后续的调整工作，根据实际情况实时进行反馈，将人力资源规划变成一个动态发展的系统。

图 2-12

2.3.4　常见的人力资源规划书

管理人员按步骤设计人力资源规划后，需要将规划内容通过书面文本的形式提交上级审核，即制作一份人力资源规划书，待上级审核通过后，即可按规划内容实施。一般来说，人力资源规划书包括以下几部分内容。

◆　规划期限

首先说明人力资源规划书的时间期限，是长期规划、中期规划还是短期规划，并写明开始时间和结束时间。一般的年度人力资源规划都为 1 年。

◆　规划目标

简单说明规划的目标及企业发展的目标，两者要有一定的关联，如能通过数字说明则更加直观。

◆　情景分析

在搜集信息的过程中，对企业的人力资源供需状况进行具体描述，包括对未来的情况进行分析，给出人力资源规划的依据。

◆　具体内容

该部分是规划书的主体，包括的内容有：具体项目工作、执行项目时间、负责人、审核人、预算等。

◆　规划制订者

规划制订者可以是一个人，也可以是一个部门。

◆　规划制订时间

主要指该规划正式确定的日期。

如下例所示为某企业的人力资源规划书，管理人员可参考。

| 范例解析 | 企业人力资源规划书

人力资源规划书（2020年）

一、现状分析及总体计划

××有限公司是一家从事××的企业，经过齐心努力企业现在已经在行业中取得一席之地。但随着市场竞争的加剧，企业内外部环境有了很大变化。为了更好地发展，企业必须制订一个较完善的人力资源规划，保证人力资源供需平衡，使企业在持续发展中保持较强的竞争力。

结合企业的实际情况，现阶段的人力资源规划主要以基础工作为主，努力拓展人力资源管理的六大模块工作，适时推动企业战略规划的实施。

二、人力资源现状

1.企业人员数量分布情况

企业目前拥有员工数量70人，从结构上来看，管理层人员比例是比较合理的。随着企业业务的扩大，中高层管理人员的需求会增加。

2.人员素质构成

高学历的人才比例不高，因此，企业需要大力引进研究生及以上学历的中高层管理人员，普通员工的学历水平也应得到大力提升，以提升企业的整体人员素质。

三、人员需求计划

根据各职能部门提交的人员需求计划表和企业发展规划的需求，本年度企业人员需求计划如下表所示。

部门	职位	所需人数
决策层	副总经理	1
管理层	销售主管	3
	人事主管	1
	行政主管	2

四、人才获取方式

中高层管理人员基本上从企业内部进行选拔和培养，若企业内部没有合适的人选，则采用外部招聘的方式从外部招聘人员。

内部招聘的主要方式有以下3种：

①人才储备库。

②发布职位公告。

③内部晋升。

由于企业的薪酬水平是偏高的，因此，企业的外部招聘有一定的竞争力。外部招聘的渠道为：①校园招聘；②社会招聘。

五、人事政策

1.薪酬基本政策（略）

2.福利制度（略）

六、人力资源培训与开发

1.人员培训（略）

2.人力资源开发（略）

招聘管理，制定制度定基调

招聘工作的流程复杂，环节较多，要实现良好的衔接有一定难度，所以需要统一管理。要各相关部门的人员与人事管理者做好自己的工作，并协调帮助其他人，就要制定合理的招聘管理制度，优化招聘体系。

3.1
招聘管理制度把握全局

招聘管理制度即是对企业招聘活动中所涉及的一切环节（包括招聘渠道选择、初试、复试、背调等）进行规定，要求人力资源部按照规定展开招聘工作。这样可以保证招聘工作的有效、规范，使招聘工作能够顺利完成。制定招聘制度的具体目的有以下 3 点。

◆ 明确各部门在招聘活动中的职责与分工。

◆ 优化招聘流程，提高招聘的效率。

◆ 明确招聘工作规范。

3.1.1 设计招聘管理制度

招聘管理制度的主要内容可以分为两大部分，一是对企业内各部门的用人需求进行审核、安排；二是对招聘过程中的各环节进行规范。在具体设计招聘管理制度时，制度内容会根据企业的实际情况而有所区别，如图 3-1 所示的几项内容是招聘制度中较为常见的。

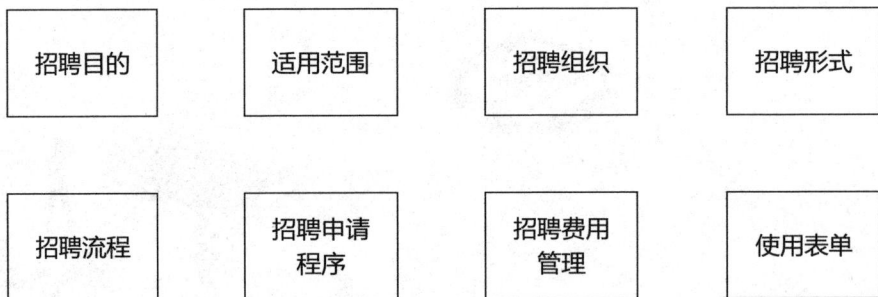

招聘目的	适用范围	招聘组织	招聘形式
招聘流程	招聘申请程序	招聘费用管理	使用表单

图 3-1

根据图 3-1 所示的内容，人力资源工作者可以开展制度设计工作，下例所示为某企业的招聘管理制度，可作参考。

| 范例解析 |　某企业招聘管理制度

第一章　总则

1.招聘目的

第一条　为企业及时补充、提供合格的人选，为公司人力资源规划和业务的发展提供人力支持，同时规范招聘行为，特制定本管理制度。

2.适用范围

第二条　本管理办法适用于公司所有职位的招聘。

第二章　招聘的组织

1.招聘工作的负责者

第三条　人力资源部应确保招聘行为符合国家的法律法规和公司有关制度，并不断拓宽招聘渠道，改进测试和评价手段，降低招聘成本，提高招聘效率。

第四条　人力资源部负责确定对内和对外招聘信息的发布形式和内容。

2.招聘分类

（1）内部招聘

第五条　内部招聘是指根据机会均等的原则，公司内部员工在得知招聘信息后，按规定程序应征，公司在内部员工中选拔人员的过程。

（2）外部招聘

第六条　外部招聘是指在出现职位空缺时，公司从社会中选拔人员的过程。

3.招聘申请程序

第七条　各业务经理应在每年做次年工作计划的同时拟订人员需求计划，填写年度人员需求计划表。经主管总监、人力资源经理和行政总监批准后留在人力资源部备案，作为招聘的依据。

第八条　如果有计划外的人员需求或因员工离职需补充人员，部门经理应填写用人需求申请表，并附上新的组织结构图，经总监批准后交人力资源部。

4.招聘组织程序

（1）内部招聘组织程序

第九条 内部招聘按下列步骤进行：

①人力资源部根据人员需求计划或用人需求申请表，发布内部招聘信息。

②应征员工填写内部应聘登记表，与自己的督导、经理（直接主管）做正式的沟通，并由部门经理和主管总监签批后交人力资源部。

③人力资源部接到内部应聘登记表后安排和该员工面谈，并在内部应聘登记表中填写相应的内容，签署意见。

④人力资源部安排应征员工和空缺岗位的主管或更高层主管面谈，必要时进行其他方式的测试。

⑤人力资源部和招聘部门沟通应征员工的情况，达成录用的一致意见后重新核定工资水平，报行政总监审批。

⑥人力资源部将员工的调动信息通知员工本人、调入/调出部门经理和秘书，同时抄送人力资源部其他成员。

⑦人力资源部在调动信息发出后督促员工进行工作交接，并给予必要的支持。

⑧人力资源部在员工正式调入新岗位前更新员工档案。

第十条 如应聘未成功，由人力资源部负责将结果通知应聘员工。

第十一条 在没有职位空缺的情况下，员工调换岗位的申请参照以上步骤执行。

（2）外部招聘组织程序

第十二条 外部招聘按下列步骤进行：

①人力资源部选择适当的招聘渠道发布招聘信息，收到应聘资料后，进行初步筛选，然后交业务经理，由业务经理根据岗位任职资格确定需面试的人选。

②人力资源部、空缺岗位的主管或更高层主管面试应聘者，必要的时候进行其他方式的测试。

③面试/测试后人力资源部和业务部门对应聘者的情况进行讨论，如必要提请更高层主管面试应聘者。

④人力资源部和业务经理确定薪酬水平，在面试记录/评价表上签署意见，提交行政总监审批。

⑤人力资源部向应聘者发出初步录用意向，通知体检事宜。

⑥人力资源部确认应聘者体检合格后，发出正式的录用通知，并确认具体的上班时间。

⑦人力资源部将上班时间通知业务经理、秘书，同时抄送人力资源部。

第三章 招聘原则和标准

第十三条 公司的招聘遵循以下原则和标准：

①机会均等原则：在公司出现职位空缺时，公司员工享有和外部应聘者同样的应聘机会。

②双重考查原则：所有招聘都需经过业务部门和人力资源部的双重考查，经行政总监批准后由人力资源部发录用通知。

③招聘遵循的标准：所有成功的应聘者应具备良好的职业操守，无不良记录，身体健康，具有大学本科以上学历（含），特殊岗位和经验特别丰富的应聘者可以适当放宽要求。

第四章 补充规定

1.招聘费用管理

第十四条 人力资源部负责每年末制定招聘费用预算，并安排次年的费用使用，招聘费用的申请和报销需经过人力资源部批准。

3.1.2　制定招聘费用预算控制制度

在第一章中我们对招聘预算的相关内容进行了介绍，除了掌握控制成本的方法、设计费用预算表之外，人力资源部还可以通过制定招聘费用预算控制制度，来完善招聘成本的控制工作。

只有将控制招聘成本的要点通过制度的形式展示出来，才能在各个环节最大限度地节省费用。下例所示为某企业的招聘预算管理规定，可作参考。

│范例解析│　招聘预算管理规定

招聘预算管理规定

第一章 总则

第一条 目的

为有效控制人力资源招聘成本，合理划分招聘费用，提高招聘效率，保证招聘效果，特制定本规定。

第二条 适用范围

公司内各职能部门。

第二章 操作流程

第三条 招聘费用项目

会场费、广告费、网络费、用车费等费用。

第四条 信息发布

人力资源部根据各部门的招聘申请，统一对外发布招聘信息，并组织各部门进行招聘。

第五条 借款

人力资源部依据招聘计划和费用预算，统一到财务管理部申请借款。

第六条 费用登记

1.每次赴人才市场进行招聘时，各部门招聘负责人都应在招聘费用登记表上签名，以此作为划分招聘成本的确认依据。

2.人事专员可对其进行监督。

第七条 分摊方法

招聘费用依据参加招聘会的人数由各部门分摊，但由人力资源部组织并以人力资源部名义发布的招聘广告、网络招聘及由此发生的广告费、网络费、用车费由人力资源部承担，在招聘过程中发生的其他费用（如住宿费、业务招待费等）由各部门承担。

各部门费用支出=（招聘费用总额÷参加总人数）×各单位参加人数

第八条 分摊部门划分

招聘组织按人力资源部、营销部、技术开发部、采购部、生产部、出口贸易部6个部门进行划分。

第九条 划账流程

1.人力资源部依据招聘费用登记表编制招聘费用分划报表。

2.招聘费用分划报表由招聘主管编制，并报财务管理部审核。

3.招聘费用分划报表于每月30日前报财务管理部。

4.财务管理部依据招聘费用登记表和招聘费用分划报表对招聘成本进行划账。

第十条 划账方式

划账采用每月一划的方式进行。

第三章 附则

第十一条 注意事项

1.人力资源部依据各部门报名参加的人数安排招聘摊位，如事先报名，而后来又未参加，人力资源部将依据报名的人数进行划账。

2.参加招聘会的人员原则上是各部门负责人或人事主管，参加人员应注意自身形象，言谈举止得体，男士一律穿西装打领带，女士一律穿套装，否则，将取消其参与招聘的资格。

第十二条 实施

1.本规定由人力资源部制定、解释并负责实施。

2.本规定自颁布之日起正式实施。

××有限公司人力资源部

20××年3月20日

从上例所示规定的内容来看，要进行企业招聘活动，参与的部门一定不止人力资源部，还有各相关部门，所以费用的预算应该分部门计划。在制度中要规定分摊方法、分摊部门划分、划账流程、划账方式等内容，目的在于责任到部门，由部门控制各自的招聘成本，由财务部统一出款。

3.2
优化招聘体系，提高 HR 工作效率

招聘体系是对企业内与招聘流程有关的一系列工作的系统管理体系，高效科学的招聘体系能够使用最低的招聘成本实现人力资源的最优利用。在企业内，低效的招聘工作是怎么做的呢？如下所示。

出现职位空缺→联系人力资源部→人力资源部组织招聘→筛选简历→面试→培训→入职

这个过程并不会如预想的一般顺利，可能会经历求职淡季，可能薪酬谈判会失败，所以很有可能持续数月。在这期间，企业相关部门的工作会受到很大影响，或是让部门员工承担不必要的工作负担。

作为企业的 HR 要明白，建立并不断优化招聘体系，是自己最重要的工作，那么，优化招聘体系需要掌握哪些内容呢？下面具体来看看。

3.2.1　招聘体系优化步骤

企业建立并优化招聘体系并不仅仅是为了完成一项招聘任务，而是出于经营发展的人力资源需求。所以一定要从整体出发，充分考虑招聘体系的组建。那么完整的招聘体系应该包括哪些部分呢？如图 3-2 所示。

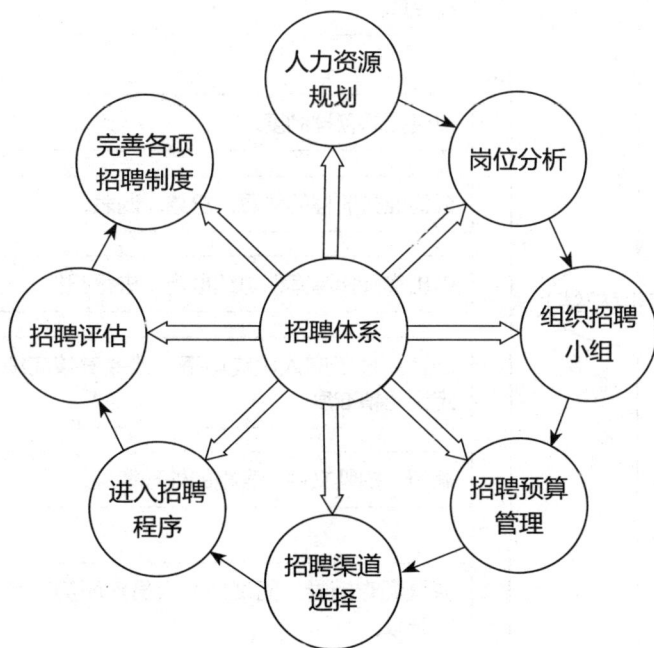

图 3-2

图 3-2 所示的各个部分共同组成了招聘体系，如果其中一个环节出错，那么招聘体系的整体性、有效性都会受到影响，从而对整个招聘工作产生影响。要想不断优化招聘体系就要从每个环节入手，并保持程序性。

在一场招聘工作过后，我们可以从如图 3-3 所示的三个步骤来优化招聘体系。

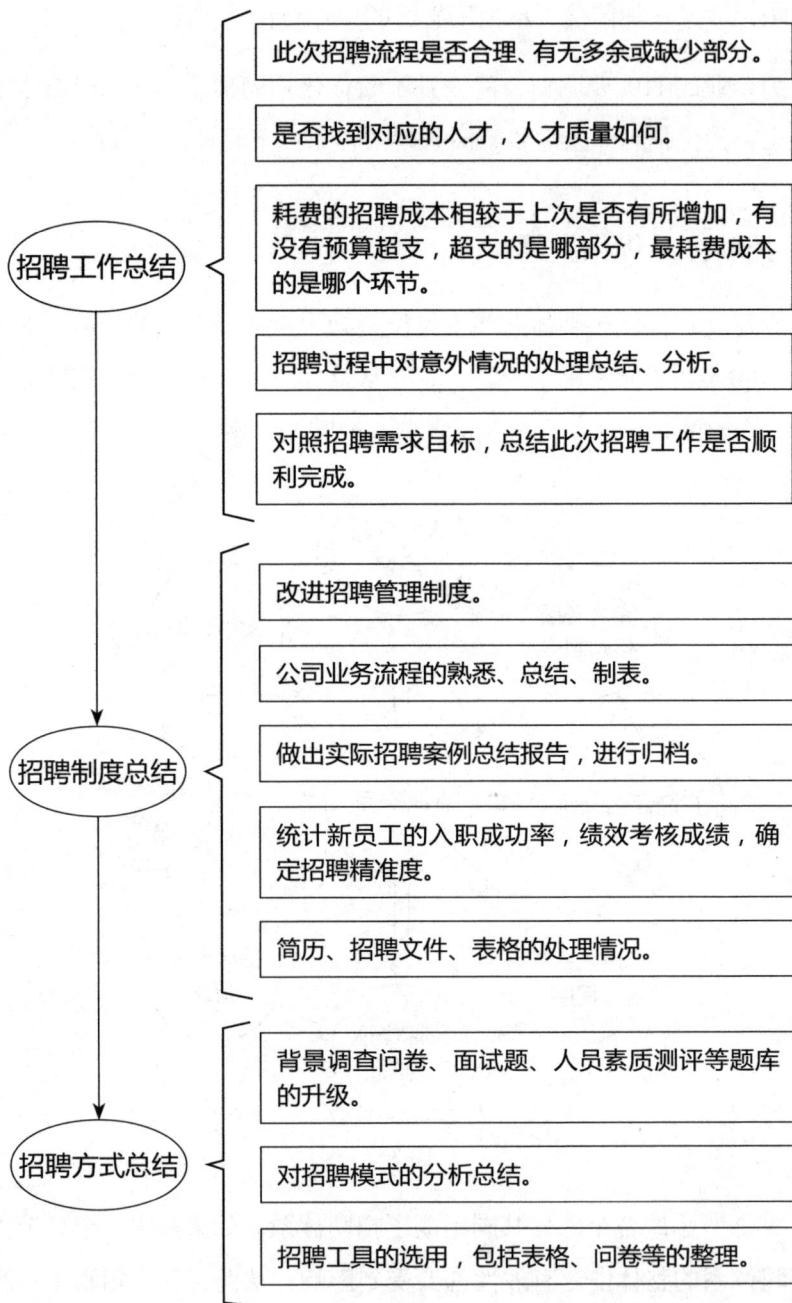

招聘工作总结

- 此次招聘流程是否合理、有无多余或缺少部分。
- 是否找到对应的人才，人才质量如何。
- 耗费的招聘成本相较于上次是否有所增加，有没有预算超支，超支的是哪部分，最耗费成本的是哪个环节。
- 招聘过程中对意外情况的处理总结、分析。
- 对照招聘需求目标，总结此次招聘工作是否顺利完成。

招聘制度总结

- 改进招聘管理制度。
- 公司业务流程的熟悉、总结、制表。
- 做出实际招聘案例总结报告，进行归档。
- 统计新员工的入职成功率，绩效考核成绩，确定招聘精准度。
- 简历、招聘文件、表格的处理情况。

招聘方式总结

- 背景调查问卷、面试题、人员素质测评等题库的升级。
- 对招聘模式的分析总结。
- 招聘工具的选用，包括表格、问卷等的整理。

图 3-3

3.2.2 招聘体系调查问卷

很多时候为了更精准地优化招聘体系，人力资源部会通过调查问卷的形式，收集企业员工和部门管理人员对招聘体系的看法和意见，尤其是参与过招聘工作的人事专员和部门负责人，他们的意见尤为重要。

调查问卷一般分为面向普通员工和面向部门负责人两种类型，由于填写问卷的人员职位不同，所以问卷内容也有所区别。

◆ **面向普通员工**：设计该类型问卷的内容主要从招聘渠道、招聘流程评价、岗位职责是否超出预想、面试方式等方面考量。

◆ **面向部门负责人**：该类型问卷的内容包括部门配合度、存在的问题、是否满足用人需求、成本了解度、看重的人员素质等。

下例所示为某企业人力资源部发放给普通员工的招聘体系调查问卷，可供 HR 参考。

| 范例解析 |　招聘体系调查问卷（员工版）

您好，该份问卷是为了调查公司招聘体系的实际情况与存在的问题，希望您能够提供真实的看法和宝贵的意见，以便将来更好地招聘人才，非常感谢您的参与。

您的年龄＿＿＿＿＿＿＿＿＿

您的学历＿＿＿＿＿＿＿＿＿

1.您目前的职级是：

□试用期　□正式员工　□中级管理人员　□高层管理者

2.您的工龄是：

□1年以下　□1～3年　□3年以上

3.您进入公司的渠道：

□线上渠道　□校园招聘会　□内部推荐

4.您的工作职责与实际情况是否相符？

□非常符合　　□较符合　　□符合　　□不符合　　□非常不符合

5.在面试前，您对面试岗位的工作职责和工作内容有了解吗？

□非常不了解　　□不了解　　□一般了解　　□了解　　□非常了解

6.您面试的时候参加过哪些环节？（多选）

□初试，人事专员进行面谈

□笔试，通过岗位专业试卷考察

□小组讨论，有面试官对小组进行打分

□终试，与部门负责人进行面谈

7.您感觉公司重视招聘程序吗？

□是　　□否

8.您在面试被询问的问题是有关于：（多选）

□知识　　□技能　　□态度与价值观　　□个性与爱好　　□职业规划

9.您认为公司在招聘工作上有哪些不足？（多选）

□招聘人员需要更多专业培训

□面试过程可以更加高效

□企业人力资源需求没有规划性

□公司的薪酬体系在行业市场上吸引力低

□有限的资金和招聘渠道

□其他_____

10.您对现行招聘体系的晋升机会的满意程度：

□很不满意　　□不满意　　□一般　　□满意　　□很满意

11.您对企业文化和价值观：

□非常不认同　□比较不认同　□一般　□认同　□非常认同

12.您认为现行招聘体系非常专业吗？

□非常不认同　□比较不认同　□一般　□认同　□非常认同

13.您对招聘流程的评价：

_____

　　针对企业内的部门负责人而言，招聘体系调查问卷应该如何设计呢？如下例所示。

| 范例解析 |　招聘体系调查问卷（部门负责人版）

　　您好，为了了解企业内部相关负责人对招聘现象、招聘体系中的问题有何看法，我们设计了该份问卷，请您根据企业情况如实填写，非常感谢您的参与。

　　您在公司的工作年限_____

　　1.企业内是否有正式的、书面的年度人员招聘计划？

　　A.有，并且按计划执行　　B.有，但是未能按计划执行　　C.没有

　　2.所在部门在向人力资源部提交招聘需求时，是否明确界定对候选人的要求？

　　A.几乎没有　B.很少有　　C.经常有　　D.几乎全都有

　　3.进行外部招聘时，主要使用的招聘渠道：

　　□高层管理者：

　　A.猎头　B.网络招聘　C.杂志　D.内部推荐　　E.人才招聘会

　　F.其他_____

　　□中层管理者/技术人员：

A.猎头　B.网络招聘　C.杂志　D.内部推荐　E.人才招聘会

F.其他＿＿＿＿＿＿＿＿＿＿＿＿＿＿＿＿＿

□普通员工：

A.猎头　B.网络招聘　C.杂志　D.内部推荐　E.校园招聘

F.人才招聘会　　G.其他＿＿＿＿＿＿＿＿＿＿＿＿＿＿

4.评估候选人时，是否有明确的评估标准？

A.有书面的、明确的评价标准

B.有明确的评价标准，但是并没有落实到书面上

C.没有明确的评价标准

5.哪些人员会参与对候选人的评价？（多选）

A.人力资源部　B.直属上司　C.部门负责人

6.哪些人员会对候选人的录用与否有直接的影响？

A.用人部门　B.人力资源部　C.总经理

7.人力资源部专职从事招聘的人员，在招聘方面接受过专业的训练？

A.非常同意　B.比较同意　C.不好说　D.比较不同意　E.非常不同意

8.招聘开始前，是否计算了"每招聘1名员工所花费的成本"？

A.是　B.否

9.您觉得公司在人员招聘上存在的最主要的问题是：（多选）

A.人力资源部的招聘专员不够专业

B.各部门负责人对招聘体系的意识不够，认为招聘与自己无关

C.人力资源部与各部门的配合不默契

D.招聘的流程不合理

E.人员招聘不能满足业务发展的需求

F.人力资源需求计划不明确，招聘计划性不强

G.招聘经费有限，招聘渠道有限

H.很难对候选人进行客观公正的评价

I.来应聘的优秀人才不多

其他＿＿＿＿＿＿＿＿＿＿＿＿＿＿＿＿＿

10.公司高层领导对招聘工作：

A.非常重视　B.比较重视　C.一般　D.不太重视　E.非常不重视

11.公司业务部门的管理人员对招聘工作：

A.非常重视　B.比较重视　C.一般　D.不太重视　E.非常不重视

12.客观地评价，您对公司人员招聘现状：

□招聘质量：

A.非常满意　B.比较满意　C.一般　D.不太满意　E.非常不满意

□招聘过程：

A.非常满意　B.比较满意　C.一般　D.不太满意　E.非常不满意

□招聘效率：

A.非常满意　B.比较满意　C.一般　D.不太满意　E.非常不满意

□招聘公平性：

A.非常满意　B.比较满意　C.一般　D.不太满意　E.非常不满意

□背调：

A.非常满意　B.比较满意　C.一般　D.不太满意　E.非常不满意

□各部门配合度：

A.非常满意　B.比较满意　C.一般　D.不太满意　E.非常不满意

13.您是否知道企业招聘一名员工所需要的总成本？

□是　　□否

14.公司对内外部人才库的建设：

_____

3.2.3　招聘体系自我诊断

自我诊断也是企业优化招聘体系的一种有效方式，通过对目前招聘体系的各个环节进行诊断，发现问题，才能解决问题。很多企业 HR 都会借助自我诊断表来帮助理清思路，记录相关要点，如表 3-1 所示。

表 3-1　招聘体系自我诊断表

体系环节	招聘项目	现状描述	诊断标准	诊断结果	原因分析	责任部门	改善对策

知识延伸｜自我诊断表的填写要点

表3-1中所示的"体系环节"栏应该按照招聘体系的具体环节来填写，包括人力资源规划、岗位分析、组织招聘小组、招聘预算管理、招聘渠道选择、进入招聘程序、招聘评估和完善各项招聘制度。而"招聘项目"栏应该从每个体系环节中再具体分化填写内容，如"招聘广告设计"。

通过自我诊断，人力资源部要对诊断结果，即招聘体系中存在的问题进行归纳、总结，并由专人负责后续问题的处理。常见的企业招聘体系问题有以下四项。

（1）招聘专员的专业度不高

招聘专员不够专业对招聘工作的影响是巨大的，会直接导致后面的招聘过程出现纰漏。出现这类问题，HR 要从两方面入手优化相关环节，一是梳理具体原因，二是罗列解决方案。HR 可通过图示的方式进行思维洗盘，更加直观、有效，如图 3-4 所示。

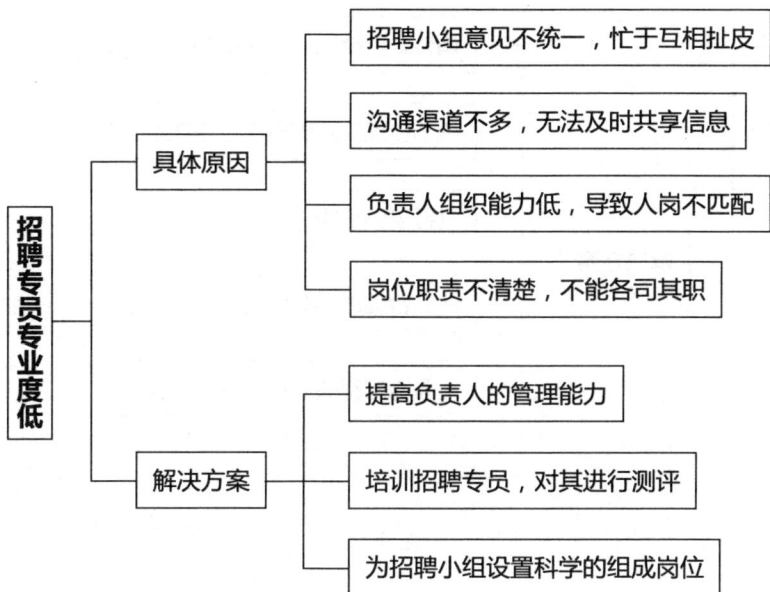

```
                      ┌─ 招聘小组意见不统一，忙于互相扯皮
                      │
                      ├─ 沟通渠道不多，无法及时共享信息
              具体原因 ┤
                      ├─ 负责人组织能力低，导致人岗不匹配
招聘专员专业度低 ┤      │
                      └─ 岗位职责不清楚，不能各司其职
              │
                      ┌─ 提高负责人的管理能力
                      │
              解决方案 ├─ 培训招聘专员，对其进行测评
                      │
                      └─ 为招聘小组设置科学的组成岗位
```

图 3-4

（2）候选人数量未达到预期

在进行招聘活动之前，招聘小组肯定会对招聘的人员进行预测，如可能有多少人投简历，面试当天可能会来多少人，最终需要录取多少人等。但是由于招聘时间、招聘渠道等出现差错，也会影响招聘活动的最终完成度，出现应聘人员未达到预期目标的情况。

这时 HR 就要对前期工作的各个环节进行检讨，如图 3-5 所示。

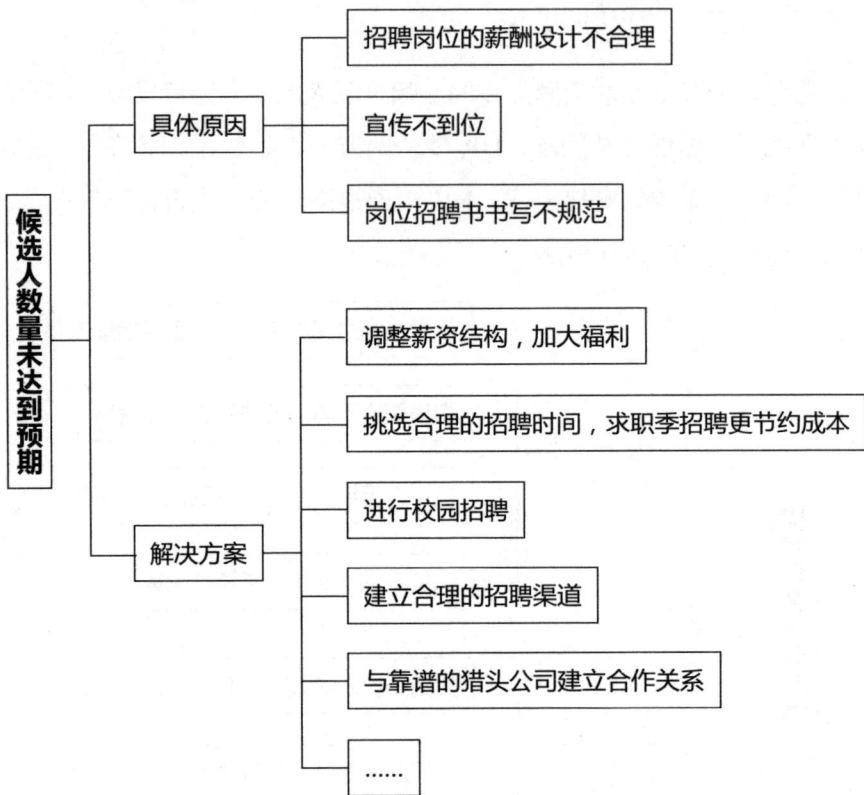

图 3-5

（3）入职人员比例较低

在吸引应聘者前来面试后，HR 要做的一项重要工作就是筛选面试人员，留下优秀的应聘者。但是如果招聘方式有问题、面试人员的面谈技巧不纯熟，导致优秀人员放弃入职机会，那么就会让前期的工作功亏一篑。

在进行自我诊断后，对于相关联的原因 HR 应该进行总结，并有针对性地寻找解决方案。如图 3-6 所示。

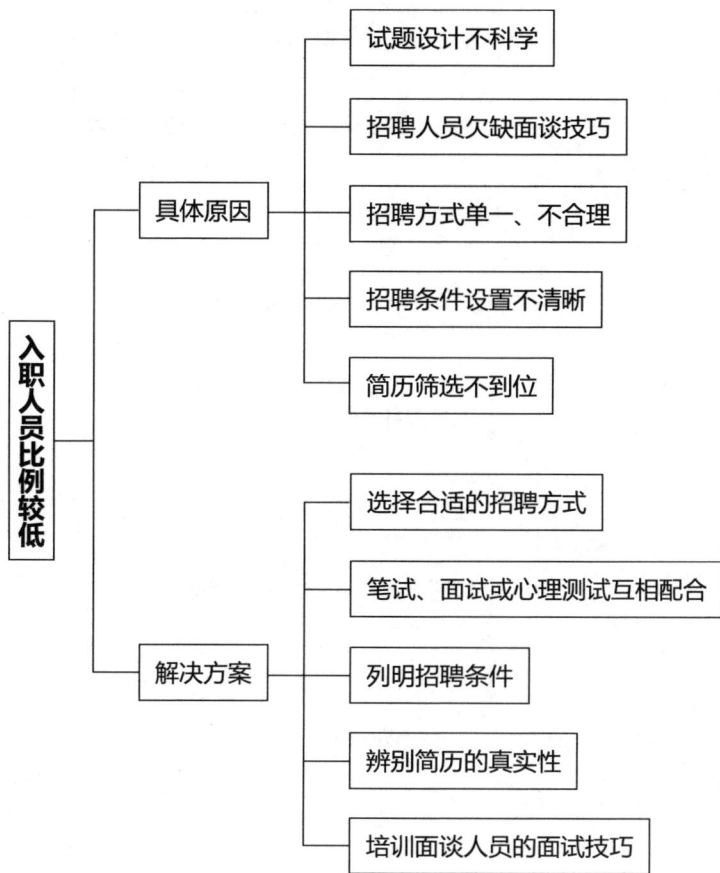

```
                              ┌─────────────────────┐
                         ┌────│     试题设计不科学      │
                         │    └─────────────────────┘
                         │    ┌─────────────────────┐
                         ├────│   招聘人员欠缺面谈技巧    │
                         │    └─────────────────────┘
              ┌───────┐  │    ┌─────────────────────┐
         ┌────│具体原因 │──┼────│   招聘方式单一、不合理   │
         │    └───────┘  │    └─────────────────────┘
         │               │    ┌─────────────────────┐
         │               ├────│   招聘条件设置不清晰     │
         │               │    └─────────────────────┘
┌────┐   │               │    ┌─────────────────────┐
│入职│   │               └────│   简历筛选不到位        │
│人员│   │                    └─────────────────────┘
│比例│───┤
│较低│   │                    ┌─────────────────────┐
└────┘   │               ┌────│   选择合适的招聘方式     │
         │               │    └─────────────────────┘
         │               │    ┌─────────────────────┐
         │               ├────│ 笔试、面试或心理测试互相配合 │
         │    ┌───────┐  │    └─────────────────────┘
         └────│解决方案 │──┼────│      列明招聘条件        │
              └───────┘  │    └─────────────────────┘
                         │    ┌─────────────────────┐
                         ├────│    辨别简历的真实性      │
                         │    └─────────────────────┘
                         │    ┌─────────────────────┐
                         └────│  培训面谈人员的面试技巧   │
                              └─────────────────────┘
```

图 3-6

（4）错失"80 分以上"的人才

对于专业的 HR 来说，招聘工作不应仅仅是停留在招到人上，而是应该在众多的应聘人员中，分辨出不符要求的人员、符合要求的人员和优秀的人员，并招聘到优秀的人才，而不是满足于"60 分"及格线。

这一问题是很多 HR 要面临并解决的问题，如图 3-7 所示的是自我诊断后的原因分析和解决方案。

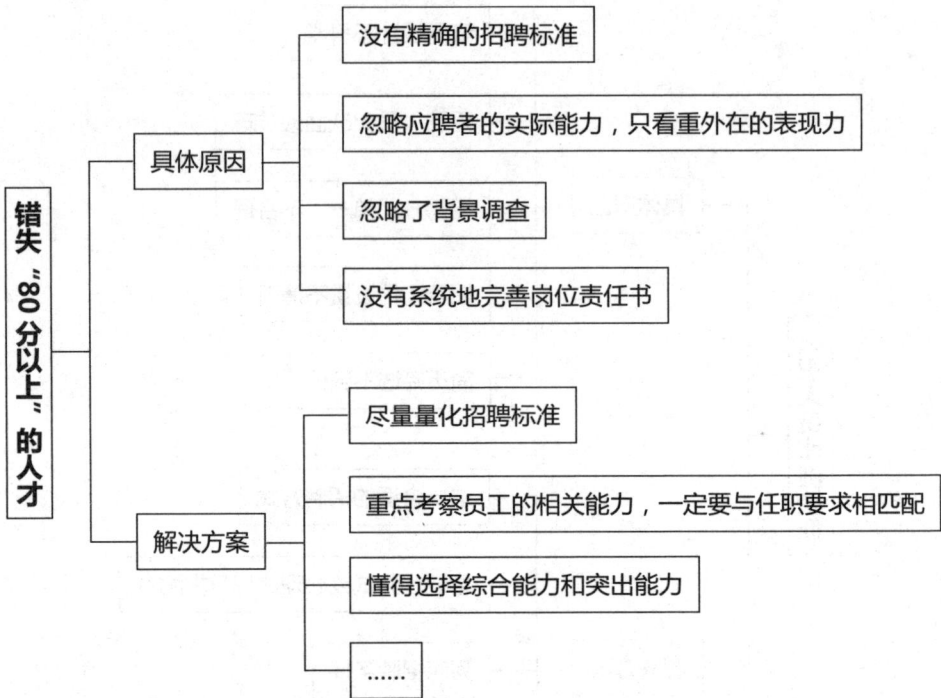

```
                                    ┌─────────────────────────────┐
                                    │ 没有精确的招聘标准            │
                                    └─────────────────────────────┘
                                    ┌─────────────────────────────────────────────┐
                          ┌────────┐│ 忽略应聘者的实际能力，只看重外在的表现力      │
                          │具体原因 │└─────────────────────────────────────────────┘
                          └────────┘┌─────────────────────────────┐
                                    │ 忽略了背景调查               │
      ┌────┐                        └─────────────────────────────┘
      │错   │                       ┌─────────────────────────────┐
      │失   │                       │ 没有系统地完善岗位责任书      │
      │"    │                       └─────────────────────────────┘
      │80   │
      │分   │                       ┌─────────────────────────────┐
      │以   │                       │ 尽量量化招聘标准             │
      │上   │                       └─────────────────────────────┘
      │"    │                       ┌───────────────────────────────────────────┐
      │的   │           ┌────────┐  │ 重点考察员工的相关能力，一定要与任职要求相匹配│
      │人   │           │解决方案 │  └───────────────────────────────────────────┘
      │才   │           └────────┘  ┌─────────────────────────────┐
      └────┘                        │ 懂得选择综合能力和突出能力    │
                                    └─────────────────────────────┘
                                    ┌─────────────────────────────┐
                                    │ ......                       │
                                    └─────────────────────────────┘
```

图 3-7

第四章

招聘准备，工作做足才顺利

人力资源部进行招聘工作之前要进行招聘准备，这样才能保证招聘工作的顺利完成。前期的准备工作主要包括组建招聘团队、发布招聘信息和制作招聘广告。HR 要按步骤做好准备工作，为之后的工作打下坚实的基础。

4.1
专业的招聘团队才能招对人

要想在一场招聘活动中顺利招到优秀的人才，除了有完善的招聘管理制度，科学的招聘方式，还需要专业的招聘团队。所谓招聘团队是为了完成企业招聘任务而组建的工作团队，通常是根据具体的招聘任务而临时组建的。当然有的大型企业，会有专门负责企业招聘工作的机构。

招聘活动分工不同，所需的人员也有所不同，所以组建招聘团队时，要遵循知识互补、能力互补、性别互补、年龄互补的原则，以保证成员能各司其职。

4.1.1 招聘团队的主要结构

组建招聘团队的第一步就是规划好团队的基本结构，再按照团队结构来配置合适的人员及人数。一般来说，招聘团队的结构如图 4-1 所示。

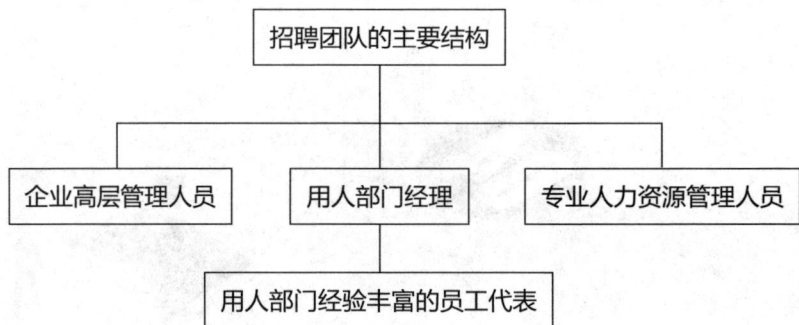

图 4-1

从上图可知，招聘团队应由企业高层管理人员、专业人力资源管理人员、用人部门经理和用人部门经验丰富的员工代表组成。每个组成人员其要担负的工作职责各不相同。

◆ **企业高层管理人员**：主要负责分配工作，组织团队人员合作，协调各相关部门的资源，并控制好招聘成本。

◆ **专业人力资源管理人员**：发挥人事专员的专业性，通过施展招聘技巧和面谈技巧，顺利筛选出优秀的人才。

◆ **用人部门经理**：主要负责提供招聘需求、岗位说明书，并且参与人员面试，对应聘者的专业能力进行考核，获得直接信息。

◆ **用人部门经验丰富的员工代表**：可为同部门经理提供自己的看法和建议，包括对应聘者的素质考核、简历筛选等。

虽然各成员的工作职责不同，但其都需要满足一定的条件，才能担任。如下所示是选择团队成员需要考虑的要点。

①在个人品质上，一定是公平公正，避免选择主观意识较强的人员。

②性格上要有一定的优势，最好不要选择内向型员工，有一定的面谈技巧和沟通技巧非常有用。

③了解心理学基础知识。

④对部门组织结构，工作岗位职责有所了解。

⑤有招聘经验或是之前参与过公司的招聘活动。

⑥个人形象好，气质精神，能够代表公司的形象。

4.1.2　清楚招聘团队的职责

在顺利组建招聘团队后，招聘团队的负责人必须让所有成员都清楚自己的工作职责，并按照确定的、切实可行的工作职责完成自己的工作。

为了让团队内的每个成员都清楚自己的职责，负责人最好编制一份招聘工作计划书，将招聘任务、招聘小组成员、人数及工作职责进行具体说明，并分发给各成员。

招聘工作计划书主要包括图4-2所示的几项内容。

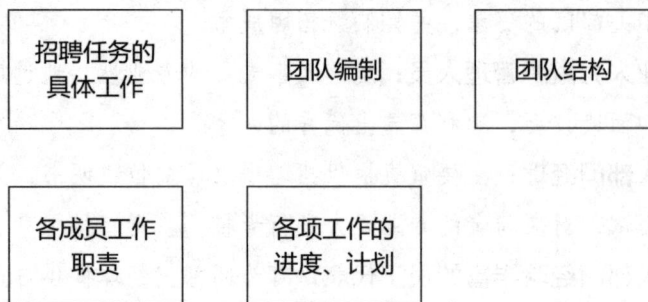

图4-2

下面分别对这几个部分进行介绍。

（1）招聘任务的具体工作

一般来说，编制招聘工作计划书时，首先要向所有成员展示的内容是此次招聘任务的具体工作，必须让所有成员都有所了解，才能开展之后的工作。可以直接列示，也可通过图示或表格的形式展示。如下例所示。

| 范例解析 |　某企业招聘工作计划书的工作项目内容

一、工作项目

1.为设计部招聘两名设计师。

2.尽快发布招聘信息、选择招聘渠道。

3.维护之前的招聘渠道，或开拓新的招聘渠道。

4.查询公司现有人力资源是否充足，其他部门是否有离职或调岗人员。

5.调查行业相关设计师岗位的供需情况，薪资情况。

6.对面试的流程进行设计，确定好考核方式。

7.是否有考核测评试题，如无是否需要准备。

8.对员工的入职培训流程进行安排，并设计相关的培训课程和考核机制。

在进行此次招聘任务时，各位成员尽量做到公平公正、成熟客观，按照计划好的招聘流程择优录取相关人员。

（2）团队编制

对于团队的组成人员和人数，在计划书里也应该写明。可以首先说明团队成员的总人数，然后列出各结构人员的人数。如下例所示。

| 范例解析 | 　某企业招聘工作计划书的团队编制内容

二、团队编制

此次招聘任务成立的招聘小组共有6名成员：

招聘主管（人力资源部主管）——1名。

资料员（人事专员、设计部员工）——2名。

招聘官（设计部主管）——1名。

招聘官（人事专员）——2名。

（3）团队结构

团队结构是对团队编制的图示，可以更清晰地展示团队的组成情况，如下例所示。

| 范例解析 | 　某企业招聘工作计划书的团队结构图

三、团队结构：

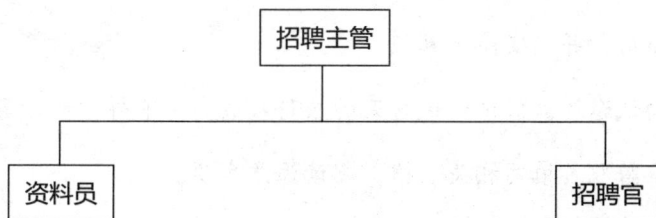

（4）各成员工作职责

各成员工作职责内容就是根据团队编制对相关人员的工作职责进行具体规定，这样小组成员就能清楚自己要完成的工作有哪些，并尽快开展。如下例所示。

| 范例解析 | 某企业招聘工作计划书的成员工作职责

四、各成员工作职责

◇招聘主管

1.做好人力资源部和设计部的沟通协调工作。

2.分配好各人员的工作任务。

3.主要负责招聘会的相关事项处理。

4.审核招聘流程、招聘预算表、培训流程。

5.选择招聘渠道（校招、网招、招聘会）和方式（面试、笔试）。

◇资料员

1.做好设计师岗位说明书。

2.设计好招聘广告文案，并且及时发布。

3.对于初试、复试、入职、培训的时间安排进行详细计划，不能冲突。

4.提供面试需要的试题、表格等文件资料。

◇招聘官

1.筛选简历，并核实简历真假。

2.做好面试邀约，保证面试当天的应聘人数。（不得少于10名）

3.接待应聘人员填写相关表格，阅读注意事项。

4.收集、汇总应聘人员资料，整理好复试名单。

5.做好面试工作总结，并向总经理进行汇报。

（5）各项工作的进度、计划

对于需要完成的各项工作的进度、完成时间，应该提前计划好，并要求成员按计划来完成，如下例所示。

| 范例解析 | **某企业招聘工作计划书的工作进度**

五、各项工作进度表

◇发布招聘信息

工作步骤	完成进度	计划完成时间	需要配合
完成招聘文案	4月11日上午：请设计部提供设计师岗位说明书，搜集设计师行业薪资标准、企业内部薪资标准	4月12日	设计部
	4月11日下午：编写招聘文案并修改		
	4月12日：交招聘主管审核		
发布招聘信息	4月13日：经审核后，进入智联招聘网，发布文案信息	4月13日	

◇设计考核试题

工作步骤	完成进度	计划完成时间	需要配合
总结考核方向	4月12日下午：与设计部优秀员工开小会，总结考核重点和方向	4月13日	设计部
	4月13日上午：选择考核方向，以便设计试题		
	4月13日下午：设计部提供相关资料，包括网络资料		
设计试题	4月14日：设计试题	4月15日	设计部
	4月15日：修改试题		

……

4.1.3 通过团队管理实现信息共享

创建招聘团队就是为了让相关人员互相配合，共同做好招聘工作，但要组织好各成员，除了依靠团队负责人的管理能力，还要做好招聘团队之间的信息共享和信息同步，这样可以避免信息不对等造成的沟通不畅，影响招聘活动的进程。

而要做好招聘各项信息的共享，HR 管理人员可从以下几方面入手。

◆ 汇总表单

对于各项招聘信息，人力资源小组可以摘取重点信息，将其制成表并进行共享，如招聘候选人汇总表单，在不同的招聘活动中总有那么一些优秀人才，因为条件或时机不合适而没有成功聘用，而这些优秀人员的简历信息，是人力资源的重要资料，HR 应妥善保管。

不过，人才简历信息过多，很不利于查找和使用，这时 HR 就应该择其重点，编制表单，如表 4-1 所示。

表 4-1 优秀人才信息汇总

编号	姓名	年龄	毕业院校	专业	资质证书	工作资历
B-1907-01						
B-1907-02						
B-1907-03						
B-1907-04						

与上表类似的表单，人力资源部都要保存好相应的纸质档，制作对应的电子档，并共享电子档。

◆ 定期开展会议

对于各个人力资源小组来说，若要顺利进行各项人事工作，相关工作安排是免不了的。而召开工作会议进行交流和资源互换是最有效的办法。会议上，小组成员不仅可以交换有用的信息，还可以交换彼此的想法，比纸质或电子文档更能发挥作用。

当然，定期开展例会，人力资源小组组长应该制定相应的例会规定，以保证例会流程的顺利进行。以下是某公司人力资源小组开展会议的有关规定。

| 范例解析 | 某公司人力资源小组开展会议的有关规定

人力资源小组例会制定

一、目的

为进一步提高本工作小组整体的工作效率，规范会议管理，提高会议质量，降低会议成本，特制定本小组会议制度。

二、适用范围

本制度适用于××有限公司人力资源部工作小组1的小组会议管理。

三、会议类别

会议名称	召开时间	会议主题	参会人员
周例会	每周一9:00～10:00	总结上一周的工作，研究、部署本周招聘工作的重点	小组全体成员
月例会	每月最后一周的周一9:00～10:30	总结并评估本月工作，确定并部署下月招聘工作的重点	小组全体成员

四、周、月例会会议制度

1.主持与记录：小组会议由组长负责通知和主持，并制定相关人员负责记录，会后进行电子档备份。需注意会议记录内容的简明扼要。

2.召开时间：如有特殊原因不能按规定时间召开，需要延期召开的，需提前通知小组成员。停开或另外增加会议的由小组组长提前通知。

3.讨论近期招聘工作的优势和劣势、招聘项目、招聘测试题目及接下来的招聘流程。

4.按照员工管理权限，研究决定员工的任免、调动、培养和管理。

5.讨论小组近期人事工作安排，或中长期规划及年度计划。

6.各与会人员汇报上周/本月的工作情况，包括工作内容、工作执行情况及所遇到的问题等。全体与会人员共同总结上月工作情况，商议所提议内容或问题。

人力资源部

××年×月×日

除了召开传统的例会外，HR还可以利用社交软件召开网络会议，这样在遇到特殊情况，或决定临时召开会议的时候，能不受时间、地点的约束。通过腾讯QQ软件就可以实现。

腾讯QQ的普及率非常高，无论是学生还是职场人士几乎都注册了QQ账号，HR可以建立工作小组群，并在群内发起视频会议。如图4-3所示。

图4-3

上图所示便是工作群的聊天界面，单击"视频通话"按钮，便可发起视频会议，在打开的界面中，左侧显示的是视频会议界面，单击"开摄像头"按钮，就能看到自己和群成员的状态并进行沟通；右侧是群成员显示界面，可以查看哪些成员已加入视频对话，哪些成员还未加入视频对话，如图 4-4 所示。

图 4-4

◆ 利用共享系统

共享系统是现代企业必不可少的管理系统，可以帮助企业实现信息化管理和资源共享，打破组织隔阂，提高工作效率。如之前提到的腾讯 QQ 社交软件，便是非常简单的共享工具，不仅可以召开视频会议，还可以发布群公告，上传文件，如图 4-5 所示。

图 4-5

　　除此之外，一些 OA 办公自动化系统在信息共享上更加专业，且能提供更多的服务和功能，如泛微 OA 办公软件，就提供了人力资源小组的信息和人员管理功能，包括如下一些。

　　人力资源卡片。通过该功能可直接了解到工作进程，如未处理的工作流程、未读的文档、需关注的计划任务、参与过的会议与日程和项目任务等。

　　查看下属信息。如果是管理者，可以查看下属成员的基本信息，并通过菜单了解下属的工作日程、待办流程等信息。

　　人员快速查询。可以对小组、部门的人员进行查找，并展示其基本信息、个人信息。只需在快捷搜索框中输入姓名即可。

　　员工考勤自助查询。对员工的假期、考勤状况进行自助查询。

　　员工财务自助查询。对员工的财务信息（工资、福利、成本、费用）进行自助查询。

　　招聘面试管理。建立统一的在线招聘管理和内部人才库。

　　如图 4-6 所示为该人力资源 OA 系统的功能界面。

图 4-6

4.2
发布招聘信息，广纳贤才

招聘信息是对企业招聘需求的总体概括，通过招聘信息可以让外界知道企业近期的招聘活动，了解招聘职位、岗位职责、职位要求等信息，这是招聘人才的第一步。所以完善招聘信息并发布到合适的渠道，是招聘人员不能忽视的一项工作。

4.2.1 列明招聘信息的构成要素

招聘信息都有一定的版式，HR 要编写招聘信息，就需要将招聘信息里应该包含的内容都写明。所以 HR 应该了解招聘信息的基本构成要素，并将这些要素都写入招聘信息中，以保证外界清楚企业的基本状况和招聘需求。一般来说，一份完善的招聘信息应该包含以下几个因素。

◆ 企业基本介绍

虽然招聘岗位是招聘信息的核心内容，但是企业的基本信息对于求职人员来说也非常重要，其需要知道自己应聘的是一家什么公司、规模如何、主营业务是什么、有无发展前景。

所以在介绍企业时，除了基本信息，还应该将企业的优势展示出来，这样才能吸引优秀的人才，这部分的编写原则即为"实事求是 + 优点提炼"。如果企业是一家初创型公司，没有什么明显的优势，那么可以渲染一下企业的未来发展。

◆ 岗位职责

岗位职责是任职该岗位的人员需要完成的工作内容及应当承担的责任范围。作为招聘信息，这部分的内容当然是不可或缺的，但很多 HR 都会陷入一个误区，就是将岗位职责写得非常具体、详细，事无巨细地介绍了该岗位的所有工作内容，这并不是明智的做法。

招聘信息与员工手册、岗位说明书都不一样，HR 只需要简洁地列明重要的几项工作内容就足以让应聘者清楚其是否适合该项工作了。当然，筛选重点工作内容时，需要 HR 与部门负责人共同合作，最好以岗位说明书作为依据，筛选出 3 ~ 5 条即可。

◆ 任职要求

任职要求是对求职者提出的一些具体条件，目的是在初期就筛选出合格的人才，以免大量的简历信息加重 HR 的负担。HR 要围绕学历、专业、工作经历、工作技能 4 个方面来编写这部分内容。同样，任职要求也要以简洁为主，不要书写太多的条条框框，限制了一些能力出众的求职者。

◆ 薪酬福利

招聘信息中的薪酬福利是吸引求职者的一个重要因素，是必不可少的，除非有特殊情况，HR 最好不要在招聘信息中写上"薪酬面议"等字样，这会劝退一部分求职者，并会显得公司没有招聘诚意。

HR 要注意，编写薪酬待遇时最好不要写准确的数字，常规的写法是区间表达，如"月薪 4 000 ~ 5 000 元"，这样可以给面试官留下一定的薪酬谈判空间。如果是绩效薪资为主，应该说明绩效薪资的算法和月平均工资，从而为求职者提供参考。

◆ 岗位收获要诱人

一般来说，有了以上 4 个要素后，招聘信息就足够完整了。不过为了吸引求职者，HR 还可以多走一步，进一步说明员工获得该份工作能够得到些什么，可以从发展前景、学习经验、提升自己等方面来简单介绍，忌长篇大论。

◆ 联系方式

现在很多公司发布招聘信息都是在人才网上，所以求职者直接一键发送简历就可以了。如果是在报纸、杂志上发布招聘信息，HR 还需要写明企业的联系方式（包括电话和地址）、简历投递渠道（一般以邮箱为主）和截止时间。

4.2.2 如何在报纸上发布招聘信息

编写好招聘信息后，紧接着就要将信息发布出去，这样才能被求职者知道。企业招聘信息的发布形式通常有报纸、杂志、电视、电台、电子布告、新闻发布和口头传播等。

如果要在报纸或杂志上发布招聘信息，需要联系相关报纸或杂志的广告刊发部，商议刊登字数和价格，具体要经历如图 4-7 所示的步骤。

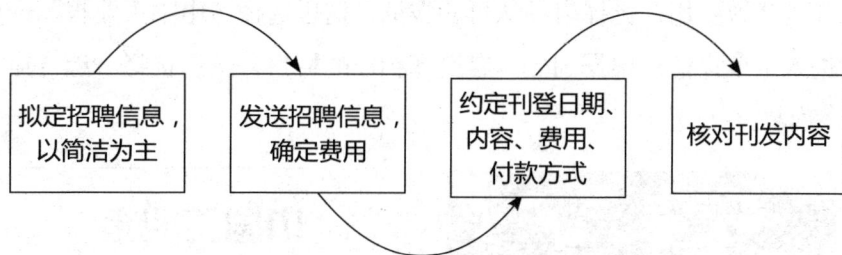

图 4-7

通过以上的流程来发布招聘信息会耗费大量的时间和精力，并且非常低效，所以不建议 HR 采用。现在，随着 App 小程序的发展，不少登报小程序都能帮助我们简化登报流程，如"登报通"，如何使用登报小程序呢？

进入支付宝 App，在首页搜索框中输入"登报通"，点击"搜索"按钮，在跳转的页面中可以看到一些登报的小程序，选择"登报通"程序进入其服务主页。在不清楚自己想要刊登的报纸时，可以直接选择地区，如这里选择"四川省－成都市"，点击"搜索报纸"按钮，如图 4-8 所示。

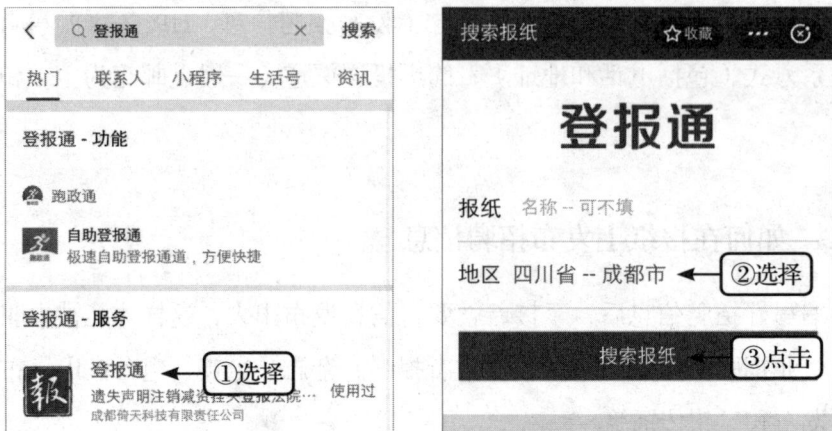

图 4-8

进入"搜索列表"页面可以看到该地区各类型的报纸，并展示了报刊级别和刊登字数费用，选择自己认可的报纸，这里选择"中国工业报"选项，即可进入报纸详情，根据刊登内容选择相应的栏目，这里选择"综合信息"栏目，如图 4-9 所示。

图 4-9

进入登报类型选择页面，直接点击"招聘信息"按钮，进入登报信息填写页面，填写招聘信息、联系姓名、联系手机号，设置刊登时间和次数，如果需要快递当期报纸，选中"快递＋报纸"复选框，设置收件信息即可。在页面下方会直接显示字数和总费用，点击"预览信息"按钮，如图4-10所示。

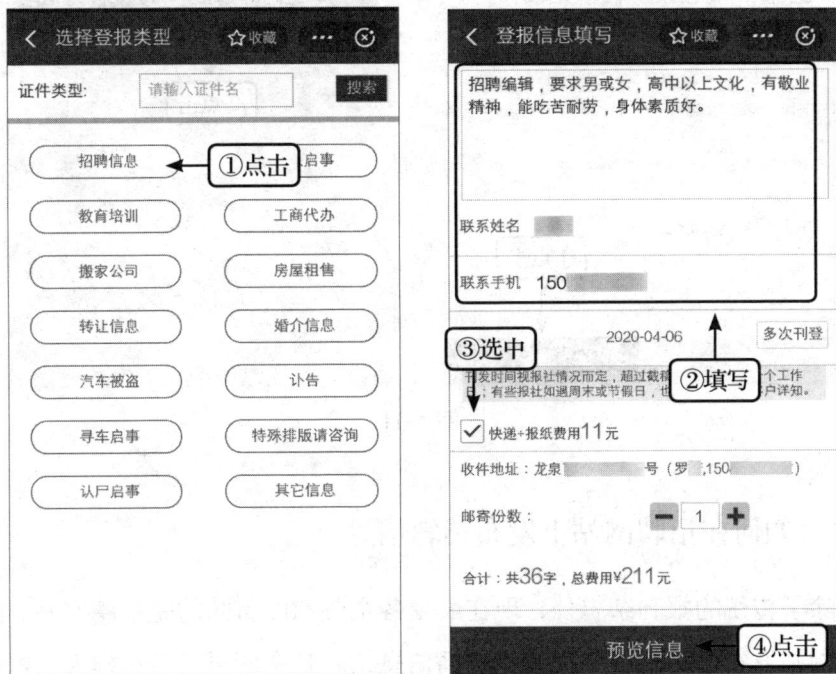

图 4-10

知识延伸 | 发布招聘信息的考虑因素

　　在企业发布招聘信息时一定要考虑覆盖面、及时性、针对性这3个因素，根据这3个因素来选择发布渠道，这样才能保证发布效果，从而让更多的求职者看到企业的招聘需求。

在支付费用之前，HR 还可以对发布的信息进行预览，确认无误后点击相应的支付订单按钮，跳转至支付页面，默认支付宝支付，点击对应的立即支付按钮完成招聘信息的刊登预订，如图4-11所示。

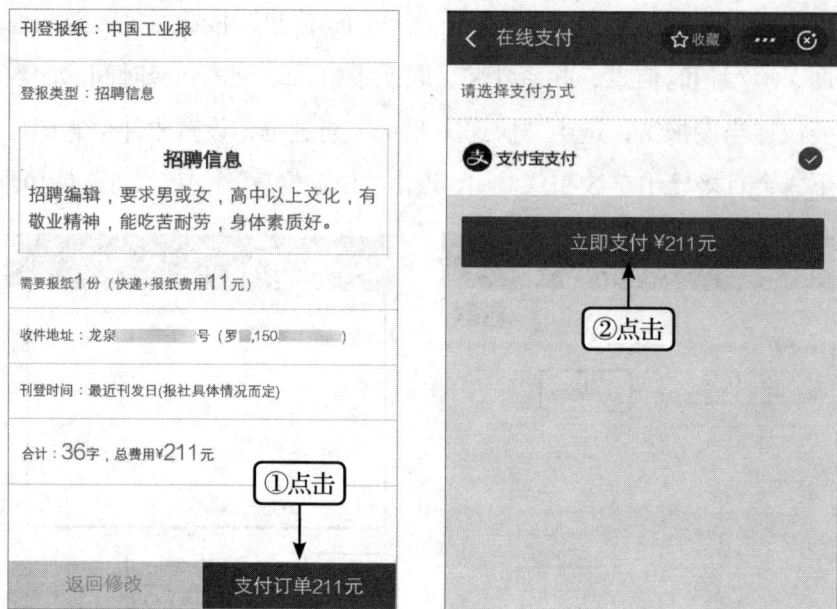

图 4-11

4.2.3　如何在招聘网站上发布招聘信息

除了传统的报刊杂志外，现在最受各企业 HR 青睐的是招聘网站，通过招聘网站发布信息能够实现瞬时传播信息，并且全网可见，这样大大提高了招聘信息发布的效率。除此之外，还可以利用招聘网站提供填写模板完善职位信息。由于不是按字计费，HR 能更好地把握发布的要点。

下面以智联招聘为例，讲解在网上发布招聘信息的操作。

进入智联招聘登录网页（https://landing.zhaopin.com/），单击"企业登录"按钮，注册并登录企业账号。进入账号主页，单击"发布职位"按钮，如图 4-12 所示。

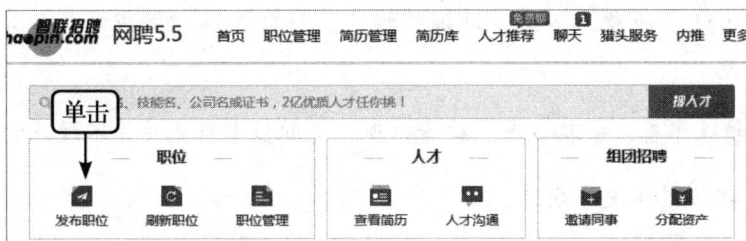

图 4-12

进入发布职位页面，填写职位信息，其中职位名称、职位类别、工作性质、工作地址、月薪范围、最低学历、工作年限、职位描述、技能要求和招聘人数是必填栏目，如图 4-13 所示。

图 4-13

在填写职位描述时，HR 只需将之前拟定的招聘信息填写在该版块即可，不过在填写之前要注意系统规定的"发布规范"，具体规范内容如下所示。

一、职位名称发布规范

职位名称请勿包含以下信息，包括不限于：

1.含违法违规的信息。

2.含性别、学历、院校、地区、民族等歧视性的信息。

3.含认证、融资、招商、培训、推广、挂靠等非招聘或非提供实际就业机会的信息。

4.含特殊字符、一职多岗、薪资体现、与职位名称无关等不规范的信息。

二、职位描述发布规范

职位描述请勿包含以下信息，包括不限于：

1.含违法违规的信息。

2.含性别、学历、院校、地区、民族等歧视性的信息。

3.含认证、融资、招商、培训、推广、产品售卖、挂靠等非招聘或非提供实际就业机会的信息。

4.含收费及潜在收费的信息。

5.含特殊字符、彩色字体底纹、图片等不规范的信息。

6.含微信、QQ、手机等联系方式的信息。

7.除岗位职责、任职条件、工作技能、薪资待遇、汇报关系、业绩指标以外与职位描述无关的信息。

三、公司内容简介规范

公司简介请勿包含以下信息，包括不限于：

1.含第三方或违法违规的链接。

2.含商标、品牌、专利等侵权的信息。

3.含与企业性质、规模等不符或夸大宣传的信息。

4.含特殊字符、彩色字体底纹、图片等不规范的信息。

5.含微信、QQ、手机等联系方式的信息。

填写好基本的职位信息后，单击"保存为模板"按钮可将该职位的招聘信息保存为模板，以便下次有类似招聘职位时使用，单击"下一步"按钮，如图 4-14 所示。（在智联招聘网站上发布职位信息，需要进行推广才能被更多的人看到，所以需默认选中"参加职位推广"复选框）。

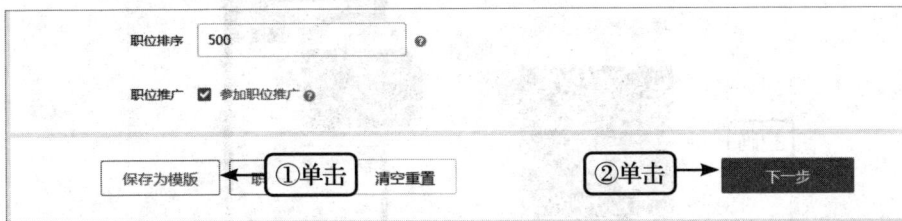

图 4-14

进入"提升职位招聘效果"页面，可对职位信息进行刷新设置，有助于提升职位排名，设置刷新日期和单日时间，如图 4-15 所示。

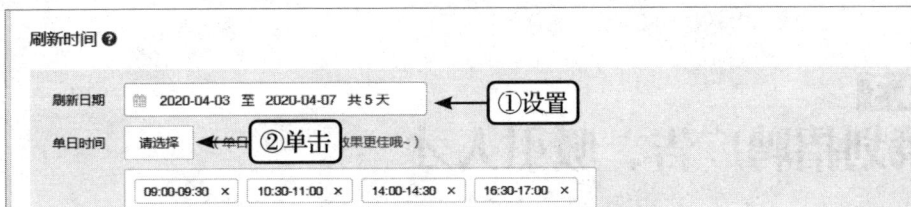

图 4-15

选择支付方式，点击"完成并支付刷新"按钮完成职位发布，如图 4-16 所示。

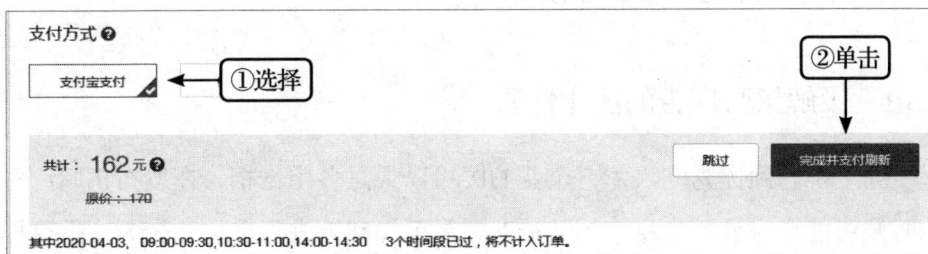

图 4-16

在打开的对话框中扫描二维码即可完成支付，如图 4-17 所示。

图 4-17

4.3
策划招聘广告，吸引人才

招聘广告主要指用来公布招聘信息的广告，与招聘信息不同，其宣传的意味更浓一些。招聘广告有两个作用，一是宣传企业，二是传递招聘信息。既然是广告就要有吸引力，能够引起人才的注意，所以我们的招聘广告要有所设计，并且符合公司形象和招聘任务。

4.3.1 了解招聘广告的法律性质

为了招聘到优秀的人才，企业 HR 可以说是各出奇招，在发布招聘广告的时候可能会对公司信息、招聘待遇、员工福利等进行美化和夸大，那这样会不会有什么法律风险呢？招聘广告的法律效力又是如何规定的呢？在员工入职后如果没有得到招聘广告中的待遇，其与用工单位产生纠纷，企业能有多少胜算呢？下面就来了解一下招聘广告中涉及的法律问题。

（1）招聘广告的法律效力

在设计招聘广告内容前，HR 一定要对招聘广告的法律效力进行了解，以便正确设计广告内容。要明白招聘广告的法律效力，就需要将招聘广告与劳动合同进行对比来看。

根据《中华人民共和国合同法》（下称《合同法》）第十三条规定："当事人订立合同，采取要约、承诺方式。"我们可以了解到，劳动合同的订立方式是采取要约和承诺，合同要约是一方当事人以缔结合同为目的，向对方当事人所作的意思表示。发出要约的一方称为要约人，接受要约的一方称为受要约人，经过受要约人的承诺，合同便宣告成立，并具有法律效力。

而根据《合同法》第十五条规定："寄送的价目表、拍卖公告、招标公告、招股说明书、商业广告等为要约邀请。"可见招聘广告不能视作要约，而是要约邀请，要约邀请是希望他人向自己发出要约的意思表示，所以不具备法律效力。

如表 4-2 所示为要约与要约邀请的区别。

表 4-2　要约与要约邀请的区别

要约	要约邀请
在要约中包含希望并已经决定和对方订立合同的意思	要约邀请是希望他人向自己发出要约的意思表示
要约应当向特定人发出，但不限于一个	要约邀请的发出对象是社会大众，并没有特定的人选
要约内容必须具体确定，应包含合同的主要条款，这样受要约人可以根据要约内容决定是否同意订约并作出承诺	要约邀请的内容可以是简略的或不具体的

虽然说招聘广告没有法律效力，但 HR 也不能大意，随意在广告中"开空头支票"，这样容易引起法律纠纷，即使企业胜诉的机率较大，也是得不偿失的，来看下面一个案例。

| 范例解析 | 公司在招聘广告中"开空头支票"

某服装外贸公司为了拓展公司规模，获得更多的业务，所以想要招进一名优秀的业务主管和6名业务员。于是经过人力资源部前期的准备，设计好了一份招聘广告，并在财经杂志、招聘网站上进行了发布。某鞋业外贸公司的业务主管张某在翻阅财经杂志时无意间看到了该招聘广告，被广告中"业务主管一经录用就能够去巴黎进行业务交流和培训"的福利待遇条款所吸引。

张某是中法国际贸易专业毕业的，所以非常向往能去法国工作学习，看到招聘广告中的这条福利待遇就毅然决定从原公司辞职，参加了该服装外贸公司的招聘并因工作经验丰富被录用。但是，张某进入公司开展业务一年后，领导并未提出其外出培训的事，于是张某主动向领导提出出国深造的要求，却遭到了回绝并以公司业务紧、任务重为由，希望其能以拓展业务为工作重心。

张某觉得自己受到了欺骗，如果不是为了出国交流的机会自己完全没有必要放弃原来的岗位，于是向该市劳动争议仲裁委提起了仲裁。

经过仲裁委裁决，双方订立的劳动合同中并没有任何条款规定服装外贸公司需要安排张某出国交流和培训，所以该外贸公司不用承担此项义务。至于招聘广告中的待遇条款，并没有在劳动合同中有所表现，因此不具备法律效力，最终驳回了张某的请求。

上述案例中该服装贸易公司并没有承担任何的法律责任，可能会让很多HR松一口气，但是根据具体情况的不同，仲裁结果也有差别。

一是用人单位贴出的招聘广告给应聘者造成了经济损失，或是误解极大，可能会承担相应的赔偿责任。

二是招聘广告中有详细的员工待遇条款，在签订合同时又没有明确规定招聘广告的内容不作数，可能会被司法机关当作辅助材料来进行责任判定。

（2）虚假招聘广告的惩罚规定

很多 HR 在设计招聘广告内容的时候都会积极展现企业好的一方面，包括发展前景、人员规模、设备先进程度等，其中难免会有夸张的成分，但过度修饰企业导致信息失真，企业就会承担虚假招聘广告的惩罚。

根据《就业服务与就业管理规定》第十四条规定："用人单位招用人员不得有下列行为：（一）提供虚假招聘信息，发布虚假招聘广告。"

《就业服务与就业管理规定》第六十七条规定："用人单位违反第十四条第（一）、（五）、（六）项规定的，由劳动保障行政部门责令改正，并可处以一千元以下的罚款；对当事人造成损害的，应当承担赔偿责任。"

另外，《中华人民共和国劳动合同法》（下称《劳动合同法》）第二十六条规定："下列劳动合同无效或者部分无效：（一）以欺诈、胁迫的手段或者乘人之危，使对方在违背真实意思的情况下订立或者变更劳动合同的。"

《劳动合同法》第三十八条规定："用人单位有下列情形之一的，劳动者可以解除劳动合同：（五）因本法第二十六条第一款规定的情形致使劳动合同无效的。"

所以，在对本公司的基本信息进行介绍时，HR 要把握好度，掌握好"真实"原则。

（3）招聘广告中的歧视条款

在设计招聘广告的内容时，HR 一定要注意不能出现歧视性的招聘条件，根据《就业服务与就业管理规定》第二十条规定："用人单位发布的招用人员简章或招聘广告，不得包含歧视性内容。"

而歧视性内容又包括对民族、种族、性别、宗教信仰等的歧视，如果存在这些内容，将违反《就业促进法》《劳动法》的相关规定，面临法律制裁。

4.3.2 招聘广告应包含的内容

招聘广告与招聘启事非常相似，所以内容上的区别并不大，但是在表现形式上，招聘广告会更加独特。一般来说，招聘广告必须包含以下 5 个部分。

（1）广告标题

招聘广告的标题是应聘者最先看到的内容，其体现了招聘的主题，所以无论是表达方式和视觉效果上都应该具有吸引力，尤其是对目标应聘对象有吸引力。HR 可以从以下 5 个方面入手来提高标题的吸引力。

字号。标题一般用较大号的字体表示，如果正文是三号，标题可用一号。

位置。标题一般在广告画面的最显眼处，要么居中，要么在页面上方。如图 4-18 所示。

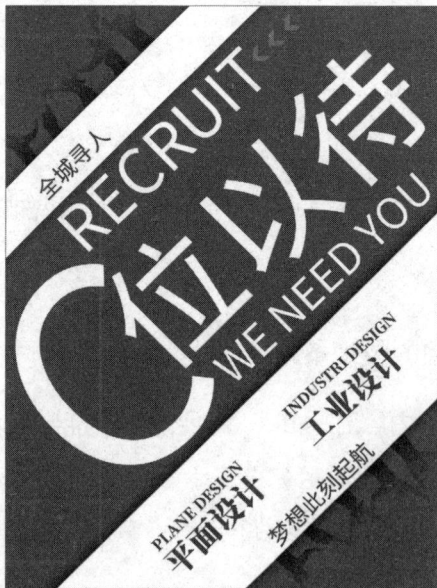

图 4-18

有针对性。无论是字号还是位置都是辅助性的表现方式，真正要让标题吸引到求职者，必须让其具备针对性。如果想要招聘进一批新鲜血液，可以将应聘者锁定在应届毕业生、90后上，根据人群标签来设置标题准没错。如"90后，请留步！"

用词新颖。招聘广告的标题与招聘启事不一样，可以不那么正式，使用网络流行语也没有问题，如"招贤榜""高手通缉令""我们一直在等你"。

改变句式。如果将一般的句子用疑问句、反问句或倒装句来表示效果会更好，如"您知道我们等了多久吗？"

（2）正文

招聘广告的正文是对标题的补充，并简单说明了招聘内容，该部分内容与招聘启事的主要内容差不多，在前面的章节我们也提到过，这里不再赘述。不过在表现形式上，招聘广告的正文一般比招聘启事要简单、精炼，且有可能只列出核心事项。常见的招聘广告的正文内容有以下4种表现形式。

只展示招聘职位。目的是向外部发出企业的招聘需求，具体的招聘条件，感兴趣的应聘者可以通过公司的联系方式来深入了解，如图4-19所示。

图4-19

招聘岗位＋薪酬。一般这样展示招聘正文内容的，一定是公司对自己给出的薪酬待遇很有信心，所以以此进行宣传，吸引人才，如图4-20所示。

图 4-20

招聘职位 + 薪酬待遇 + 任职条件。这种展示方式表明公司看重员工的工作能力，如图 4-21 所示。

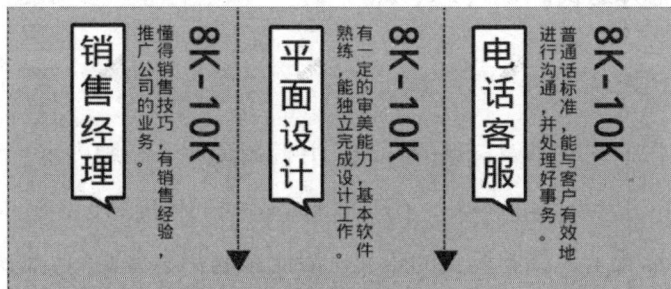

图 4-21

招聘职位 + 岗位职责 + 任职要求。这是比较传统的表现方式，如图 4-22 所示。

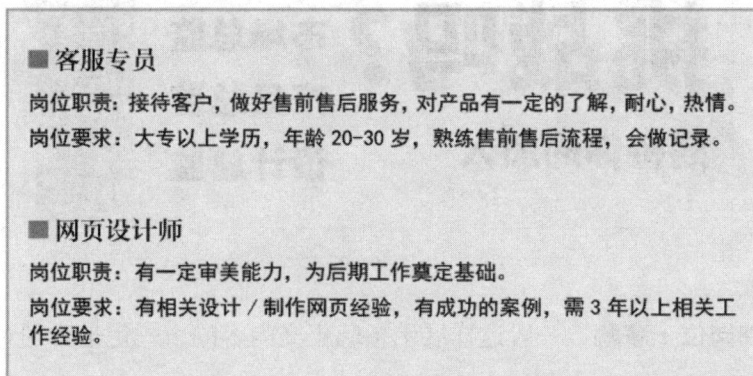

■ **客服专员**

岗位职责：接待客户，做好售前售后服务，对产品有一定的了解，耐心，热情。

岗位要求：大专以上学历，年龄 20-30 岁，熟练售前售后流程，会做记录。

■ **网页设计师**

岗位职责：有一定审美能力，为后期工作奠定基础。

岗位要求：有相关设计／制作网页经验，有成功的案例，需 3 年以上相关工作经验。

图 4-22

（3）配图

　　如果是文字和图片同时放在一个人的眼前，大家一定第一时间去关注图片，所以说配图应该是招聘广告的一大亮点，也是吸睛利器。不过即使是图片，内容也可以有不同的侧重，可以是对招聘职位的图片表示，也可以插入公司的环境图片，或是单纯强调招聘活动等，如图 4-23 所示。

图 4-23

（4）广告语或广告文案

　　广告语是招聘广告中负责宣传的部分，其是对标题、正文的补充，广告语可以没有实际的意义，但一定要有激励性，并符合企业的形象。如果招聘广告语能够成为企业的媒体标志，对企业的推广是非常有帮助的，如图 4-24 所示。

图 4-24

（5）企业名称、联系方式和 LOGO

在招聘广告中岗位职责可以省略，任职要求可以省略、薪酬待遇也可以省略，但是有一些基本要素是绝对不能省略的，即企业的名称、联系方式和LOGO（如果有的话）。这样外界才知道是什么公司发布的招聘广告，并且可以通过联系方式咨询招聘的具体要求。

这些内容一般都放在广告版面的边角位置，不去占用中间受关注的地方，如图 4-25 所示。

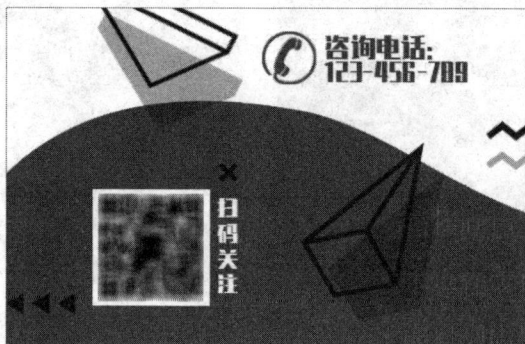

图 4-25

上图所示的咨询电话和二维码都展示在广告版面的下方，值得注意的是二维码的使用。如果按照传统的方式，可能会将公司的邮箱、地址或是电话进行展示，可是现在很多公司都通过二维码来搞定这一点，非常方便、实用，能够占用很小的版面，传递大量的信息。

> **知识延伸｜广告版面的色彩搭配**
>
> 整个广告版面的基础色调是非常重要的，设计时HR应该根据公司的形象选择合适的颜色，如环保公司最好以绿色为基础色调，如果想要展现公司有活力的一面可以橙色为基础色调。有了基础色调，HR还要注意色彩的配合统一，不要让广告版面看起来太过花哨，影响主要内容的阅读。

4.3.3　策划有创意的招聘广告

要策划有创意的招聘广告，一般从两个方面入手——广告语和广告模板。但是这两方面的设计对新手 HR 来说都有一定的难度，要制作让人眼前一亮的广告语，可以对广告语的基本类型进行了解，然后选择一种适合的类型，如表 4-3 所示为广告语的基本设计类型，HR 可以用来参考。

表 4-3　广告语的基本设计类型

类型	示例	
咆哮型	你怎么还不来！ 缺的就是你！ 找的就是你！ 我们缺人！	为什么这样的待遇也没有人来关注啊！ I WANT YOU！ 缺你不可！
武侠型	江湖高远，有本事的人才能脱颖而出。 高手通缉令，这有你的一席之地。 招贤纳士，寻找与众不同的你。	重金悬赏，大侠你在哪？ 少侠请留步。 大侠一身好本领，怎能被埋没。
寻人型	我们在等你，你在哪呢？ 寻找闪闪发亮的你。 寻找千里马，没错是你。	寻找追求梦想的你。 全城搜索，虚位以待。 我的设计师，你到底在哪里？
激励型	百万高薪等您来挑战。	天生我材必有用。
煽情型	在家待着不是事，亲爱的，你需要一份热爱的工作。 世界上最遥远的距离就是一份简历的距离。 众里寻他千百度，蓦然回首，那人却在灯火阑珊处。	这里是梦开始的地方。 做人没有梦想，和咸鱼有什么分别呢？ 只因在人群中多看了你一眼…… 你是聪敏睿智，而我鸿图华构，我们很配。
网络语言型	这里有个职位要和你谈谈。 只谈梦想的招聘都是要流氓。 今天我们在搞事情。 未来可期，你还不来？	无论你来与不来，我们都在这儿等你。 世界那么大，你不试怎知？

想好招聘广告语后，就需要对广告模板进行设计，毕竟 HR 不是设计师，要掌握高超的设计技巧是非常不容易的，所以 HR 可以借助工具来帮助自己。

现在很多设计网站会提供招聘广告的模板，HR 只需选择喜欢的模板，修改内容并下载即可。

如设计坞（https://isheji5.com/）图片编辑工具，为用户提供了强大的在线图形工具及大量可商用设计模板、设计元素，能够极速出图，即使非设计师用户也能简单生成商用设计稿，支持正版原创。如图 4-26 所示为设计坞官网首页。

图 4-26

在首页搜索框中输入"招聘广告"文本，单击"搜索"按钮，即可进入模板页面，可按分类、用途、行业为条件进行筛选，如图 4-27 所示。

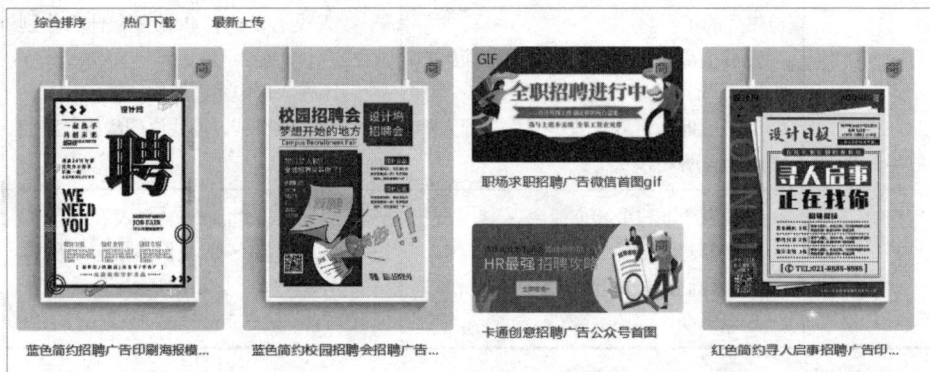

图 4-27

单击喜欢的招聘广告模板，即可跳转至修改页面，可对该模板的文本、画布、线条形状等进行修改，如图4-28所示。

图 4-28

最后单击右上角的"无水印下载"按钮，即可下载到电脑上。设计坞的模板是需要付费下载的，HR需要成为会员后才能成功下载。

4.3.4 招聘广告的发布渠道

设计好招聘广告后，就要准备发布了，为了配合招聘广告的宣传性质，HR应该选择合适的渠道进行发布，常见的发布渠道有电视、报纸、网络、墙面、传单等，下面来看具体内容。

◆ **电视**：如果选择电视宣传，HR首先要考虑的就是预算成本是否充足，一般在同城的电视台进行宣传就可以了。不过在电视台进行宣传，还需要提供营业执照证件和公司基本资料，以便电视台进行审核。

◆ **报纸**：报纸的宣传费用比电视划算，并且宣传效果也不低，可以纯文字发布，也可直接在报纸上发布招聘广告图，发布图片可能会占用半页的版面，因此价格也有所不同。

◆ **墙面广告**：这种广告渠道对广告位置的选择比较讲究，否则就是白花钱了，一般选择商业大楼的电梯里或是楼外屏幕，地铁墙面也是不错的位置。

◆ **网络**：基本上，现在无论是视频网站，还是社交网站，如优酷、bilibili、微博、微信、抖音等都有信息流广告。HR可选择合适的平台发布招聘广告，一般以网页链接的形式发布，可以提前制作好招聘网页。

◆ **传单**：这种宣传渠道非常接地气，适合低端一点的职位，不过费用还是挺保守的，操作起来也方便，建议作为辅助渠道。

第五章

招聘渠道，多种方式多种选择

　　要招聘到优秀的人才，企业首先要吸引符合招聘要求的人才前来投递简历。而根据不同的招聘渠道，HR 获得的招聘效果也有所不同。所以 HR 要注意分析各招聘渠道的特点，选择适合的招聘渠道为企业招聘人才。

5.1
选择合适的招聘渠道

招聘渠道是组织招聘行为的辅助之一，选择合适的招聘渠道才能收到高质量的简历。HR 首先应该了解招聘渠道的种类，然后考虑选择的要素，下面来看具体的介绍。

5.1.1 常见的招聘渠道

招聘渠道根据不同的分类方法可以分为内部招聘和外部招聘，线上招聘和线下招聘等，除此之外还有很多可以利用的招聘渠道，HR 需要对此进行了解。

现场招聘。现场招聘是指招聘双方通过第三方提供的场地，进行直接面对面对话，完成简历递交、初步考察的一种渠道。现场招聘包括招聘会和人才市场两种形式，招聘会由当地政府及人才机构发起和组织，正规且有特定的主题，如"应届毕业生专场"；而人才市场主要针对一些长期招聘的职位，地点也相对固定。

网络招聘。企业可通过招聘网或公司网站进行简历筛选、笔试，甚至面试。这种招聘渠道不受地域限制、覆盖范围广，但是信息复杂多样，需要 HR 多花时间和精力进行处理。

校园招聘。校园招聘是指企业到学校宣传企业信息和招聘需求，通过张贴海报、宣讲会等形式吸引应届毕业生前来应聘，主要为企业吸纳优秀的学生。校园招聘的录用者没有工作经验，公司必然要进行培训，而且自身定位也不准确，可能会出现较大的流失率，这些都是 HR 需要后续注意的问题。

人才介绍机构。人才介绍机构即我们较为熟悉的猎头公司，其可为企业找人才，也可为人才找雇主。利用这种招聘渠道，机构可一手处理人才寻找、考核等一系列工作，然后直接推荐给企业录用。HR 的工作将大大减少，不过猎头公司会收取高昂的费用，一般是人才年薪的 20% ～ 30%，对于高端人才企业才会考虑通过这种渠道进行招聘。

内部招聘。内部招聘是指公司将职位空缺向内部员工公布并鼓励员工竞争上岗，一般来说，大型企业可据此增强员工流动性。

员工推荐。员工推荐是指由内部员工根据企业的招聘需求推荐自己的亲朋好友来应聘，这样双方掌握的信息较为对称。

5.1.2　选择招聘渠道要考虑的因素

如上小节所示，HR 可供选择的招聘渠道很多，而招聘渠道不同，招聘的员工的质量、留任率、工作表现也有所差异。据统计，通过员工推荐上岗的留任率大概是 60%，通过人才介绍机构招聘的留任率在 40%，通过网络招聘的留任率是 50%。

由此可见，招聘渠道的选择对企业招聘工作来说是非常重要的，那么在选择招聘渠道时，HR 应该考虑哪些因素呢？

◆ **发展阶段：**企业的发展阶段不同，需要的人才是不同的，招聘渠道的选择也不同。如企业刚起步需要招募大量人才，所以网络招聘最适合。

◆ **人力资源状况：**如果企业内部的人力资源规划制度完善，企业有多余的人力资源可供调配，就不用对单个职位的空缺进行招聘，直接在人才库中寻找合适的对象进行培养即可；若是人力资源紧缺就只能选择外部招聘了。

◆ **招聘目的：**招聘渠道应该具有目的性，即招聘渠道的选择是否能够达到招聘的要求。如企业想要招聘高精尖的人才，选择校园招聘、员工介绍将很难达到这一目的。

◆ **劳动力供给状况**：如果市场环境不景气，人才难寻，普通的招聘渠道效率不高，那么只能选择人才介绍机构来解决难题了。如果市场环境优良，薪酬水平稳定，人才源源不绝，那么可供选择招聘渠道就有很多。

◆ **预算成本**：招聘渠道的经济性也是 HR 要考虑的一点，要做到在招聘到合适人员情况下所花费的成本最小。

5.2
内部招聘要畅通

虽然外部招聘的渠道越来越丰富，但随着外部招聘风险和招聘成本的扩大，导致很多企业越来越看重内部招聘。因为内部招聘的招聘流程简洁、招聘成本低廉，不得不说有很大的优势。

5.2.1 内部竞聘的相关流程

内部招聘有广义和狭义之分，广义上讲可以由内部员工自荐或推荐亲朋好友到公司工作；狭义上讲只允许公司内部在岗员工申请应聘。HR 要如何开展内部招聘活动呢？一起来了解一下内部竞聘的流程。

◆ 确定竞聘岗位信息

对于流失人员的岗位信息，HR 应该首先进行确定，包括竞聘的人数、主要工作职责，可将岗位说明书作为参考材料，并通过表格的形式进行表现，如表 5-1 所示。

表 5-1　竞聘岗位、人数和主要职责

岗位名称	竞聘人数	主要职责
财务助理	2 名	1. 查询银行余额，登记银行日记账，领取银行回单，编制银行余额调节表。 2. 依据法律、法规进行会计核算，实行会计监督，拒绝办理违反财经制度的业务，拒绝不合理支出。 3. 认真核对收支单据，凡未按规定审批的单据，一律不得入账。 4. 根据员工报销原始单据编制会计凭证，月末结账后装订会计凭证。 5. 及时办理、保管会计凭证、账簿、报表等财务档案资料
采购员	3 名	1. 负责公司的物资、设备的采购工作。 2. 负责所采购材料的质量、数量的核对工作。 3. 有权拒绝未经领导同意批准的采购订单。 4. 负责保存采购工作的必要原始记录，做好统计，定期上报。 5. 负责对本大类商品的分类编码。 6. 负责供应商的开发和与供应商的谈判，引进具有竞争力同时能带来公司盈利的商品。 7. 负责新品试销分配与各门店商品销售统一调拨管理

◆　确定岗位申请条件

根据竞聘岗位的特点，HR 需要及时为竞聘岗位设置申请条件。内部竞聘的申请条件包括两部分的内容，一是基本条件；二是岗位条件。

基本条件是对员工的素质、工龄、年龄、学历、绩效考核所做的要求，如下例所示。

| 范例解析 |　某公司内部竞聘基本条件

（二）基本竞聘条件（员工申请岗位的资格）

1.品德高尚，工作积极，责任心强，没有重大违纪记录。

2.月绩效平均分在80分以上。

3.年龄在35周岁以下。

4.在本公司连续工作3年以上。

5.本科及以上学历。

6.符合岗位任职要求。

至于岗位任职条件，HR可以将其放在岗位信息的版块进行展示，也可以紧接着基本条件进行列示，不同的岗位其任职要求当然会有差别。

◆ 组建竞聘小组

竞聘小组即临时成立负责筛选、评估员工并做出最后决定的人员小组，一般以人力资源部为主导，可加入应聘部门负责人员、公司管理人员。成立竞聘小组后，需要对每个人员的工作进行分派，如下所示。

四、竞聘小组工作安排

1.人员审核（人力资源部）。

2.主考官（财务部负责人）。

3.招聘官（人力主管、人事专员）。

◆ 发布竞聘信息

完成前期的准备工作后，HR需要发布竞聘消息，可采用OA、公司内部网、宣传栏和部门宣讲等多种方式来发布。竞聘信息一般包括竞聘原则、竞聘小组成员、岗位、竞聘程序等内容，如下例所示为某公司的内部竞聘公告。

| 范例解析 | 内部竞聘公告

内部竞聘公告

编号：（　　　　　）

公告日期：　　　　　　　　　　结束日期：

一、岗位职责

（参见所附职务说明书）

竞聘人数：3名。

二、竞聘资格

1.在工作岗位上具有良好的工作业绩。

2.进入公司工作已有3年。

3.能进行有效的沟通，与同事交流无障碍。

三、员工如具备以下技能，可优先考虑：

……

四、竞聘程序

1.所有符合招聘条件者都可在人力资源部领取申请表和履历表。

2.请于（　）年（　）月（　）日前将填好的申请表连同截止到目前的履历表一同交至人力资源部。

3.人力资源部和该空缺职位的部门负责人根据上述资格要求对申请人进行初步筛选。

4.竞聘小组将对初选合格的申请人进行必要的测试。

5.内部竞聘结果将在（　）年（　）月（　）日前公布。

人力资源部

在发布竞聘公告的时候，对于员工需要填写的申请表，可以一并发布，最好是发布在公司官网，让员工可以自行下载。如表5-2所示为某公司的岗位竞聘申请表。

表5-2　岗位竞聘申请表

姓名		性别		年龄	
现任职务		任职时间			

续上表

拟竞聘岗位	
工作简历	
竞聘理由	
在职期间取得的个人荣誉	
竞聘领导小组意见	

◆ 人员考核

发布竞聘消息后，HR 就需要对竞聘人员进行筛选、考核，因此需要对考核的方式和考核标准进行规划。

◆ 结果确定

根据考核的成绩对参加竞聘的员工进行排名，并在截止日期前对最后结果进行公示。

5.2.2 内部招聘的优势和弊端

内部招聘虽然被很多企业当作招聘渠道之一，但凡事只有认识全面才能更好地加以利用。所以 HR 需要对内部招聘的优劣势进行了解，这样才能做出正确的选择。如表 5-3 所示为内部招聘的优劣势介绍。

表 5-3 内部招聘的优劣势

特点	具体内容
优势	1. 招聘成本低。直接从内部筛选和培养人才，中途花费的宣传费用、通信费用都可以节省下来。

续上表

特点	具体内容
优势	2. 信息透明。企业与员工之间互相了解，信息对称，所以风险较小。而在人员录取的准确率上，由于企业掌握了员工的工作能力、绩效情况，所以对于是否能胜任岗位有准确的把握。 3. 激励员工。从内部对员工进行选拔能够激发员工的上进心，使员工有成长的空间，在企业内部带动积极向上的氛围。 4. 认同度高。由于员工已在公司工作了很长一段时间，所以对公司的经营理念、价值观都比较认同和理解，工作起来更得心应手。 5. 培训成本。由于员工对企业的组织结构、人员、管理模式比较了解，所以在新岗位上进行培训时，会更容易上手。 6. 效率高。由于招聘流程的很多环节都可以省略，所以操作起来更方便，效率也更高
劣势	1. 影响内部员工的关系。由于竞聘岗位有人数的限制，所以必然会有人没有被选拔上，如果人力资源部不能好好安抚，则可能造成不好的影响。 2. 缺乏新的活力。由于一直是内部人员的调动，所以没有新鲜血液，会让公司逐渐变得死气沉沉

5.3
外部典型招聘渠道有哪些

外部招聘就是不在企业内部员工中进行人才选拔，而是通过不同的方式吸引外部人才。外部招聘渠道有很多，如职业中介、猎头公司、招聘会、校园招聘等，下面我们就对其中比较典型的外部招聘渠道进行介绍。

5.3.1　现场招聘人才多

现场招聘一般都在人才招聘市场和招聘会上举行，并且参与的是大型的招聘活动，如"春季招聘会"，所以前来应聘的人才一定很多。

企业一般要集中在一两天内进行招聘活动，这样可以节省简历收集的时间，同时简历的有效性也较高。不过现场招聘也会存在一定的局限，尤其是地域局限，现场招聘只能吸引到所在城市及周边地区的应聘者。

而要进行现场招聘，企业管理者要做好准备工作，包括展位的申请和招聘物品的准备。如何申请人才市场或招聘会的展位呢？

现在通过网络我们可以轻松申请招聘展位，一般可以通过所在城市的人才网进行在线订展，如以成都人才网（http://www.rc114.com/）为例，进入官网首页，在页面最下方单击"产品与服务"超链接，如图5-1所示。

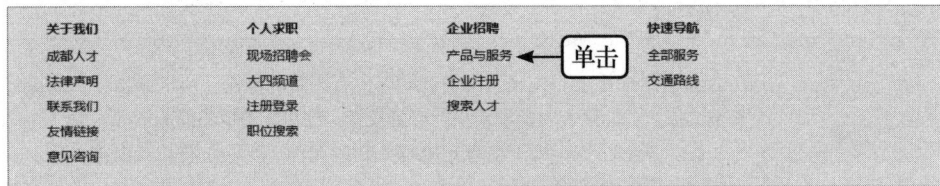

关于我们	个人求职	企业招聘	快速导航
成都人才	现场招聘会	产品与服务 ← 单击	全部服务
法律声明	大四频道	企业注册	交通路线
联系我们	注册登录	搜索人才	
友情链接	职位搜索		
意见咨询			

图 5-1

在打开的页面中可以看到人才网为企业提供的招聘服务，有现场招聘会、网络招聘、微信推文等，单击"现场招聘会"超链接，如图5-2所示。

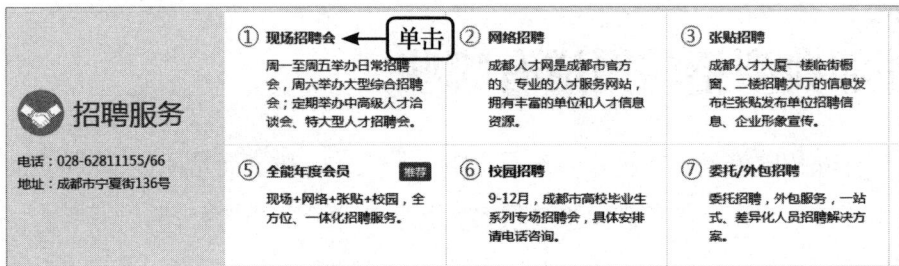

图 5-2

在跳转的页面展示了日常/大型综合招聘会的场次安排、会员套餐、举办地点、提供资料和联系电话，如图5-3所示，若要进行展位预订，单击"登录"超链接，如图5-3所示。

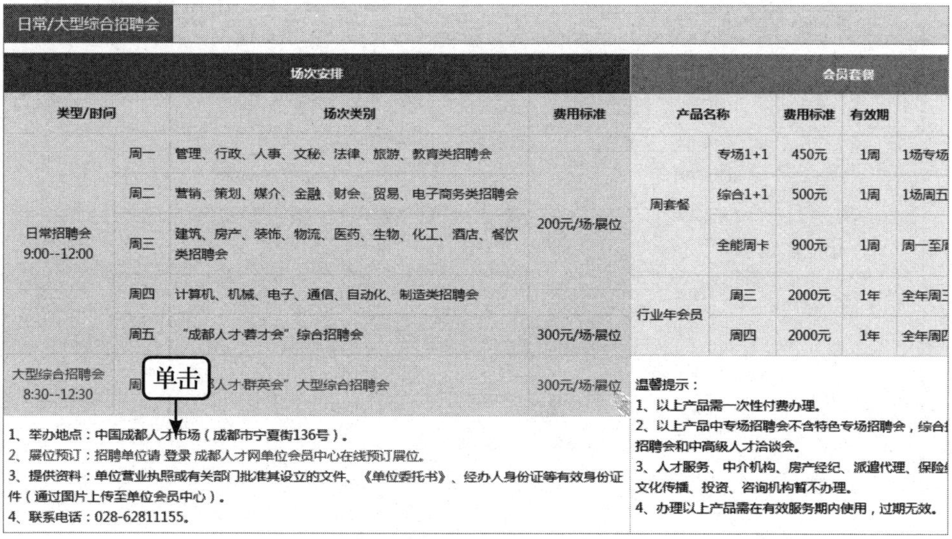

日常/大型综合招聘会							
场次安排			**会员套餐**				
类型/时间		场次类别	费用标准	产品名称		费用标准	有效期
日常招聘会 9:00--12:00	周一	管理、行政、人事、文秘、法律、旅游、教育类招聘会	200元/场·展位	周套餐	专场1+1	450元	1周
	周二	营销、策划、媒介、金融、财会、贸易、电子商务类招聘会			综合1+1	500元	1周
	周三	建筑、房产、装饰、物流、医药、生物、化工、酒店、餐饮类招聘会			全能周卡	900元	1周
	周四	计算机、机械、电子、通信、自动化、制造类招聘会		行业年会员	周三	2000元	1年
	周五	"成都人才荟才会"综合招聘会	300元/场·展位		周四	2000元	1年
大型综合招聘会 8:30--12:30		"成都人才·群英会"大型综合招聘会	300元/场·展位				

单击

1、举办地点：中国成都人才市场（成都市宁夏街136号）。
2、展位预订：招聘单位请 登录 成都人才网单位会员中心在线预订展位。
3、提供资料：单位营业执照或有关部门批准其设立的文件、《单位委托书》、经办人身份证等有效身份证件（通过图片上传至单位会员中心）。
4、联系电话：028-62811155。

温馨提示：
1、以上产品需一次性付费办理。
2、以上产品中专场招聘会不含特色专场招聘会，综合招聘会和中高级人才洽谈会。
3、人才服务、中介机构、房产经纪、派遣代理、保险、文化传播、投资、咨询机构暂不办理。
4、办理以上产品需在有效服务期内使用，过期无效。

图 5-3

进入招聘单位登录页面，选择登录类型为"招聘会展位预订"，输入账号、密码和验证码，单击"登录"按钮，即可进行展位预订，如图 5-4 所示。

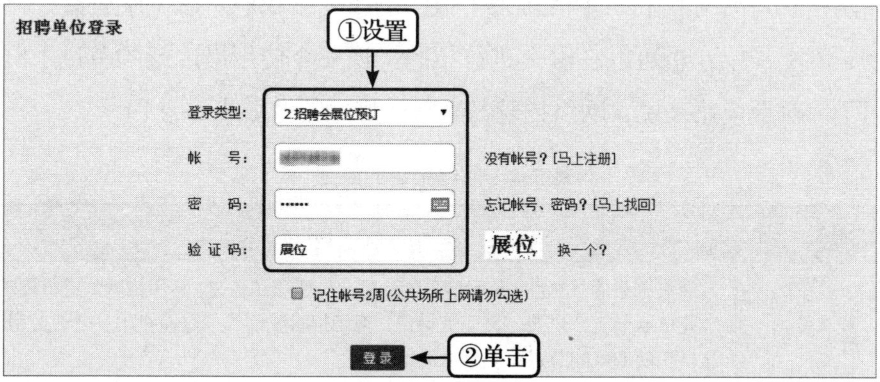

招聘单位登录

①设置

登录类型： 2 招聘会展位预订
帐　号： 没有帐号？[马上注册]
密　码： 忘记帐号、密码？[马上找回]
验证码： 展位 换一个？
□ 记住帐号2周(公共场所上网请勿勾选)
登录 ←②单击

图 5-4

如无账号，可单击"马上注册"超链接，进入招聘单位注册页面，填写单位信息和账号信息，单击"注册"按钮注册企业账号，如图 5-5 所示。

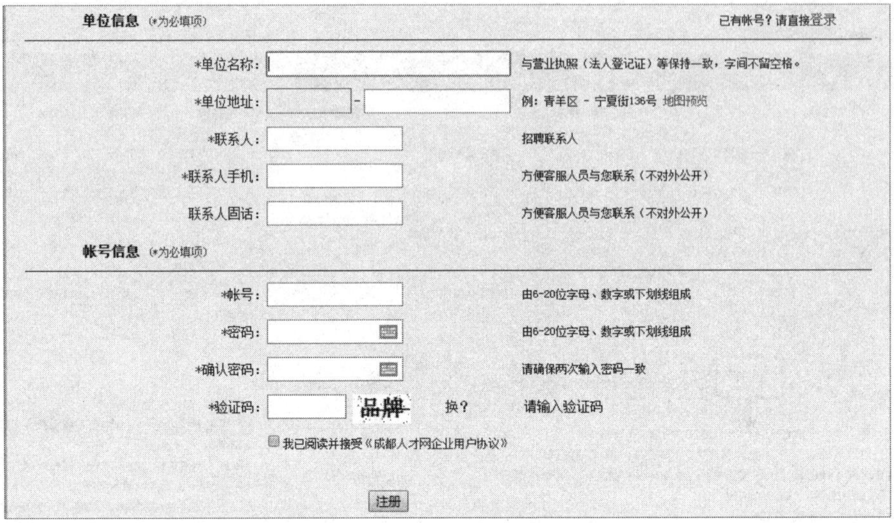

图 5-5

5.3.2　网络平台招聘的便捷

网络的发展给我们的生活带来了很大的改变，我们可以网上订餐、网上购物、网上买票，也可以在网上进行招聘。现如今使用最广泛的莫过于网络招聘了，对于企业来说，网络招聘都有哪些好处呢？如表 5-4 所示。

表 5-4　网络招聘的好处

好处	具体说明
成本低	通过网络的共享性，招聘信息的传播变得便捷和迅速，利用招聘网进行招聘，企业可以节省广告费、文件资料费、现场招聘展位费、交通费用及电话费用，这样在前期就能节省出一大笔成本
限制较少	网络世界是宽广的，在网上招聘，应聘者可以不考虑地域限制，无论是否同城，都能传来自己的简历，HR 的选择多样，不容易错过优秀的人才
智能筛选	企业 HR 可以对应聘者进行多方面的筛选，利用招聘网站系统的优势对工种、任职条件、薪资等进行设置，这样搜到的简历就基本是符合要求的，可以节省 HR 筛选简历的时间

续上表

好处	具体说明
操作灵活	现在各大招聘网都推出了自己的手机 App，所以无论是在电脑上，还是在手机上，无论是上班时间，还是休闲时间，HR 都可以通过招聘系统完成简历搜集、联系应聘者等一系列工作

要进行网络招聘，自然就要有相应的平台来操作，目前国内的网络招聘平台有很多，如智联招聘、五八同城、前程无忧等，HR 要如何在一众招聘网站中选择最适合企业的呢？下面来看各招聘网站的对比。

◆　智联招聘

智联招聘（https://www.zhaopin.com）创建于 1994 年，开始是做猎头招聘的，1997 年开始做网络招聘。提供了校园招聘、高端招聘、人才测评等服务，主要面向大型公司和快速发展的中小型企业，知名度很高。其优势和劣势如表 5-5 所示。

表 5-5　智联招聘的优势和劣势

特点	具体内容
优势	1. 覆盖行业范围广，无论什么行业及岗位都可以在智联招聘上发布招聘信息。 2. 有外资风投背景，所以适合外资企业进行招聘。 3. 人才库中汇集了大量的高端管理人才
劣势	1. 企业用户多、职位量大，所以企业发布的招聘信息不容易被发现，需要经常性的刷新，以免影响招聘效果。 2. 主要服务于一线城市，如果企业在二三线城市，那么其职位信息很容易被忽略

◆　前程无忧

前程无忧（https://www.51job.com）是国内一个集多种媒介资源优势的专业人力资源服务机构。它集合了传统媒体、网络媒体及先进的信息技术，加上一支经验丰富的专业顾问队伍，提供包括招聘猎头、培训测评和人事外包在内的全方位专业人力资源服务，在全国 25 个城市设有服务机构。其优势和劣势如表 5-6 所示。

表 5-6　前程无忧的优势和劣势

特点	具体内容
优势	1. 网站覆盖行业广，注册用户多。 2. 人才库资料素质比较高，以白领及中高层管理者为主。 3. 资源分配均衡，二三线城市企业发布的招聘信息也有不少。 4. 搜索结果页面支持批量操作，使搜索功能更智能、方便
劣势	1. 小型企业的网络资源较少。 2. 由于网站注册用户多，所以简历重合度高。 3. 官网界面较为落后，用户操作起来有些不便

◆　58 同城

58 同城（https://www.58.com）成立于 2005 年 12 月 12 日，网站定位于本地社区及免费分类信息服务，帮助人们解决生活和工作所遇到的难题。其服务覆盖生活的各个领域，提供房屋租售、招聘求职、二手买卖、汽车租售、宠物、票务、餐饮娱乐、旅游交友等多种生活信息，覆盖中国所有大中城市。其优势和劣势如表 5-7 所示。

表 5-7　58 同城的优势和劣势

特点	具体内容
优势	1. 广告力度大，所以有较高的知名度。 2. 主要面向中低端的职位招聘，给小微型企业带来了便利。 3. 费用划算，可按单付款，并提供了小型套餐
劣势	1. 网站经营内容较多，招聘版块没有很专业和特色。 2. 简历模块填写不够规范，导致获得的简历信息不全面，给 HR 判断带来了难处。 3. 信息量过大，容易失去一些关键的信息，所以每天都要进行刷新

◆　猎聘网

猎聘网（https://www.liepin.com/）于 2011 年上线，是实现企业、猎头和职业经理人三方互动的中高端职业发展平台。目前，有超过 25 万名猎头在猎聘网平台上寻找核心岗位的候选人。其优势和劣势如表 5-8 所示。

表5-8 猎聘网的优势和劣势

特点	具体内容
优势	1. 商业模式更先进。 2. 中高端人才的数量和数据远远高于其他招聘网站。 3. 招聘职位以中高端职位为主，方便企业有针对性地传递招聘需求
劣势	1. 用户多为猎头，所以黏性较差。 2. 猎头经理人较多，会影响企业直招的传播效果

◆ 牛客网

牛客网（https://hr.nowcoder.com/）是一个专注于程序员学习和成长的专业平台，集笔 / 面试系统、课程教育、社群交流、招聘内推于一体。提供了技术人员推荐、技术比赛 / 技术测评 / 技术笔试、在线代码视频面试等功能。关于牛客网有两点需要 HR 注意。

①可进行远程视频面试。

②主要面向技术人员和工程师类型的职位。

◆ 上啥班

上啥班（https://www.shangshaban.com/）是一家短视频招聘 App，2016 年 9 月上线，面向 90 后基础岗位求职人群，以企业短视频、人工智能、视频简历、在线直聊、视频面试、微猎头服务为核心，用 AI 技术精准匹配企业和求职者需求，为企业提供免费在线招聘平台，注重个人 IP 培养，记录工作中的美好。

知识延伸 | 网络社群招聘

在人才稀缺的现代市场，为了招到优秀的人才，HR 可谓是各出奇招，充分利用各种工具来获取人才资料，包括社群招聘。所谓社群就是如微信群一样的社交媒体群账号。利用社群，HR 可以将同行业的人群聚集在一起，发布招聘需求，这种招聘方式多面向稀有职位和高端人才。

5.4
毕业季来临，校园招聘少不了

每年一到毕业季就是各大高校应届毕业生找工作的时候，而对一些企业来说也进入了校园招聘的时期。校园招聘是一种特殊的外部招聘途径，是指招聘组织（企业等）直接从学校招聘各类各层次的应届毕业生。

5.4.1 校园招聘的开展形式

作为企业管理者或 HR 在开展校园招聘前连校招形式都不了解的话，一定很难得到好的招聘效果。为了吸引优秀的应届生，企业进校园招聘有很多的形式，最常见的有以下几种。

◆ 专场招聘

专场招聘一般是政府和学校组织的，为了提高学生就业率，在每年毕业季的时候会在指定时间和地点进行。对于有具体招聘对象和需求的中小型企业来说，这种方式能够节省预算和时间，也能起到很好的招聘效果。不过对于大型企业，或是招聘人数较多的企业，这种校招方式受地域和学校专业的限制，可能难以收到合适的简历。

◆ 校园宣讲

校园宣讲是在目标大学组织专门的讲座，通过企业高层、人力资源负责人或是该校校友将公司的基本情况、工作理念、薪酬待遇、个人发展传递给应届毕业生。相对来说，网络公司比较重视校园宣讲活动，很多大型网络公司都会在各高校举办校园宣讲会，如腾讯、网易等。

◆ 实习招募

实习招募是在正式毕业前对参加实习的应届生提供实习岗位的一个招聘方式。在实习岗位中表现较好的毕业生就能作为企业的备选人才，为企业带来新鲜血液。实习招募有 3 个好处。

①可以避开毕业季的招聘竞争，提前招到优秀的人才。

②在实习期可以提前考核应聘者的能力，最后可以决定是否录用。

③通过实习，应聘者能够更快地了解公司的工作流程，正式录用后能更快地进入工作。

◆　发展俱乐部

有的公司会与同城的一些高校进行合作，并在校内建立俱乐部或沙龙，在特定的时间组织一下活动，在校内推广企业形象，为每年的校园招聘作好准备。

◆　拓展夏令营

企业的夏令营或参观计划是宣传企业的一种方法，是校园招聘的另一种表现形式，通过组织特定专业的学生到企业参观，可让员工了解企业文化、工作环境。

5.4.2　做好校园招聘准备

HR 要组织公司的招聘团队去高校招聘人才，肯定要做好方方面面的准备工作，才能顺利完成任务。下面一起来看看要做些什么呢？

宣传工作。招聘之前先在学校进行宣传，一定大有效果，常见的宣传方式有校内张贴海报或悬挂横幅、在学校官网发布招聘信息、在学校贴吧或论坛发帖，主要宣传公司的规模、主营业务、校招时间等内容。

准备课件。如果要进行企业宣讲活动，就要提前准备放映的 PPT 或是企业宣传片，内容主要围绕企业的基本情况、本次招聘需求、招聘流程等来设置。企业宣传片一般在宣讲会开始前进行播放，这样应届生对企业会更有兴趣。

准备物料。企业校招时，肯定要进行现场布置，到时需要用到物料要提前准备好，如海报（室外张贴）、传单（现场发放）、易拉宝（现场摆放）、横幅（室外宣传）、背景喷绘（会场布置）、工作证（工作人员佩戴）、公司宣传册等。

面试／笔试的试题。 在进行现场初试的时候，需要对应聘者进行简单的考核，无论是以笔试还是面试的形式，都应该提前准备好试题，并在现场临时发挥。

提前营造人气。 为了让宣讲会和现场招聘"有人气"，HR 应该提前整理在线收集的简历，并通知一些符合企业要求的同学前来参加。

5.4.3 校园招聘的一般流程

校园招聘的流程相对来说比较特殊，有很多环节是普通招聘没有的，所以需要 HR 格外注意。校园招聘一共要经历 4 个阶段，在每个阶段 HR 应该做些什么呢？

（1）准备阶段

准备阶段需要做很多准备和联络的工作，如联系院校就业负责人、沟通招聘日期和地点。如果企业不在同城校招可能还要订好宾馆。如图 5-6 所示为基本环节。

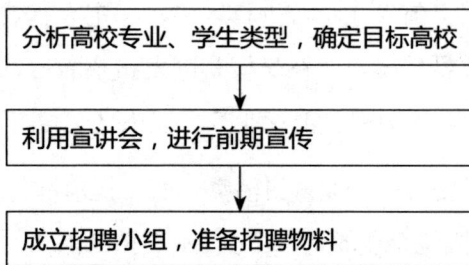

分析高校专业、学生类型，确定目标高校

利用宣讲会，进行前期宣传

成立招聘小组，准备招聘物料

图 5-6

在此阶段，HR 要注意以下一些事项。

◆ 不同的高校应该制作不一样的宣传海报和宣传手册。

◆ 在校招日期前，HR 应该多次联系学校的就业负责人，做好时间、地点和相关活动的沟通。

◆ 如无其他安排，最好能进行宣讲会，这样能与学生建立一定的信任关系。

（2）实施阶段

到达校招日期，企业招聘组应该提前赶到学校。如果不在同城，应该提前一天入住学校附近的宾馆，以免中途出现什么差错。到达学校后就要立即与就业负责人联络，请其安排后续的工作，具体的环节如图 5-7 所示。

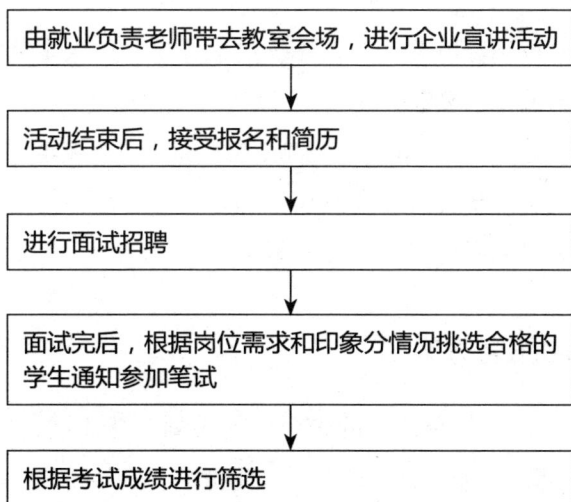

```
┌────────────────────────────────────────────┐
│ 由就业负责老师带去教室会场，进行企业宣讲活动 │
└────────────────────────────────────────────┘
                    ↓
┌────────────────────────────────────────────┐
│ 活动结束后，接受报名和简历                   │
└────────────────────────────────────────────┘
                    ↓
┌────────────────────────────────────────────┐
│ 进行面试招聘                                 │
└────────────────────────────────────────────┘
                    ↓
┌────────────────────────────────────────────┐
│ 面试完后，根据岗位需求和印象分情况挑选合格的 │
│ 学生通知参加笔试                             │
└────────────────────────────────────────────┘
                    ↓
┌────────────────────────────────────────────┐
│ 根据考试成绩进行筛选                         │
└────────────────────────────────────────────┘
```

图 5-7

（3）通知录用和签约阶段

招聘小组通过一系列考核对学生的情况全然了解后，就能做出最后的录用决定了。由人事专员整理出录用名单，然后尽快通知学生面试结果，请其前来签约。在此阶段，HR 应该注意以下几点内容。

①礼貌通知对方录用结果，解答其问题。

②如其不能按时前来签约，应与学生约定其他时间和地点。

③审核学生的就业协议内容，并检查是否已经盖好印章。

④如招聘名额未满，可对一些学生进行重新考核。

⑤签约完后留下员工的联系方式，以便通知其正式的入职时间。

（4）后续整理阶段

与学生签约后，管理人员的工作还未结束，包括资料的销毁、归档、经验总结等，HR还要完成以下一些工作。

◆ 学生的简历不可随意乱扔，要按学校、专业、毕业年份进行归档。
◆ 学生的就业协议要装订完整。
◆ 将学生的基本信息，如面试成绩、基本资料录入到电子档中以备查看。
◆ 对此次校招的状况及任务完成情况等进行总结。
◆ 对突发情况特别整理，并提出解决办法。

5.4.4 设计校园招聘方案

校园招聘方案是对校招任务的一个提前规划，并通过文本形式展示，经过管理人员审核后，就能按计划实施校园招聘工作了。一般来说，招聘方案应该包括6个方面的内容：招聘目的、招聘需求、招聘小组成员、招聘安排、应聘人员安排、费用预算。

有关招聘需求的内容，在设计时可以用表格来展示，更直观、方便；对于招聘小组成员，要展示成员名称、职位、此次工作分工及职责；而招聘安排主要设置好具体的学校、校招方式和日程安排。如下例所示为某企业年度校园招聘方案，HR可用作参考。

| 范例解析 |　某企业年度校园招聘方案

一、招聘目的

为了给公司带来一批新鲜的血液，通过高校招聘活动，能够吸引一批理论知识丰富的应届大学毕业生，便于公司高级技术人才的培养，提高公司人员的综合素质，并与各高校有很好的交流合作。

二、招聘需求

为了优化公司的招聘体系，完善人才库建设，现对各部门体系的人员结构进行核查，对于不足之处进行汇总，以便开展之后的招聘工作。如下表所示为人力资源部计划在年度校园招聘工作中的招聘需求。

部门	招聘岗位	招聘专业	学历	人数	说明
生产部	工艺技术师	药学相关及制剂专业	本科	3	为分散车间主任职能，需要工艺技术师负责记录、文件起草等文职工作，并培训和指导工人操作，并管控各方面的技术工作
物流部	仓储物流管理员	物流专业	本科	2	强化物流管理，加强物料管理的专业水平
营销部	产品专员	市场营销相关专业	本科	2	负责公司产品的营销

三、招聘小组成员

为了顺利完成此次招聘活动，人力资源部对招聘小组的成员进行了设置，主要成员来自人力资源部和用人部门（生产部、物流部、营销部），对招聘前后的事宜及过程实行责任制，推进各项工作的开展，招聘结束由招聘小组进行自评、总结工作。如下表所示。

姓名	部门	岗位	分工	职责
李某	人力资源部	人力主管	组织者	对招聘工作全面负责
罗某	生产部	部门经理	面试官	负责参与组织研发招聘流程的各个环节

续上表

姓名	部门	岗位	分工	职责
张某	物流部	部门经理	面试官	负责参与组织药厂招聘流程的各个环节
杨某	营销部	部门经理	面试官	负责参与组织营销招聘流程的各个环节
许某	人力资源部	人事专员	招聘准备工作	对招聘工作流程进行设计
周某	人力资源部	人事专员	衔接工作	衔接办理好各项外联工作
胡某	人力资源部	人事专员	资料搜集	负责简历、公司手册、资料的搜集、整理和保管

四、招聘方式及日程安排

招聘小组计划在2020年6月底前完成××大学、××理工大学、××化工大学3所本科院校的校园招聘工作，招聘方式采取校园专场宣讲或校园双选会。日程安排暂定为：

序号	学校名称	招聘专业	实施方式	实施日期	实施人
1	××大学	药学、中药学、药物制剂、市场营销	双选会	6月13日	罗某、杨某
2	××理工大学	化学工程与工艺、机械制造、物流管理	双选会	6月16日	李某、张某、周某
3	××化工大学	制药工程、化学工程与工艺	专场宣讲	6月20日	罗某、李某

五、招聘人员安置

本次校园招聘根据3所大学毕业生离校实习的时间具体安排入司事宜，按照用人部门提交的招聘需求计划进行岗位分配。人力资源部和用人部门组织相关培训后，方可正式上岗实习。

六、招聘费用预算

资料费：200元

物料费：300元

交通费：350元

伙食费：1 000元

通信费：210元

总计：2 060元

人力资源部

2020年1月31日

5.5
猎头招聘稳准狠

猎头是近几年才开始流行的一个概念，指物色人才的人，能帮助企业找到需要的人才。企业如果需要什么高级人才，但自己又没有办法将其招到，就要与猎头公司合作。虽然是猎头公司负责招聘的事宜，但是 HR 还是要对猎头的相关工作有所了解。

5.5.1 猎头招聘的基本流程

对于猎头是如何运作招聘工作的，HR 可能比较生疏，我们可以透过猎头招聘的基本流程来略窥一二。一般来说，猎头的招聘流程有七大步，具体内容如下所示。

◆ 步骤一：了解客户需求

首先猎头会与目标客户公司紧密沟通，对客户的企业文化、整体规模、行业形势及经营项目进行充分了解。然后对客户的招聘需求进行分析，在此过程中，与客户的 HR、管理人员、招聘岗位负责人互相交换意见，为后续开展工作做好准备。

◆ 步骤二：评估合格人才

根据了解到的信息，猎头可以制订一份人才锁定方案，通过地域、行业、工作理念等条件对符合要求的人才特征进行总结。主要考虑以下 3 点。

①地区特征、行业特征、岗位特征。

②企业文化、管理模式、经营模式。

③目标人才的具备条件、地区分布、稀缺程度。

◆ 步骤三：寻找人才

猎头要根据总结的人才特征，动用各种专业工具寻找人才，逐渐缩小范围，筛选出最符合客户要求的 2 ~ 3 名人员。而猎头公司可以动用的寻找人才的工具有很多，包括系统人才库、招聘网站、搜索引擎、公司关系网等。

◆ 步骤四：筛选并面试候选人

在最小的范围圈中最后筛选出一位符合客户招聘需求的候选人，然后对该名候选人进行面试，通过初试对该名候选人做出评估结果，生成评估报告，以便客户进行查看。

◆ 步骤五：给客户发送候选人

猎头将候选人的基本资料、评估报告发送给客户，如果客户觉得满意，便可以亲自进行面试，考察候选人是否能够胜任该项工作。

◆ 步骤六：结清款项

在企业的考核中，候选人如果表现良好，成功被客户公司录用，那么猎头公司就能得到相应的报酬了，企业应在候选人上岗一周内结清款项。如果录用失败，则猎头的工作还要继续。

◆ 步骤七：确保服务质量

按理说结清款项后，猎头的工作就算告一段落了，不过一些专业的猎头公司还会提供后续服务，如候选人与客户公司的融合、入职后出现的沟通问题、候选人的薪酬谈判等。

一般来说，猎头公司会与客户约定 3 个月的服务保障期，在人才到岗后 3 个月内如有一方想要终止合作，猎头公司要负责后续的人才寻找工作。

5.5.2 企业与猎头公司的合作

猎头公司虽然已经在国内发展了十多年，可是还是有很多公司没有使用过猎头招聘这一方式，所以不是所有企业管理者和 HR 都知道如何与猎头公司进行合作。与公司合作，就要就合作事宜进行协商，并签订合约，这一系列过程中暗含了很多风险，所以 HR 要引起重视。那么 HR 应该做好哪些工作呢？

首先，HR 要做好前期准备工作，一是明确自身的招聘需求、岗位职责及人才的任职要求；二是对招聘的费用进行控制，了解行业大多数猎头公司的收费标准；三是对于人才的特殊要求，HR 要做好设定，如必须是"海归""名校毕业"等。

其次，HR 要对猎头公司进行筛选，当然要事先了解多家猎头公司才能做对比，主要从口碑、成功案例、合作对象、猎头素质、专业态度等几个方面来考察猎头公司的实力。

最后，要与猎头公司就招聘事项进行沟通并签订合同。在这个环节，HR 要事无巨细地说明公司的需求和要求，并在合约中体现出来。对于预付款的支付，双方一定要协商清楚，并开好收据。一般来说，会支付一定数量的定金，待与候选人成功签约后，再支付候选人年薪的 10% 作为尾款。

在与猎头公司合作的过程中还有以下一些注意事项 HR 需要清楚。

◆ 预付款的比例控制在总金额的 20% 左右。

◆ 约定猎头公司寻找人才的时间期限，一般在签订合同后一周内就该有所进展，向公司提供几份合格的简历。

◆ 双方沟通时要多使用书面文件。

◆ 双方建立多方面的联系，包括邮箱、微信、电话。

◆ 收到猎头公司发来的简历，要对简历信息进行核实，看看是否有问题，或是已经在自己的简历库中。

◆ 要约定好异地候选人前来面试的差旅费承担问题。

◆ 如果最终没有从成功录用，预付款是否返还需要详细说明。

第六章

把关简历，有效筛选可用的人才

简历可以告诉 HR 人才的基本信息，HR 在深入了解人才之前，可以通过简历对人才进行筛选，缩小招聘范围，为招聘工作打下基础。简历的筛选工作是讲究技巧的，HR 不能凭主观感受决定人才是否可用。

6.1
如何搜索简历

个人简历是求职者对自己履历的简单展现，作为 HR 就是要通过简历建立对求职者的第一印象，判断其是否是公司所需的岗位人才。而人才虽多，HR 要到哪里去搜寻简历呢？而且不同的招聘渠道有不同的搜寻效果，HR 应该多方面了解，并合理运用。

6.1.1　简历的构成要素

作为 HR，自然经常与简历"打交道"，对于简历，应该是再熟悉不过的了。那么一份简历是不是完整的，有没有告诉你候选人的核心消息呢？只有了解清楚简历的构成要素，才能有正确的判断。

个人基本资料。HR 在浏览一份简历的时候，可以通过该部分了解候选人的名字、联系方式、年龄、政治背景、籍贯等基本信息，HR 可凭此对候选人有一个初步的印象。

教育背景。教育背景在一份简历上是非常重要的，如果没有教育背景，HR 很难判断候选人的学历、专业和学习能力，对于其是否适合招聘岗位也没法判断，所以对于没有教育背景的简历，HR 可以不用花费多余的时间了。同时 HR 要注意，在浏览学历背景时，只需关注本科及以上学历即可，要了解学校名称和对应的专业。

求职意向。一份优质的简历一定有求职意向这项要素。通过求职意向，HR 能够快速了解候选人与公司的契合度，如有的候选人其求职意向是文职类，而公司要招聘的是技术类员工，这种简历可以直接过滤掉，这样 HR 可以节省时间，去寻找其他简历。

工作经历。工作经历可以展示员工的从业年限、行业类型、过去任职的情况，是非常重要的一个信息，如果候选人的工作经历是空白的，HR 就要考虑其是否参加过工作，或是有其他特殊问题。在浏览其工作经历的时候，HR 要以最近一份工作为坐标，一来可以了解其近半年内是否工作，二来可以关注其更换工作的行业跨度是否很大。

项目经验。项目经验是工作经历的补充和延伸部分，有的简历没有此内容，不过该部分内容能够很好地帮助 HR 了解其工作能力和工作绩效的情况。

技能、证书介绍。这部分是候选人专业能力的一个证明，很多时候候选人会夸大自己的优势，不过 HR 可以从该部分一窥其真实性，如候选人说自己英语能力很好，结果连一张英语能力证书都没有，就可说明问题了。

个人简介。这是候选人对自己的认识，HR 可以简单看看，了解一下候选人的性格、爱好或是特长等，以便更全面地看待候选人。

6.1.2 普通搜索方式

HR 要想招到合适的人才，就必须在众多的简历中找到真正能满足企业需求的简历，这就要求 HR 具备一定的简历搜索技巧，而在搜索简历的时候也要学会借助搜索工具来简化人事工作。常见的搜索技巧有以下 3 种。

◆ 行业 + 职位

"行业 + 职位"的方式简单明了地锁定了招聘的核心内容，且搜索范围广泛，HR 不至于找不到相应的简历，当然这种招聘方式适合搜索初期，难以实现精准搜索，只是以此来圈定一个大的范围，再逐渐筛选合适的简历。

以智联招聘为例，进入首页，在文本框中输入"媒体" + "编辑"两个关键字，单击"搜人才"按钮，即可跳转到简历搜索结果页面。浏览简历结果页面，可以看到输入的关键词都呈高亮显示了，如图 6-1 所示，HR 可大致浏览一下看看有没有合适的简历信息。

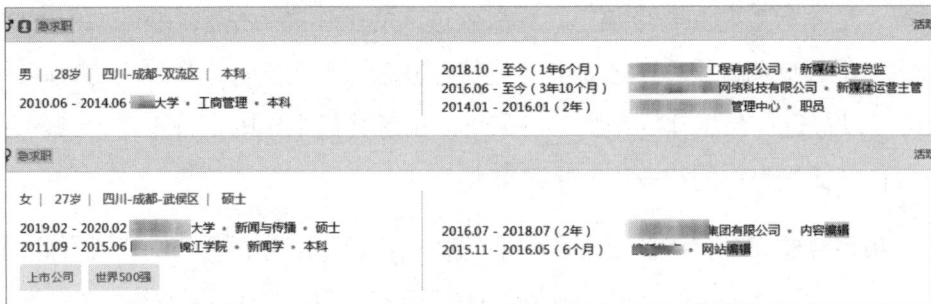

图 6-1

◆ 行业＋企业名称／工作项目

"行业＋企业名称／工作项目"这种方式属于精准搜索，一来如果候选人曾在同行业不同公司工作，那么其就会具备相关工作能力；二来其参与过有关的工作项目，一定有胜任该工作的经验或技能知识。同样以智联招聘为例，通过关键词搜索"媒体 文化传媒公司"，可在结果页看到关键词在简历信息中呈高亮显示，如图 6-2 所示。

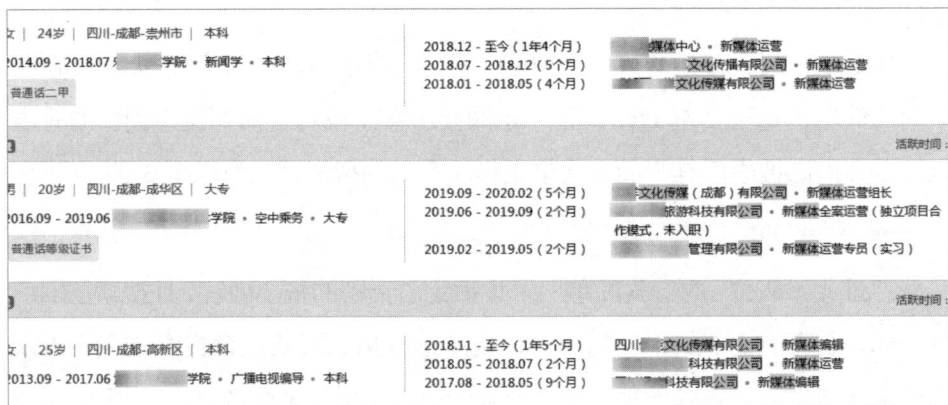

图 6-2

筛选出的候选人其工作经历中都包含有任职于某文化传媒公司，这样的简历基本上能够满足 HR 的要求。

◆ 定向搜索

HR 可以通过企业经营的产品或行业专有名词进行定向搜索，从行业专业上来筛选人才范围，针对性更强。在智联招聘上通过关键词搜索"大数据"，在结果可以看到候选人都有过大数据处理和开发的职业经历，如图 6-3 所示。

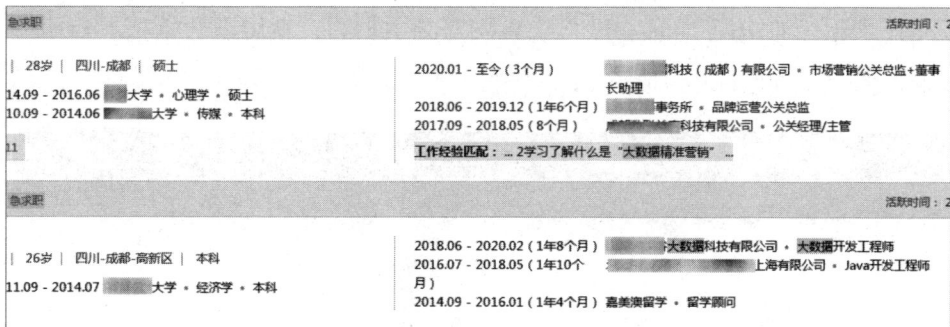

图 6-3

6.1.3　职场社交平台搜索方式

社交平台是个互相交流的好地方，随着人们交流沟通的方式发生了极大地改变，几乎所有人都有自己的社交账号。而在职场中生存，尤其是 HR 和企业管理人员拥有职场社交平台的账号是非常重要的，我们可以在这个平台上进行商务交流，留意优秀人才，在企业有需要的时候，可以通过建立的人际关系挖到目标对象。常见的职场社交平台有以下两个。

（1）Linkedin（领英）

领英（https://www.linkedin.com/）是一个全球职场社交平台，它是一家面向商业客户的社交网络（SNS），成立于 2002 年 12 月并于 2003 年启动。由于是全球性的职场社交平台，所以一些外企或者国际化企业的管理人员、HR 和员工都在使用。

网站的目的是让注册用户维护他们在商业交往中认识并信任的联系人。用户可以邀请他认识的人成为"关系"（Connections）圈的人。领英能够为用户提供商业机会，在领英寻找同学、同事、合作伙伴，建立并拓展人际关系网络，掌握行业资讯。

　　进入领英官网，首先需要注册自己的个人账号，并按页面提示输入任职公司、职位、邮箱等信息。进入个人账号的主页后，就可以开始拓展自己的人际关系了，如图 6-4 所示。

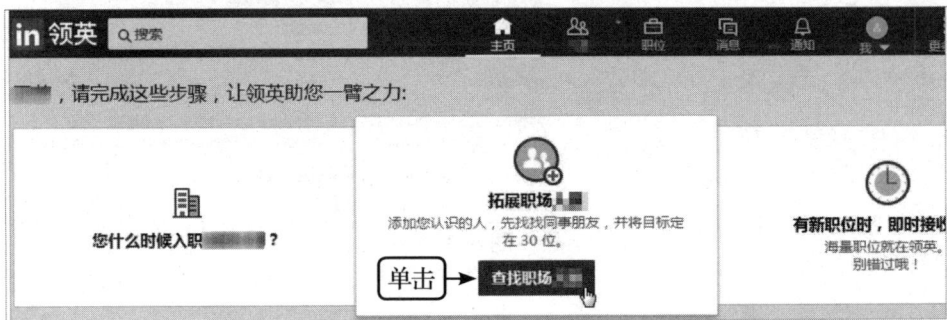

图 6-4

　　在打开的对话框中我们可以看到很多同行业的精英名片，选择感兴趣的人才，单击"加为好友"按钮，等待对方的回复，如图 6-5 所示。

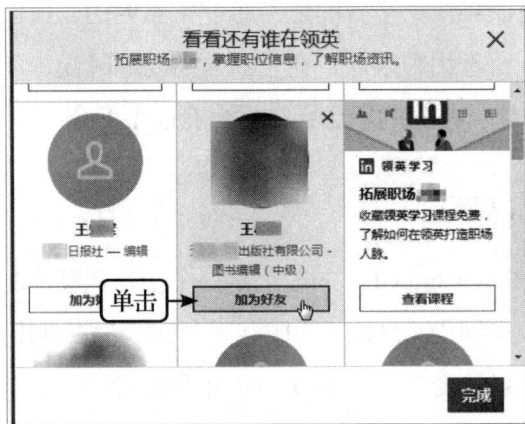

图 6-5

　　如果对方同意与你建立好友关系，那么 HR 就可以与该名人才进行良好的沟通，建立长久的关系，即便此时还不便"挖"其进入公司，也能储备一定的人力资源。

在打开的页面中也能看到系统推荐的一些行业职场大咖，单击账号超链接即可进入该账号的个人主页，如图 6-6 所示。

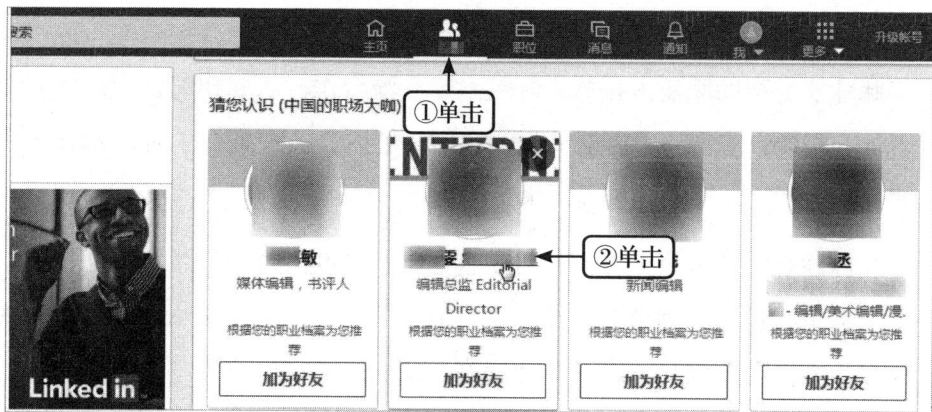

图 6-6

在其个人主页页面可以看到其基本信息，包括个人简介、工作经历、教育经历、个人成就等，单击"发消息"按钮即可联系对方，HR 可通过此渠道提出招聘意愿，如图 6-7 所示。

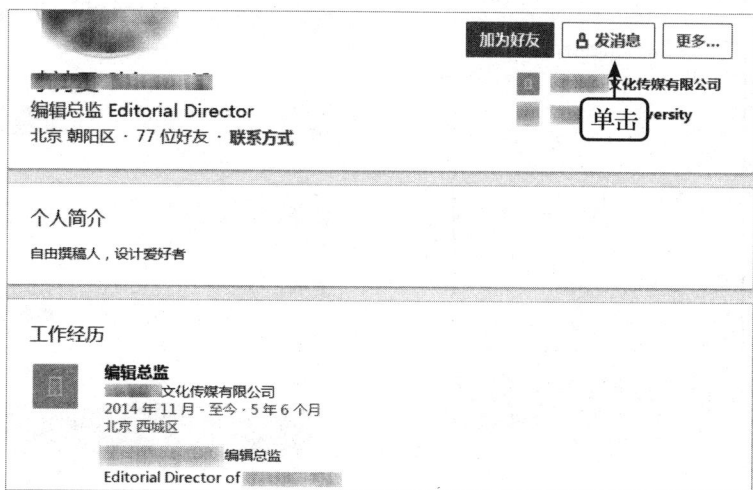

图 6-7

（2）脉脉

脉脉相当于国内版本的 Linkedlin，国内的互联网公司员工最为常用，可以说是国内互联网人的聚集地。脉脉于 2013 年 10 月上线，提出了"真实职业形象"与"人际关系共享"概念。

脉脉能够帮助职场人拓展人际关系、交流合作、求职招聘，为商务人士降低社交门槛，实现各行各业的交流合作，包括金融贸易、IT 互联网、文化传媒、房地产、医疗、教育等百余个行业。

脉脉独有的竞争公司查询，可以直接寻找相似岗位的人才，根据其工作经历，考察其是否能为公司所用，这样非常简便。下载脉脉 App，打开后注册账号，完善职业信息，包括职业状态、任职公司、岗位等。注册后，在页面会跳出行业相关人员的资料，可将感兴趣的人员加为好友，如图 6-8 所示。

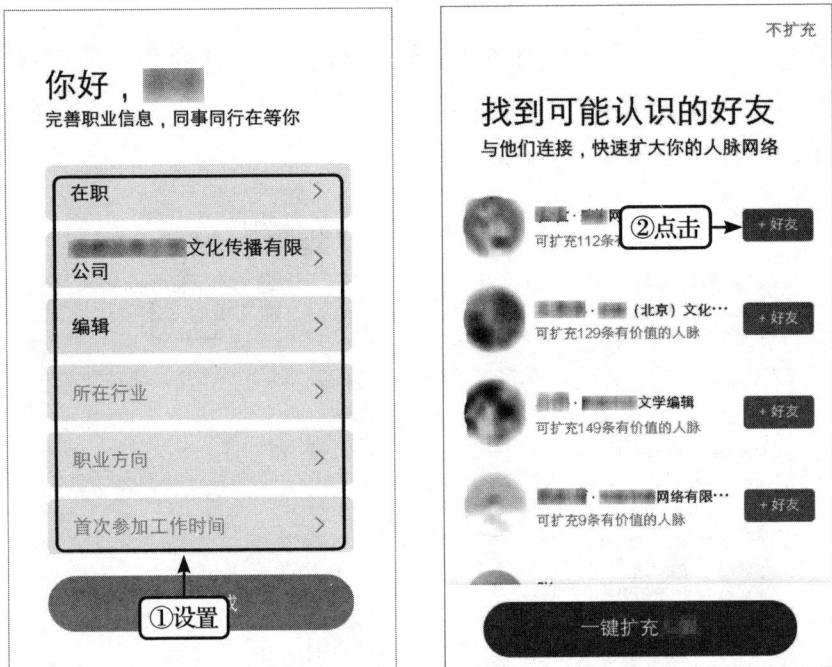

图 6-8

完成一系列设置后，进入账号主页，在下方点击"机遇"按钮进入相应的页面，点击"企业广场"按钮，在打开的页面中可以看到许多同行业公司甚至是竞争公司的近况，包括其最近招聘的职位数量，近期收到的简历数量，选择要查看的公司选项，如图 6-9 所示。

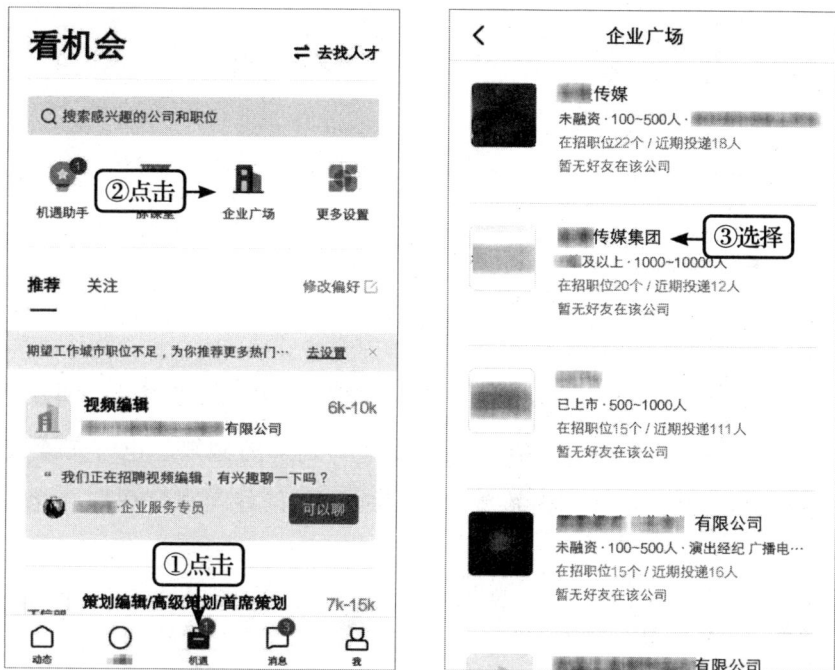

图 6-9

在打开的页面中可以查看到该公司最近要招聘的岗位，点击该公司的名称，进入公司主页面可了解公司的一些基本信息（包括公司简介、工商信息、最近动态、招聘职位、相册），点击"员工在脉脉"超链接，就能查看行业竞争公司的所有员工的信息（需要开通会员）并与之联系，如图 6-10 所示。由于是竞争公司，所以职位设置都差不多，HR 可以适当留意优秀的人才，以备后续需求。

图 6-10

在脉脉首页可对自己的人际关系进行扩充,系统会推荐相关行业的人才,只需点击"＋好友"按钮就能向其发送消息等待对方回复,也可在该页面点击"校友"选项卡,点击"编辑教育经历"按钮,就能找回同窗好友,如图 6-11所示。

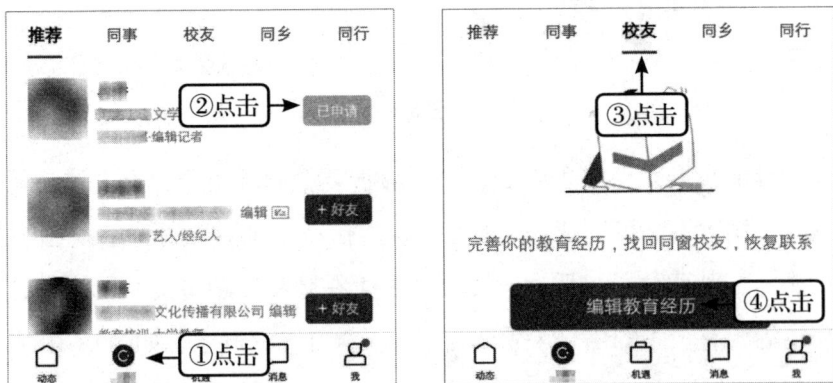

图 6-11

另外,通过点击页面顶部的"极速找人"按钮,也能对简历进行搜寻,输入相关关键词,点击"搜索"按钮,就能得到相关人员的资料,并联系对方,如图 6-12 所示。

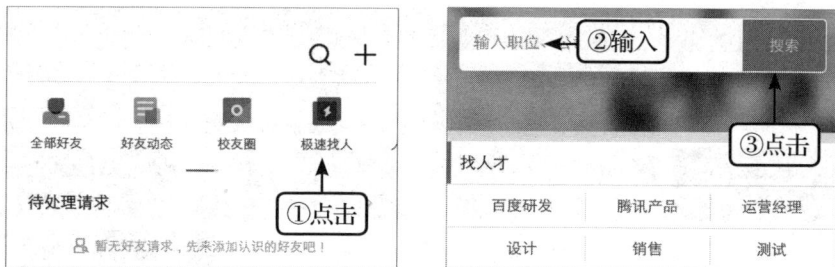

图 6-12

6.1.4　专业或行业论坛搜索

除了大众的招聘网站、职场社交平台以外，比较小众的行业论坛也能帮助 HR 搜寻人才资料和简历。行业论坛就是围绕该行业生产、营销、招聘、热点、发展趋势等信息而建立的网络论坛。

成为行业论坛的用户就能使用该论坛的一切信息，并在该论坛上发帖解决自己遇到的行业难题。由此可见，行业论坛中不仅包含大量的信息，而且受行业限制，针对性强，搜索简历的效果更好。下面一起来看看有哪些常见的行业论坛。

（1）农资人

农资人（https://www.191.cn/）是一个专注为中国农业发展提供技术服务的农技社区服务平台。自 2006 年以论坛形式上线以来，191 始终以"农资人网上的家"的理念，为农技人员提供学习、交流、成长的空间，经过多年发展，191 农资人网已成为农资行业公认的门户网站。

为满足行业需求，推动农业未来发展，191 农资人汇聚了不少农技英才，通过线上、线下相结合的形式，让不少农资从业人员获得了创业机会，如图 6-13 所示为农资人官网首页，点击"人才网"选项卡。

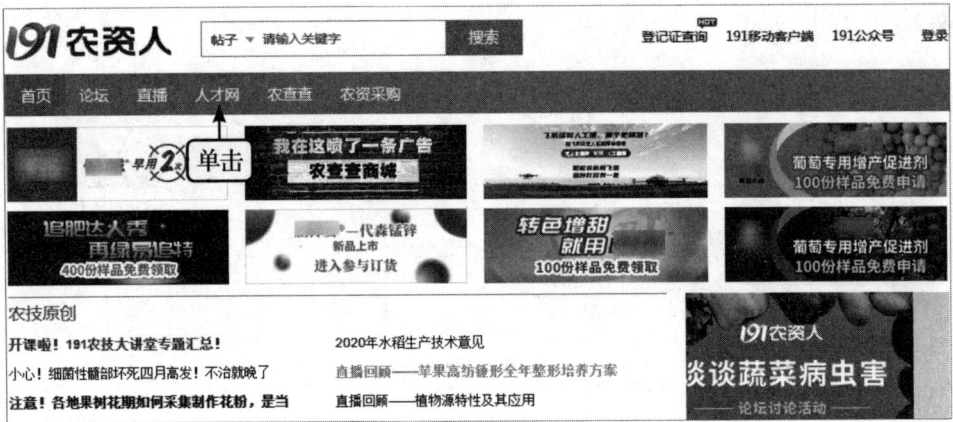

图 6-13

在打开的页面可以看到行业内最近招聘的岗位和热门岗位，也可以看到最新人才和应届毕业生列表，单击人才超链接即可进入人才主页，不过 HR 需要先行注册，如图 6-14 所示。

图 6-14

（2）大化工论坛

大化工论坛（https://bbs.dahuagong.com/）汇集了化工行业的资源信息，服务化工企业人才招聘求职、化工产品销售，也为化工人提供了一个技术交流、解决问题的平台。如 6-15 左图所示为该论坛的首页，在其中单击"化工人才"超链接，程序可以自动进入到大化工人才页面，在其中可以查看到平台提供的找工作、找兼职和找人才等功能，HR 可以直接单击"找人才"超链接，如 6-15 右图所示。

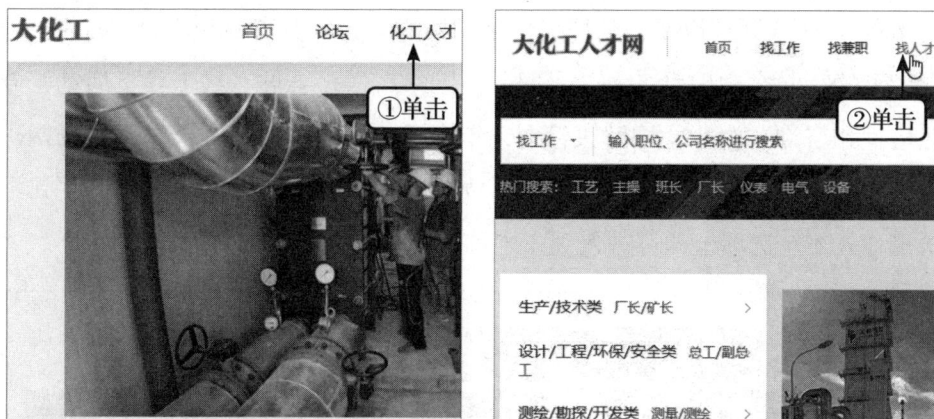

图 6-15

在打开的界面中即可查看到当前有求职需求的所有信息，在其中将鼠标光标指向某个求职者即可弹出一个界面查看该求职者的简单信息，如 6-16 左图所示。如果要查看更详细的信息，单击该求职者，在打开的界面中即可进行详细求职信息的查看，如 6-16 右图所示。

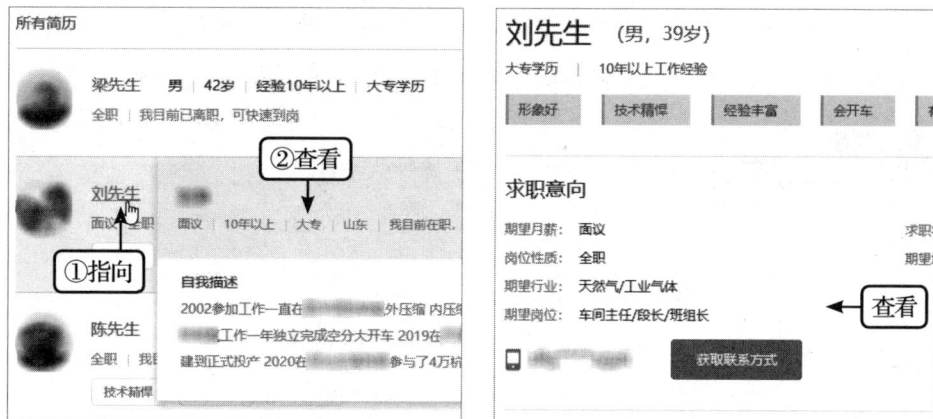

图 6-16

（3）CTi 论坛

CTi 论坛（http://www.ctiforum.com）定位于中国计算机和通信领域里的网络社区和门户网站，重点关注呼叫中心、企业通信、运营与增值等领域。自 2000 年正式开通以来，依托多年来积累的强大行业资源和经验，CTi 论坛向广大的行业客户提供各种会员服务及网络广告、会展、线上线下活动、专业培训和咨询、企业心理健康管理、年度评奖、数据库精准营销、市场调研及人才招聘等一系列整合营销服务。如图 6-17 所示为该论坛官网，在其中单击"人才"选项卡即可进入到人才首页。

图 6-17

在下方可看到求职信息，单击相应的超链接可进入该人才具体信息页面，如图 6-18 所示，单击"求职简历"超链接，即可下载该人才简历。

求职信息	会员名称	性别	年龄	学历	期望地点	发布日期
产品经理or项目经理 ←单击	张	男	34	本科	不详	2015-01-04
市场营销	陈	男	25	本科	不详	2014-12-29
网络营销	陈	男	25	本科	不详	2014-12-29
市场营销	许	男	29	本科	不详	2014-12-03
市场营销	许	男	29	本科	不详	2014-12-03
网络营销岗位	文	男	26	本科	不详	2014-11-27
网络营销岗位	文	男	26	本科	不详	2014-11-27
Technical Helpdesk		男	不详	无	不详	2014-11-11
网络营销	文	男	26	本科	不详	2014-10-09
网络营销	文	男	26	本科	不详	2014-10-09
软件工程师	晓	男	29	无	不详	2014-09-25
传真系统软件开发		男	24	本科	不详	2014-09-25

图 6-18

除了以上的行业论坛外，还有下面一些论坛可供参考，HR 可根据网址进入论坛，搜寻人才简历。

◆ 福步外贸网（http://www.fobshanghai.com/），针对外贸进出口行业的网络论坛，HR 可寻找与国际贸易有关的岗位相关人员。

◆ 医药网（http://news.pharmnet.com.cn/），针对医药行业的论坛，提供了寻找人才、行业动态、医药招标等服务。

◆ 筑龙论坛（https://bbs.zhulong.com/），是一个建筑行业的学习社群，覆盖建筑设计、施工、造价、项目管理、BIM 等专业领域。

◆ 圈中人保险网（http://www.qzr.cn/），是一个提供保险资料和行业资讯的专业网站，向从事保险行业的人员提供专业的资讯，共设有保险时讯、保险人才、保险条款、保险费率等板块。

当然，HR 还可以根据自己所在行业通过浏览器进行搜索，一般可通过"行业名称＋行业相关论坛"来搜索。

6.2
简历筛选标准有哪些

HR 通过各种渠道搜寻简历只是招聘工作的一个开端，面对成百上千的简历，HR 必然要进行筛选。一般来说，筛选程序分为初选和复选两步，这两个筛选环节的筛选标准也自然不一样。

6.2.1 简历初选标准

在进行简历初选的时候，HR 主要通过整体印象对简历有一个初步的判断，再查看简历对象是否符合招聘基本条件，这样就可在一大堆简历中筛选出有价值的那部分。对于简历初选，HR 需要通过以下 4 个标准来筛选。

◆ 外观

简历的外观是求职者给 HR 的第一印象，HR 不要觉得外观不重要，从一个人对简历的设计其实可以看到其审美风格、性格特点、求职态度。如果一份简历外观无设计，页面显示杂乱，其实是能够说明一些问题的，比如该求职者的态度比较随便，那么其做事会有不认真的毛病。

对于外观不整洁、结构不规整的简历，HR 可以在第一关卡就 Pass 掉。如图 6-19 所示为一份外观简洁的简历模板，可以看到，简历的版块分明，页面也有设置，建议 HR 也可以按照这样的标准来筛选简历。

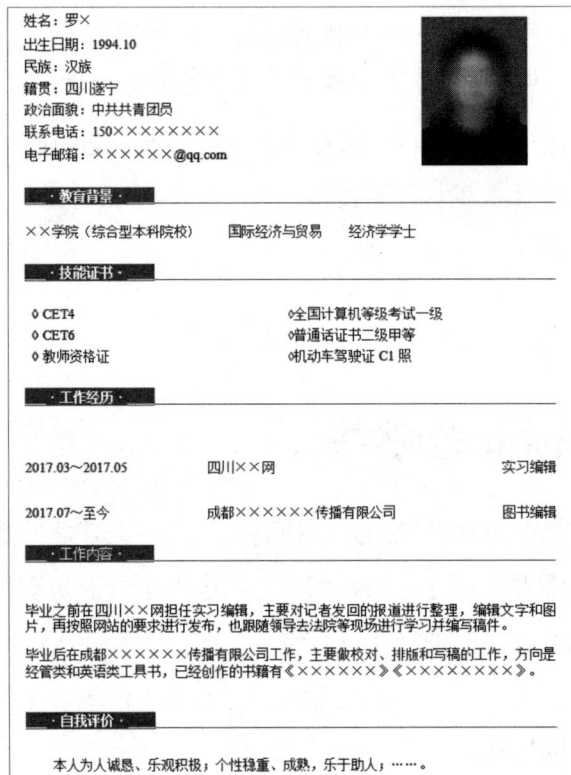

图 6-19

◆ 简洁

所谓简历，就是对求职者个人信息的简要概括，所以简洁应该是简历的首要特征，对于有价值的信息才应该列示，而不是对成长经历和工作经历的无限赘述。HR 要注意，初次浏览一份简历的时间不能超过一分钟，对于重点不突出的简历，可以跳过。如果重要内容很少，尤其是工作经历这部分没有，可以直接放弃了。

◆ 硬性条件

人才的硬性条件即在职场中大家都看重的一些能力，如学历、获得证书、毕业院校、获得奖项等，这些都可以成为 HR 筛选简历的考虑因素，这些信息在简历中不会属于同一版块，需要 HR 根据自己需要的硬性条件去排查。

◆ 个人表达

从求职者的个人表达中可以看出其某些方面的特点，如逻辑思维能力、语言表达能力、文化修养。如果求职者能用简单的语言就阐明自己的性格、爱好、能力，说明其具有较好的综合能力；如果其总是错字连篇、前言不搭后语，那么 HR 就要考虑招聘其任职的必要性了，如下例所示。

│ 范例解析 │ 简历中个人简介部分的相关示例

示例一：

本人为人诚恳、乐观积极；个性稳重、成熟，乐于助人；兴趣广泛、好问，能够静下心来处理工作问题；具有较好的文字功底，注重细节，对文学作品和时事经济很有兴趣并了解，所以一直想要并且也适合从事文字方面的工作。

示例二：

本人非常热爱市场营销工作，虽毕业十年但工作激情仍然不灭，曾在××外贸公司从事农产品海外市场销售工作，在此过程中积累了大量的实践经验和客户资源，与美国和澳大利亚的经销商建立了良好的关系。随后在××连锁咖啡店进行咖啡销售，在国内十多个城市建立了广泛的业务关系，经过我与同事的努力，订单量年年攀升。除了工作外，本人在休息时间常与朋友结伴爬山、参加书友会，兴趣爱好广泛且爱结交朋友，性格开朗、乐观，真诚希望能加入贵公司。

通过上述两个案例的对比，我们可以看到示例一中的个人简介前后逻辑混乱，除了对自己的性格描述外，没有提供任何有价值的内容；而示例二中，分了3个部分来表现内容，一是工作成就，二是业余爱好，三是个人性格，且内容之间层层递进，并通过逻辑关联语进行文本链接。

HR应该清楚哪种表达方式更好，并以此来筛选人才。

6.2.2　简历复选标准

通过初步筛选，留下的简历都是各方面还不错的，那么接下来就要考察更实质的内容了。在第二次筛选中，HR应主要参考以下一些标准。

◆　外语能力

不同行业、不同类型的企业对外语能力的要求不同，一般只需达到英语四级即可。而对于外企或是翻译公司、外贸公司、外语教育等行业来说，对外语能力是非常看重的，所以这些企业或行业的HR应该查看其是否有相应的语言能力证书及等级是多少。

◆　任职条件

每招聘一个岗位，人力资源部都会编写岗位说明书，对岗位职责和任职条件进行说明，HR在筛选简历的时候，应提炼任职条件，并以此来筛选简历。如某公司招聘采购员，其岗位任职要求如下所示。

1.大学及以上学历，有过相关工作经验两年及以上。

2.了解原材料，有一定的谈判沟通能力，善于组织工作。

3.有成本意识，了解ISO体系。

4.熟悉本地的原材料市场，并清楚市场价格。

5.能够熟练操作计算机办公软件，有驾驶证。

通过岗位任职条件，HR应该将其中的重点内容挑选出来，这样在筛选简历的时候，可以以相关关键词为根据。这里我们可以挑选出这几个关键词：大学、两年、沟通能力、ISO，凡是简历里有这几个关键词的，HR 都可以留下其简历，作为面试的候选者。

◆ 真实性

在复选简历的时候，HR 还要注意简历的真实性，对于可疑的地方，HR 最好要标注并进行查证。如何察觉其中的虚假信息呢？主要把握以下几个关键点。

模糊就职月份。有的求职者在书写工作经历的时候会故意模糊就职月份，以此隐瞒自己的工作经历。如下所示，某从事财务管理工作的求职者为了应聘一家企业的财务主管（需 5 年工作经验），所以隐瞒了自己 2018 年~ 2019 年中间有接近一年的空档期，其实际的工作经验只有 4 年。

2016 年~ 2018 年，××科技有限公司，财务管理人员。

2019 年至今，××教育集团，财务管理人员。

任职公司有猫腻。有的时候求职者为了让自己的经验看起来丰富一些，可能会编造一些工作经历，甚至是任职公司。如果简历中展现的公司是没有听说过或是很奇怪的，那么 HR 就要引起注意了，可以上网查询一下该公司是否真实存在。可通过企查查（https://www.qcc.com/）网站来查询公司的真实信息，如图 6-20 所示为企查查官网首页。

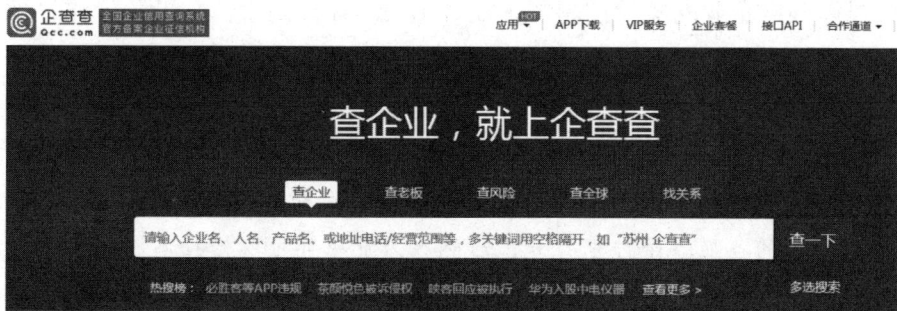

图 6-20

信息不匹配。很多刚刚踏入社会的求职者为了表现自己能力出众，就夸大自己的职位，如做过人事专员却写自己任职过人事主管，这种情况 HR 要引起注意。一般来说，管理层职位都是有一定工作经验的人才能胜任，如果求职者年纪轻轻就出任管理职位，就需要仔细探究了。

不合逻辑。如果企业招聘的是普通职位，而候选人投递的简历却显示其曾在大公司任职或职位较高，这就显然不合逻辑了，HR 可从中判定其简历中有虚假的成分，将其筛除出去。

全能人才。从简历中看，如果一个候选人是"十项全能"，各方面的能力都很出色，而且在各个岗位上都担任过主要职位，HR 需要进行标注，看其是真的全能人才，还是弄虚作假。

◆ 善于找出隐藏问题

HR 在进行简历复选的时候，要善于观察简历中体现的问题，并进行标注，如根据工作经历的时间展示，求职者频繁跳槽；职位与工作内容是否对应；工作间隔时间太久；任职职位变化大等。

6.2.3 筛选分数标准

有的企业会设定不同的评分因素来对一份简历打分，然后通过分数线的方式来筛选简历。常见的筛选简历的评分因素有学历、专业、英语能力等，HR 可以根据企业的实际招聘情况设置相关的评分因素，并设置分数等级。注意，对简历评分是在复选简历阶段才会涉及的，如下例所示。

| 范例解析 | 某企业的简历评分设计

本公司在对简历进行第二次筛选时，需通过简历评分表来筛选，HR 需根据候选人的各显性条件来打分，当然人力资源部可以根据不同的岗位来设置评分因素。不过，专业、学历是必须要考虑在内的，下表是软件工程师的简历评分表，总分值为100分。

评分因素	评分标准				备注
专业	对口	包含	相近	无关	
	20	15	10	0	
学历	博士研究生	硕士研究生	本科	大专	
	10	8	5	0	
毕业院校	985/211	一本	二本	三本	
	10	8	5	3	
工作经验	5年以上	3～5年	1～3年	1年以下	
	10	8	5	3	
奖学金	国家励志	一等	二等	三等	
	10	8	5	3	
证书	CCIE	CCNP	CCNA	HCIA	
	20	15	10	8	
外语能力	专八	CET6	CET4	—	
	20	15	10	0	

　　注：HR在筛选简历的时候以上表进行打分，满分100分为重点关注对象，80～90分为优秀人才，60分以上便可通知该名候选人前来应聘，60分以下不予考虑。

6.3
简历虽多，筛选有技巧

　　为了在面试时节约时间、提高效率，HR要在筛选简历的时候，就应对简历中的疑点、想要了解的部分进行标注。但是该怎样在短时间内整理简历的重点，需要 HR 掌握一定的筛选技巧。

6.3.1 查看硬性和软性内容

HR 在浏览简历的时候，可以通过对简历内容的特点进行分类，通过不同的类别，HR 有不同的筛选标准，比起混做一团的浏览简历信息，这样的分类技巧能够节省很多时间，也能更快地得到有效的信息。

一般来说，可以将简历的信息分为 4 个类别，如下所示。

- ◆ **个人基本资料**：姓名、性别、身高、联系方式、地址、学历、籍贯、年龄、照片等。
- ◆ **求职信息**：期望薪资、期望工作地点、期望从事行业。
- ◆ **个人经历**：教育背景、工作经验。
- ◆ **其他信息**：个人评价、他人评价、获得奖学金情况、获得荣誉情况、家庭背景等。

而以上 4 类信息又可以分为两大类，即硬性内容和软性内容，硬性内容包括个人基本资料和求职信息，软性内容包括个人经历和其他信息。

硬性内容用来作"Pass 条件"，而软性内容作为附加分项目，在同等硬性内容下，软性内容越优秀，越要优先考虑。为什么要如此分类呢？这给了 HR 一个筛选的门槛，通过对硬性内容的浏览可以看出求职者是否符合招聘的基本门槛，如果不符合就可以不用再看其软性内容了，这样可以节省很多时间。

由于硬性内容是非常简洁明了的，所以 HR 只需花大概 30 秒的时间即可做出判断，不过还需注意以下两个注意事项。

①硬性内容的数量要与简历数量成正比，如简历数量较少，就要少设置几个硬性内容，以免面试人数不足；如果简历数量较多或是招聘要求高，就可多设置一些硬性内容，在前期多刷掉一些人。当然也不能设置太多，以 3

个为标准 。

②硬性内容的设置标准需明确，如候选人是需要同时满足这些条件，还是只需满足其中之一即可。如硬性内容有学历为本科、具备从业资格证，一定要说明必须同时满足两个条件，还是满足其一就通过。

6.3.2　硬性和软性内容识别简历疑点

既然 HR 将简历分为硬性内容和软性内容，除了利用其来划分简历门槛外，还可以借此分析简历中的疑点。

◆　硬性内容的互证

硬性内容会全方位地暴露求职者的信息，由于有多且全面的特点，可以组合几个相关信息判断是否前后矛盾，有弄虚作假之嫌，如下例所示。

| 范例解析 |　某求职者简历硬性内容部分

姓名：李玉　　　　　　　　性别：男

年龄：32岁　　　　　　　　民族：汉

学历：经济学博士　　　　　联系电话：13012345***

Email：123456789@qq.com　　工作年限：5年

求职意向：经济顾问

以上的简历硬性内容，有经验的 HR 可能一眼就能看出问题，结合年龄、学历和工作年限，HR 至少要思考以下几个问题。

①学历是博士，年龄为 32 岁，应该刚刚毕业没多久，为什么工作年限有 5 年之久。

②求职者的简历信息是虚假的，还是求职者所拿学历并非全日制学历。

③求职者的工作年限是全职 5 年，还是兼职 5 年？

◆ 软性内容看出本质

在软性内容中，工作经历是 HR 重点查看的部分，这是求职者最容易模糊事实、添油加醋的地方，从中可以看出多方面的问题。

首先，对于一份工作的任职时间是 HR 应该注意的，如果一份简历的工作经历如下所示，HR 可从中了解些什么呢？

2016.05～2017.06	××广告有限公司	广告策划员
2015.03～2016.02	××服务网站	广告策划员
2013.11～2014.10	××工作室	设计师
2012.12～2013.09	××数码有限公司	设计师
2012.03～2012.10	××文创工作室	宣传人员

从以上的工作经历中，我们可以注意到其每份工作的时限都在半年至一年左右，这能说明其在每个工作岗位上所待的时间不是很长，可能此人性格好高骛远；另外每份工作结束后，其都有几个月的休息时间，可见其对工作的热情不是很高。

如果此人各方面都很优秀，那么 HR 在面试时，就要重点了解其频繁跳槽的原因，如果此人各项水平一般，那么 HR 就可直接将此人的简历刷掉。

知识延伸 | 第一份工作与最后一份工作

一般来说，毕业后的第一份工作是候选人热情度最高并且工作兴趣最大的，所以第一份工作的工作年限很能说明问题，一来可以说明求职者是否稳重踏实，二来可以代表求职者的求职意愿，HR应该尤为注意。

而求职者的最后一份工作也非常重要，其任职岗位是否与求职岗位相关、工作企业是否知名、工作年限是否长久，都能反映其今后工作的相关轨迹。

其次，有的求职者会对工作经历进行描述，包括职责、所承担项目、取得业绩等，HR 可据此仔细了解其工作态度和状况。另外，有了详细的工作描述，HR 就更好判断其是否适合现在的工作岗位了。如下例所示。

| 范例解析 | 某求职者简历工作经历部分

2017.05～2020.03：××有限公司

所属行业：酒店/旅游

任职岗位：酒店大堂经理

工作描述：

1.负责酒店VIP客人的接待。

2.每日召开例行会议，就大堂工作的注意事项、员工分派情况、员工仪容仪表规范情况进行落实、重申。

3.考核员工工作，对于不合格者进行二次培训。

2014.05～2017.04：××旅游有限公司

所属行业：酒店/旅游

任职岗位：运营人员

工作描述：

1.配合旅游线路上的景区酒店合作，完善服务系统。

2.配合经理对景区下属酒店进行开发。

3.与运营人员一同制定酒店的相关运营制度，完善酒店的服务系统。

从上例可知，求职者从事的工作多与酒店运营有关，而根据描述内容中的动词，可看出求职者在一份工作中的分量。如当求职者还是 ×× 旅游有限公司的运营人员时，其总是配合其他人员进行工作，所以起的作用不大；但当其成为 ×× 有限公司的酒店大堂经理后，其都是负责相关工作的处理，说明其有了独当一面的能力。

6.3.3 求职轨迹能看出什么

如果一个人的工作经历非常丰富，HR 可据此分析其求职意向、未来发展，从而得出其是否愿意在公司久待，如何进行分析呢？主要有以下 3 个层次。

◆ 分析企业

求职者的工作经历中会描述自己曾在哪些公司任职，而每家公司即使是同行业的公司也有很大区别，这些区别能帮助我们了解候选人。

性质变化。所谓公司性质，即公司是国有企业还是民营企业，国企工作稳定，个别民营企业有很好的职业发展空间，不过可能朝不保夕。

资本变化。如果员工有过外资企业的求职经历，说明其外语能力出众，可能会有出国工作的意愿。

规模变化。企业规模能看出一个人的上进心，如果求职者一直在中小企业求职，那可能要重点考虑下他的工作能力。而从简历中可以看到求职者从小企业一路跳槽到行业龙头公司，那么其一定是非常有上进心的，且其职业规划很清楚。

◆ 分析行业

从工作经历中我们可以看到求职者在什么领域工作过，而这能看出其对自己的人生规划，如果其工作的行业在不断发生变化，则说明其对自己没有规划，只是随波逐流。所以求职者的任职行业一致，说明其自我定位明确，并适合从事本行业的相关工作。

◆ 分析工作地点

工作地点可根据公司名称来查询，如果求职者都在同一城市工作，说明其可能已经在该地定居，移居的可能性较小，会更加看重工作稳定性。如果其工作地点总是变来变去，HR 就要考虑录用其的风险了。

第七章

面试面谈，选择人才的关键环节

面试面谈是招聘工作的重点，HR 通过与候选人的面谈可以了解其工作能力、职业素养、个人性格等方面的信息，以此来判断其是否适合在公司工作。而面试面谈的过程阶段性明显，由面试邀约到初试，再到复试，HR需要按照相应的流程完成工作任务，确保与人才顺利面谈。

7.1
组织面试流程

做好了前期的一系列工作后，HR 就要进入正式的招聘工作中了，即通过面试活动为公司招到合适的人才。而面试工作是一件极为复杂，需要各部门及相关人员共同合作才能顺利完成的工作。

面试流程有广义和狭义之分，从狭义上讲，面试流程即 HR 在与求职者面谈的过程中需要经历的步骤。从广义上讲，面试流程包括从准备到收尾的一切环节，如图 7-1 所示。

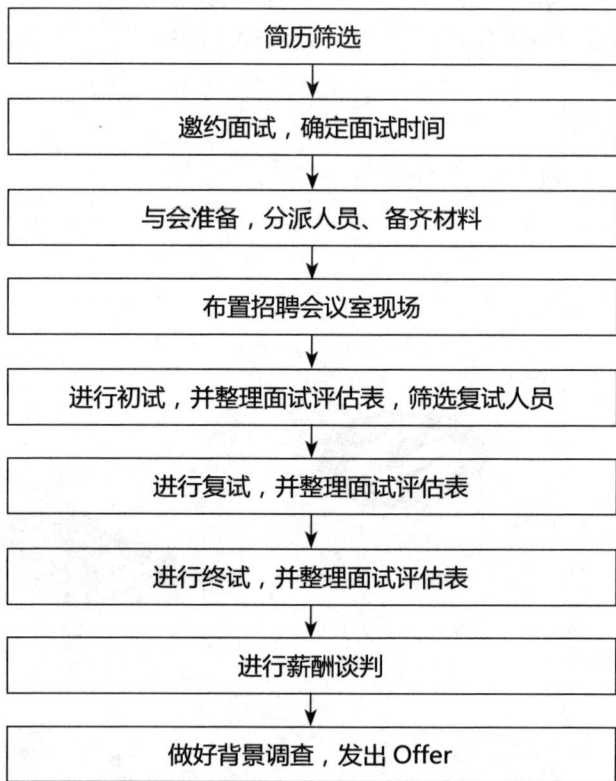

简历筛选

↓

邀约面试，确定面试时间

↓

与会准备，分派人员、备齐材料

↓

布置招聘会议室现场

↓

进行初试，并整理面试评估表，筛选复试人员

↓

进行复试，并整理面试评估表

↓

进行终试，并整理面试评估表

↓

进行薪酬谈判

↓

做好背景调查，发出 Offer

图 7-1

7.1.1 如何进行招聘预约

邀请候选人前来面试是开展面试工作的前提，邀请工作看似简单，却有很多需要注意的地方，HR 要将应该通知到的信息都告诉候选人，并解答候选人的疑问。

只有邀约工作到位才能让面试官在面试当天有所选择，不然候选人人数不够，会让面试工作大打折扣。事实上，很多 HR 都面临过这样的问题，即在面试邀约的时候说好要来参加面试的候选人，却无故缺席。所以邀约工作是否做到位，直接影响邀约成功率。

邀约的基本方式有 4 种，分别是网络邀约、短信邀约、邮箱邀约和电话邀约。

网络邀约的方式非常简单，即在招聘网上，通过网站系统一键发送面试邀请，如图 7-2 所示为登录智联招聘网企业版，直接在简历详情页面单击"约面试"按钮，即可发出邀请。

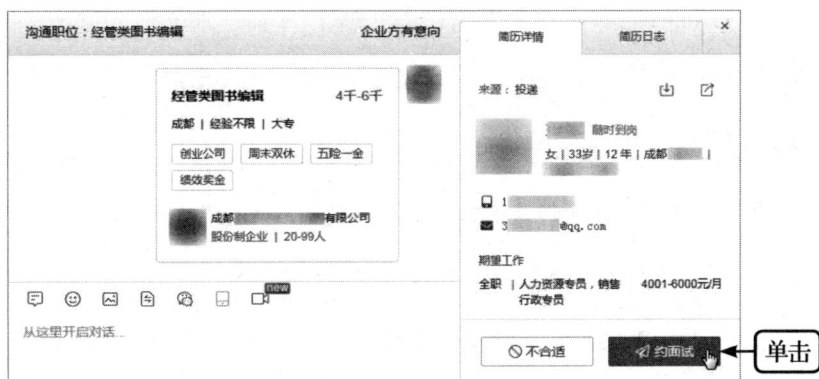

图 7-2

短信邀约和邮件邀约皆是编辑好邀约内容后直接发送即可，如下所示为常见的邀约内容。

罗××，您好！

我在××招聘平台上看到您投递的简历，经过人力资源部的初步的筛选，我们认为您基本具备财务岗位的任职资格，因此正式通知您来我公司参加面试。具体要求如下。

（1）面试时间：2020年4月17日9:00。

（2）面试地点：成都市青羊区××大道23号13层。

（3）附近公交站、附近地铁站：地铁1号线××站、公交××路。

（4）联系方式：王女士（130×××5678）。

（如果有事需要修改面试时间，请来电进行沟通）

可以看到上述3种邀约面试的方式都非常简单，但同时也是效果最差的，一般来说，HR最好选择电话邀约的方式，与候选人有所沟通，更能了解其参加面试意向是否强烈。

电话邀约是人事工作之一，所以绝不是生活中的闲聊，不能想到什么说什么，一切对话都应该有礼有节，有步骤有计划。那么，面试邀约时涉及的内容和顺序应该是怎样的呢？我们通过下面的案例来了解一下。

| 范例解析 |　电话邀约情境对话

HR："您好，请问您是张三先生吗？我是××有限公司的人事专员李某。"

张三："你好，我是张三。"

HR："请问您现在方便接电话吗？"

张三："没有问题。"

HR："是这样的，我在××招聘网上收到您投递的简历，请问您现在还在求职状态中吗？"

张三："是的。"

HR："我们此次招聘的职位是财务助理，我们公司是业界的龙头企业，现在主力拓宽自身的业务和市场，所以需要招聘几名新的财务人员。根据您的简历信息，我们一致认为您的职业素养和工作经验完全符合公司的招聘条件。"

张三："谢谢。"

HR："我们希望能与您面对面地进行交流，您能在下周一，也就是4月20日的上午10:00前来参加面试吗？"

张三："嗯，可以，没问题。"

HR："您对我们公司或是应聘岗位还有没有别的疑问呢？"

张三："我暂时没有。"

HR："好的，我们公司位于××站地铁口，建议您选择地铁2号线，出行更方便。"

张三："谢谢。"

HR："稍后，我会将您需要的内容以短信的形式发送给你，请注意查收，再见。"

张三："再见。"

通过上述案例，我们可以大致明白电话邀约的流程为：自我介绍→说明简历的获取渠道→介绍企业和招聘岗位→提及公司对候选人的印象→邀请对方前来面试→询问对方有无疑问→提供交通路线→提醒对方查收短信。

在电话邀约后HR的工作还没有完，一是对电话交流的重点内容进行记录，以作为面试的辅助材料；二是面试前一天需要再次致电候选人，提醒其记得参加面试。

7.1.2 管理好面试现场，才能开展相关工作

在面试正式开始的前几天，HR需要做的准备工作是很多的，包括人员

接待、现场布置、资料准备等，只有一一办妥才能保证面试顺利开展。

首先，HR 要与前台人员进行沟通，安排面试当天的接待工作。人力资源部需要向前台提供的资料是候选人登记表和面试等候区位置，这样前台人员可以根据登记表确认前来面试的人员并做好记录，将其引到等候区域。如表 7-1 所示为候选人登记表。

表 7-1　候选人登记表

序号	姓名	电话	面试岗位	面试时间	信息来源	备注
1						
2						
3						
4						
5						

其次，HR 还要做好面试现场的相关安排，主要分两个区域进行安排，一是等候区，二是面试区。

在等候区 HR 应该备齐座椅，最好让每一个候选人都可以入座，座椅只是最基本的，HR 最好还要准备如表 7-2 所示的物件。

表 7-2　等候区准备的物件

物件	具体介绍
茶水	在面试等候区为了缓解候选人的紧张情绪，HR 可提供一些茶水点心，这样能显得企业人性化，给候选人公司环境不错的印象
公司宣传册	在等候区可以专门设置一个地方放置公司宣传册，这样候选人在面试之前就能对公司的基本信息、发展、主营业务、福利、团队氛围等有基本了解
宣传海报	HR 可在面试等候区贴上公司的宣传海报，配合招聘的氛围，并向员工展现企业文化、公司环境，内容可以是公司的发展理念、司歌、文化标语等
公司宣传片	若是等候区有影音设备，HR 可将公司的宣传片进行循环播放，通过视觉影像给候选人一个不一样的印象，这样可以加大其留下的决心

在面试区，HR 要准备好的工具材料主要包括两个方面，一是与面试有关的材料，如应聘者简历、面试试题、面试记录表、测评、心理测试试卷、笔试试卷等；二是基本的使用物件，如桌椅、纸笔、茶水等。

7.1.3 进行面试的基本流程

有的 HR 在做面试官的时候，可能会觉得很困扰，为什么问来问去就是找不到重点，没有真正了解到候选人的实力。这是因为 HR 没有掌握面试的流程，所以没有办法循序渐进地对候选人进行考察，面试的时间一长，可能就不清楚哪些问题问过了，哪些问题还没有涉及。通常，面试要分为 4 个主要环节。

◆ 开始阶段

在面试刚刚开始时，HR 应该缓和面试的紧张氛围，从比较轻松的话题入手，与候选人进行交谈，如是否是本地人、家庭关系如何、个人爱好等，消除候选人的紧张情绪后，再请其进行自我介绍。从其自我介绍中，HR 可以了解其语言组织能力、临场发挥能力及抗压能力。

◆ 正式提问

通过候选人的自我介绍，HR 就可以开始过渡到与招聘岗位相关的问题上了，这是面试流程中最核心的环节。HR 应提升自己的提问技巧，采用不同的方式询问候选人，考察候选人的表现。该环节的问题主要围绕候选人的简历疑点、工作经历、获得证书、岗位任职条件来设置。

◆ 面试收尾

面试进入收尾阶段，HR 要反过来接受候选人的提问，这样双方都能在一定基础上考虑是否互相合适，因为面试是双向的，候选人也会对企业进行考核，尤其是高精尖的人才。而 HR 应事先准备该环节的应对，候选人常问的问题有薪酬、岗位具体职责、公司发展、个人升职轨迹、五险一金、加班问题等，最后要以亲切友好的氛围结束面试。

◆ 评价阶段

面试结束后，HR 要对面试记录表进行整理，招聘官小组需要对候选人一一评估，筛选出复试人选。可以小组讨论的方式，或是打分的形式来确定相应人数的复试候选人。常见的面试评估表如表 7-3 所示。

表 7-3　面试评估表

应聘者姓名：		性别：	联系电话：			
应聘职位：		期望薪资：				
评价方向	评价要素	评价等级				
		1- 差	2- 良	3- 较好	5- 优	
个人基本素质评价	1. 礼貌与仪容。					
	2. 言语表达沟通能力。					
	3. 时间观念。					
	4. 加班态度（是否认可或愿意加班、以前加班情况）					
	5.					
	6.					
相关工作经验及专业知识	1.					
	2.					
	3.					
	4.					
	5.					
	6.					
录用适合性	1.					
	2.					
总分						

续上表

人才优势评估	人才劣势评估

7.1.4　面试提问的方法

面试交流其实就是通过面试官与候选人一问一答之间，获得双方想知道的信息，所以 HR 提问要讲究方式方法。很多问题换一种问法，可能得到的信息完全不同。在 HR 还不能游刃有余地做好面试询问工作前，可以尝试了解一些常见的提问方式，并在面试中加以利用，久而久之一定能使用得宜。

◆　封闭式提问

封闭式问题主要用于对信息、资料的了解或确认，其形式决定了候选人只能做"是"或"否"的简单回答，这是面试中常见的一种问题，主要在面试开始阶段使用。这类问题的开头词汇多是"能不能""对吗""是不是""会不会""可不可以""多久""多少"等。如下所示。

"我们这个工作的性质和其他工作不一样，你能接受加班吗？"

"你在大学学的是财务管理专业，对吗？"

"你有没有参与过与工程设计有关的项目呢？"

◆　开放式提问

开放式问题与封闭式问题刚好相反，需要打开和发散候选人的思维，得到更多的信息，以便HR以此判断候选人的能力。所以在句式设计上要多用"如何""哪些""什么""为什么"等词汇，这样可以有效地引出候选人更详细的回答。如下所示。

"为什么2019年你换了两份工作，可以说说具体原因吗？"

"你参加过哪些广告设计项目呢？"

"你觉得你的专业对该份工作有哪些优势呢？"

◆ 连串式提问

连串式问题指面试官通过一连串的问题考察候选人的反应能力、逻辑思维能力，进行连环提问时，HR 也要注意不要将不相关的几个问题放在一起询问，而应该根据问题的前后逻辑进行提问。如下所示。

"那么我想知道你为什么会选择我们公司呢？你有没有信心担任××职位负责人呢？今天来到我们公司，觉得我们公司的环境如何？和你想象中的有没有差别？"

"之前你在从事××工作的时候，有没有出现过失误？是否重大？当时你是怎么解决的？此事有给你带来什么经验吗？如果再遇到此类事件，你会处理得更好吗？"

◆ 压迫式提问

压迫式问题是面试官刻意用来制造压迫氛围的，主要通过质疑候选人的能力看其如何反证，一来考察候选人的抗压能力，二来可以更多地了解候选人的相关信息，还可以对简历中的可疑部分进行求证，一举三得。如下所示。

"根据你的简历，你读到硕士，可你为什么在2018年的时候又参与了××公司的重要项目呢？"

"你曾经有过连续跳槽的经历，这是否说明你有些好高骛远呢？"

"你并无从业经验，你如何能胜任××岗位呢？"

◆ 假设式提问

该类问题是面试官通过一系列情境假设来考察候选人的实际工作能力，在具体的情境下，候选人的工作能力、应变能力都能得到较好的体现，如下所示。

"如果你担任了××职位，在一次临时策划中，你的小组成员意见各不一致，你会怎么办？"

"如果你遇到采购材料有质量问题，但是生产任务又很紧张，你会怎么解决此事呢？"

◆ 测试提问

通过对候选人的通识、专业知识的提问，了解其文化素养、职业素养及思维方式。面试可结合文学、数学、地理、科学、专业类知识，随机挑选其中几个问题，简单考察即可。如下所示。

"你知道'随风潜入夜，润物细无声'是哪位诗人的诗句呢？"

"毛里求斯是地球哪个洲的国家？"

7.1.5 经典的面试题目

在面试过程中，由于企业、招聘岗位、招聘官的不同，每场招聘的考核问题都会有所区别，不过为了保证面试官能够了解到候选人的基本信息和个人意愿，有的面试问题是不能避免的，HR 应对这些问题有所了解，以免在面试过程中遗漏。如以下例句所示。

| 范例解析 | 面试题目及意义

"林×，你好，请你先自我介绍一下。"（了解候选人的基本信息、表达能力）

"你觉得自己的缺点多吗？简要谈谈。"（了解候选人的缺点、自我认知、是否真诚）

"如果用3个形容词来描述你自己，你会选哪3个词，为什么？"（考察候选人的自我认知）

"你为什么会选择我们公司呢？"（考察候选人的求职意向）

"你怎么看待××职位呢？"（考察候选人对招聘岗位的了解）

"你为什么从上一家公司离职？"（考察候选人看重的工作条件）

"你有没有在工作中造成过失误？请详细谈谈。"（考察候选人工作能力、解决问题的能力、总结能力）

"你是如何理解这份工作的？"（考察候选人对招聘工作的了解）

"你觉得任职××岗位有哪些难度呢？你打算怎么处理？"（考察候选人对招聘工作的了解及工作能力）

"如果你被录用，打算如何开展工作？"（了解候选人是否有工作经验）

"你是应届毕业生，没有任何工作经验，你觉得自己多久能够融入工作？"（考察候选人的适应能力）

"如果公司录用你，你能为公司带来什么呢？"（考察候选人的能力）

"如果和上级、同事有工作分歧，你会怎么做？"（考察候选人的人际交往能力、情商、工作态度）

"你的期望薪资是多少呢？"（了解候选人的薪资愿望）

"你加入本公司，除了工资以外，最看重什么？"（了解候选人的职业愿景）

"如果没有达到你的理想薪酬，你会怎么决定呢？"（了解候选人最看重的条件）

"你对加班是否接受？"（了解候选人的工作态度）

"你有没有想要了解的有关公司或岗位的问题？"（了解候选人的求职意愿是否强烈）

7.1.6　价值需求测评

价值需求测评可清晰地反映出目前的状态和潜在的需求倾向，能分析应聘者的价值需求与所申请岗位是否吻合，以降低招聘的主观性。

|范例解析|　价值需求测评题

请按您理解的情况选择分数，分数不代表好坏意义。

您的姓名：＿＿＿＿＿＿＿＿＿＿

1.我满脑子创业，并有所行动。

A.完全如此（2分）　　B.基本符合（1分）　　C.完全不是（0分）

2.我会理财，让钱能生钱。

A.完全如此（2分）　　B.基本符合（1分）　　C.完全不是（0分）

3.我为团队成功可以得罪人。

A.完全如此（2分）　　B.基本符合（1分）　　C.完全不是（0分）

4.我善于外交。

A.完全如此（2分）　　B.基本符合（1分）　　C.完全不是（0分）

5.我经常做而不是经常说。

A.完全如此（2分）　　B.基本符合（1分）　　C.完全不是（0分）

6.我可以为了身体停下工作。

A.完全如此（2分）　　B.基本符合（1分）　　C.完全不是（0分）

7.我明白不良的习惯对身体的危害。

A.完全如此（2分）　　B.基本符合（1分）　　C.完全不是（0分）

8.我认为生命是艳丽的，我可以着装与众不同。

A.完全如此（2分）　　B.基本符合（1分）　　C.完全不是（0分）

9.我没有手机简直不能生活。

A.完全如此（2分）　　B.基本符合（1分）　　C.完全不是（0分）

10.我知道很多种时尚品牌。

A.完全如此（2分）　　　B.基本符合（1分）　　　C.完全不是（0分）

11.我认为只要是为公司着想，突破制度也有必要。

A.完全如此（2分）　　　B.基本符合（1分）　　　C.完全不是（0分）

12.我常常为公司的发展写出报告或文字。

A.完全如此（2分）　　　B.基本符合（1分）　　　C.完全不是（0分）

13.我找老板谈出我对公司发展的看法。

A.完全如此（2分）　　　B.基本符合（1分）　　　C.完全不是（0分）

14.我没有吃过回扣等公司严防的事情。

A.完全如此（2分）　　　B.基本符合（1分）　　　C.完全不是（0分）

15.我经常在别人没有要求的前提下做家务或公司事务。

A.完全如此（2分）　　　B.基本符合（1分）　　　C.完全不是（0分）

16.我与别人谈话是为了影响或控制别人。

A.完全如此（2分）　　　B.基本符合（1分）　　　C.完全不是（0分）

17.我能控制混乱的局面。

A.完全如此（2分）　　　B.基本符合（1分）　　　C.完全不是（0分）

18.我喜欢人力资源管理胜过研究与技术。

A.完全如此（2分）　　　B.基本符合（1分）　　　C.完全不是（0分）

19.我认为能处理好下级的分配问题，让他们没有怨言。

A.完全如此（2分）　　　B.基本符合（1分）　　　C.完全不是（0分）

20.我有专利或专利级的产品或技术。

A.完全如此（2分）　　　B.基本符合（1分）　　　C.完全不是（0分）

21.我学习力强并精通某一方面。

A.完全如此（2分）　　　B.基本符合（1分）　　　C.完全不是（0分）

22.我经常思考或工作得不知时间。

A.完全如此（2分）　　　B.基本符合（1分）　　　C.完全不是（0分）

23.我逻辑力强。

A.完全如此（2分）　　　B.基本符合（1分）　　　C.完全不是（0分）

24.我是一个项目的专家，并培训别人胜任工作。

A.完全如此（2分）　　　B.基本符合（1分）　　　C.完全不是（0分）

25.我决不拿不属于自己的东西。

A.完全如此（2分）　　　B.基本符合（1分）　　　C.完全不是（0分）

26.我赞同现行的规则，并主动提出见解而不是报怨。

A.完全如此（2分）　　　B.基本符合（1分）　　　C.完全不是（0分）

7.2
掌握面试技巧，提高面试效率

很多新手 HR 一定以为了解了面试的基本流程，就可以通过设计好的流程顺利完成招聘工作了，殊不知在面试时有很多不可控的因素，HR 只有掌握一定的面试技巧才能真正掌握面试的主动权，让面试工作朝着设计的方向发展。

7.2.1　如何发问，善用 STAR 面试法

面试过程对于面试双方来说都有不小的压力，HR 要在固定的时间内对候选人做出更多的了解，以做出正确的筛选。在面试时，HR 就要根据简历

的有关介绍来提问，而只有掌握提问的技巧才有可能获得更多有价值的信息。通过 STAR 面试法，可以一步步深入地了解候选人的知识、经验、技能的掌握程度。

STAR 面试法是企业招聘面试过程中经常采用的技巧，其中，"STAR"是 Situation（背景）、Task（任务）、Action（行动）和 Result（结果）4 个英文单词的首字母组合。其具体含义如表 7-4 所示。

表 7-4 "STAR"的具体含义

单词	具体介绍
Situation（背景）	所谓 Situation 就是指某项工作任务的完成背景，HR 不仅要知道候选人取得的某项成绩，还要通过一系列与背景相关的问题了解候选人获得成绩的客观条件，以此辨别其实际能力到底如何
Task（任务）	做每项工作都有一定的环节步骤，HR 应该从候选人处了解其完成某项工作具体做了什么，这样可以知道候选人的工作经验，及其是否真的适合招聘的岗位
Action（行动）	从完成工作所采取的行动我们可以了解候选人的工作方式、逻辑思维能力和行为方式
Result（结果）	通过工作结果，了解候选人导致此结果的相关因素

HR 若要应用"STAR"技巧对候选人提问，可以分以下 3 个步骤进行。

建立岗位素质模型。HR 可为公司每个岗位建立对应的素质模型，以此作为评估标准，来考察候选人是否能胜任相应的岗位工作。在列出胜任岗位的核心素质后，HR 还可以对各素质要项进行分级或分类。

设计面试题库。在建立了岗位素质模型后，HR 需要针对素质要项设计面试题库，每条素质要项应该对应 5 个左右的面试题目。如为了考察应聘行政人员的候选人其是否具备沟通能力，所以 HR 设计了以下几个问题。

如果在设计公司有关制度时，你和行政主管的意见有所分歧，你会怎么做呢？说一个你的真实经历。

当你的工作需要公司其他部门的配合，但是由于其他部门的工作紧张，所以并不配合，你怎么处理呢？说一个你遇到的相似的工作经历。

在之前的工作中你是如何与上司或是下属进行沟通的？有没有发生过争吵？这样的情况多吗？

结合事实进行追问。在实际面试面谈过程中，HR 要注意根据应聘者的回答对更加具体的情况进行追问，直到了解了背景、任务、行动、结果这 4 个方面的内容。

如下例所示为某企业 HR 使用 STAR 面试法的面谈内容。

| 实例分析 | 运用STAR面试法进行面谈

2020年4月初，×× 有限公司进行了广告设计师的招聘工作，HR 为了考察候选人的团队合作能力，与候选人有了以下对话。

HR："在过去的工作经历中，你通常是一个人进行设计工作，还是以小组的形式进行工作？"

候选人："简单的设计一般都是由我个人完成的，对于比较重要的客户，公司一般会安排团队合作。"

HR："在团队合作中，可否有因为设计理念不同，而与同事出现争执？能说说具体的情况吗？"

候选人："去年9月份的时候，我在××设计工作室担任广告文案设计师，我和同事一同担任了某客户的文案设计负责人，不过就设计的侧重有了分歧。"

HR："具体是怎样的分歧呢？"

候选人："我们接到的客户订单是为其公司秋季新款运动鞋做文案设计，重点推出产品轻便性和最新的款式。我与同事在开小组讨论会时，我提出了以色彩为重点渲染的设计观点，而对方希望以场景来自然展现。"（Situation）

HR："那最后的结果是怎样的呢？"

候选人："最后我的方案被采用了。"（Result）

HR："为什么？"

候选人："为了解决当时的问题，我们采用了小组投票的方式来决定采用谁的方案，我准备充足，全面地阐述了自己的设计思路和出发点，得到了大家的认可。"（Task）

HR："你是怎么阐述自己的设计方案的？又做了哪些准备？可以详细说说吗？"

候选人："我对该客户公司历年的广告设计进行了收集，发现他们的广告文案中有很多主打场景的设计，我觉得一种设计理念最好不要重复使用，容易让人没有新鲜感，加之他们今年推出了新款式，应该结合其公司形象打造有噱头的设计，并用颜色来突出。通过不同设计方案的对比，我的观点得到了有利印证，所以被大家选择了。"（Action）

HR："好的，我明白了。"

7.2.2　面对虚假信息，你能识别吗

在进行招聘面试时，面对形形色色的招聘对象，HR 可能也没有把握自己所获得的是其真实信息，这几乎是所有 HR 长期要面临的一个问题。那么 HR 该如何做才能识别面试中的虚假信息呢？可从以下几个方面入手。

◆　注意应聘者的语言描述

在面试面谈的过程中，常常会出现候选人为了丰富自己的工作经历而将别人的工作业绩揽在自己身上的情况。这时，HR 可以通过其描述语言来找出破绽，如果候选人说的是别人的事迹，那么其描述方式会有以下几个特点。

①所述内容笼统，没有细节，还会使用模糊性的词语来对自己的表达进行掩饰，如"一般""通常""总之"等。最重要的是缺乏具体的工作任务描述，

介绍的全都是普通的岗位职责内容。

②总是发表自己的个人观点，而不是实际行动，如"我觉得是同事间的配合不好，所以导致工作失误。""我认为完成材料采购，做好审核最重要。"

③讲话内容缺东少西，不全面，不是缺少客观条件，就是缺少时间地点，不是缺少最终结果，就是缺少包含人物。

④实际的工作经验讲得很少，侧重于假设情景，如"如果与同事发生分歧，我会……""如果客户否决了我们的提案，我会……""如果上司不同意我的建议，我将……"凡事这种句式使用过于频繁，就足以说明其并没有相关的工作经验，只是在想象。

◆ 多采用情境式提问

改变询问的方式，不了解其过去做了什么工作，直接从应聘岗位的日常工作出发，设置相应的情境，对候选人提问，要求其在一定条件下思考如何完成有关工作，这样 HR 也可以考察其是否具备工作能力。

◆ 缩短面谈时间

面试的时间本来就是有限的，因此 HR 在提出问题后，要暗示候选人尽快回答，在较短的时间内，候选人的回答内容会更具真实性。因为在较短的时间内，一般人难以编造不真实的故事。

◆ 提出警告

有的 HR 会在面试一开始的时候就对候选人进行提醒，告知其弄虚作假的严重后果，一般候选人在这种警告下，很难抵抗压力，作虚假回答。

7.2.3 了解行为面试法

行为面试法是通过要求面试对象描述其过去某个工作或者生活经历的具体情况来了解面试对象各方面素质特征的方法。行为面试法的基本假设是：

一个人过去的行为可以预测这个人将来的行为，这种面试技巧一般分 3 个步骤实施，如图 7-3 所示。

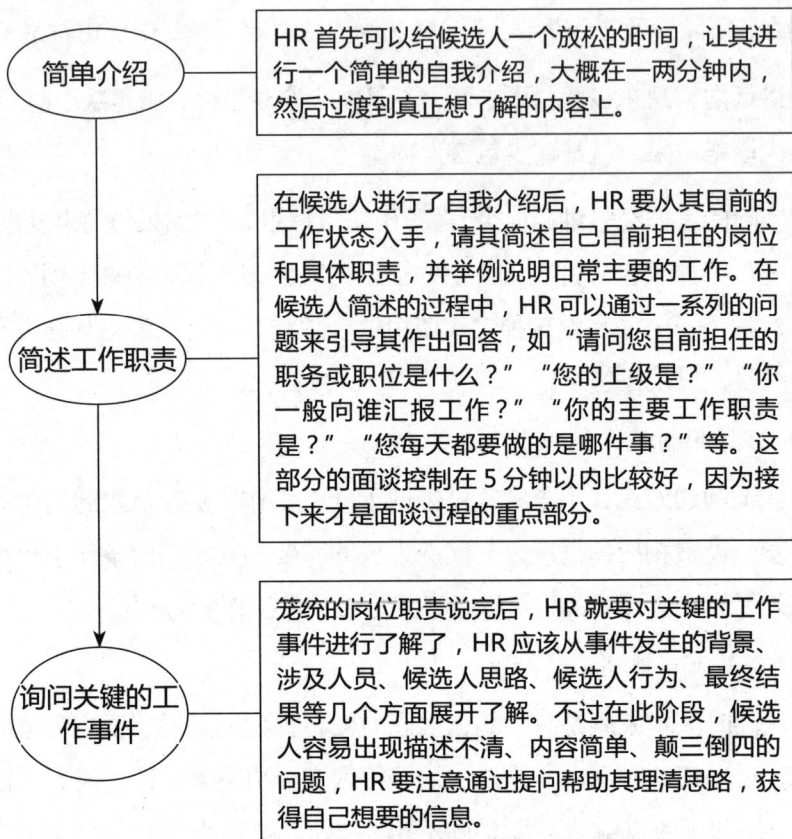

```
┌──────────┐     ┌─────────────────────────────────┐
│  简单介绍  │─────│ HR 首先可以给候选人一个放松的时间，让其进 │
└──────────┘     │ 行一个简单的自我介绍，大概在一两分钟内， │
      │          │ 然后过渡到真正想了解的内容上。           │
      ↓          └─────────────────────────────────┘

┌──────────┐     ┌─────────────────────────────────┐
│ 简述工作职责 │────│ 在候选人进行了自我介绍后，HR 要从其目前的 │
└──────────┘     │ 工作状态入手，请其简述自己目前担任的岗位 │
      │          │ 和具体职责，并举例说明日常主要的工作。在 │
      │          │ 候选人简述的过程中，HR 可以通过一系列的问 │
      │          │ 题来引导其作出回答，如"请问您目前担任的 │
      │          │ 职务或职位是什么？""您的上级是？""你 │
      │          │ 一般向谁汇报工作？""你的主要工作职责 │
      │          │ 是？""您每天都要做的是哪件事？"等。这 │
      │          │ 部分的面谈控制在 5 分钟以内比较好，因为接 │
      │          │ 下来才是面谈过程的重点部分。             │
      ↓          └─────────────────────────────────┘

┌──────────┐     ┌─────────────────────────────────┐
│ 询问关键的工 │────│ 笼统的岗位职责说完后，HR 就要对关键的工作 │
│   作事件   │     │ 事件进行了解了，HR 应该从事件发生的背景、 │
└──────────┘     │ 涉及人员、候选人思路、候选人行为、最终结 │
                 │ 果等几个方面展开了解。不过在此阶段，候选 │
                 │ 人容易出现描述不清、内容简单、颠三倒四的 │
                 │ 问题，HR 要注意通过提问帮助其理清思路，获 │
                 │ 得自己想要的信息。                     │
                 └─────────────────────────────────┘
```

图 7-3

HR 在进行行为面试的时候有 3 种形式可供选择，分别如下所示。

①根据候选人简历设置情境，请候选人从过去的工作经历中选择相似事件进行简述，说明自己的作用和能力。

② HR 设计一个与招聘岗位有关的案例，测试候选人的能力，请其当场提出解决方案或作报告等。

③由人力资源管理专家设计一系列问题，测试候选人的情商。

常见的行为面试法的问题有如下一些。

"你的优势和缺点有哪些呢？"

"请描述一下你过去几年参与过的最具挑战性的项目之一？"

"请简述一个让你很烦恼的工作项目。"

"告诉我你在上一个职位上没有完成的工作任务。"

"你觉得在工作中最难相处的人是谁？你是怎么处理这种情况的？"

"你和上一任老板之间的主要性格差异是什么？"

7.2.4　面试过程中的注意事项

HR 除了通过掌握面试技巧来提高面试的效率，还要了解面试过程中的相关注意事项，避免一些不恰当的举措影响面试效果。具体有如下一些。

（1）给候选人提问的机会。一般来说，面试对话是 HR 提问，候选人进行回答，这种传统的方式的确可以帮助 HR 了解更多的关键信息。不过反向提问也能看出候选人的职业素养，包括逻辑能力、求职意愿、对工作的思考等。

（2）重视肢体语言。虽然面试是语言交流的技术，但是只要 HR 够专业、细心，就能从候选人的肢体语言中了解候选人的情绪，例如，如果候选人很紧张，其手部动作会比较多，如果候选人撒谎，他会不停地摸鼻子。

（3）HR 要注意控制自己的表达时间。毕竟面试的重点还是在于了解候选人，所以应该给候选人更多的表达时间，而不是本末倒置，自己滔滔不绝地讲，这样只会大大降低面试的效率。

（4）HR 要懂得结合简历进行面试。简历上已经有的信息不用再花费时间来获取了，重点要放在更加深入的内容上，由表及里地全方位了解候选人的能力和素养。

（5）HR 在面试时，无论是穿着、打扮、行为举止都要注意，要展现个人良好的修养，及公司的形象。在穿着上以职业装为主，打扮简单大方，举止沉稳，对候选人表现自己的尊重，不要显得自己高高在上。

（6）对于隐私问题，现在的候选人都挺注意的，所以除了了解候选人的工作能力以外，不要打听其私人生活。可能很多企业为了清楚候选人能否长时间为公司服务，会在面试时询问其是否结婚、是否生育。这是非常不妥且带有歧视的，要注意避免。

第八章

通过复试，如何做到优中选优

复试是对候选人进行再一次的考核，这样 HR 可以更加深入地了解候选人的工作才能、性格、岗位契合度。只有通过复试，HR 才能最终确定录用的员工并与其进行薪酬谈判，完成人员的录用与审批。

8.1
复试甄选控制

在经过初试工作后，招聘小组一般要开会讨论复试的人选，由于通过初试的人员都是符合公司任职条件的人才，所以在进行复试的时候，HR 就要更进一步地了解员工的工作能力。

8.1.1 复试的基本流程

复试的方式可以有多种，不同的公司开展复试的方式不一样，有的进行第二轮面试，有的公司会进行笔试，还有的公司是面试 + 笔试相结合的方式，其目的只有一个：再次全方位地考察候选人的能力。如图 8-1 所示为复试的基本流程。

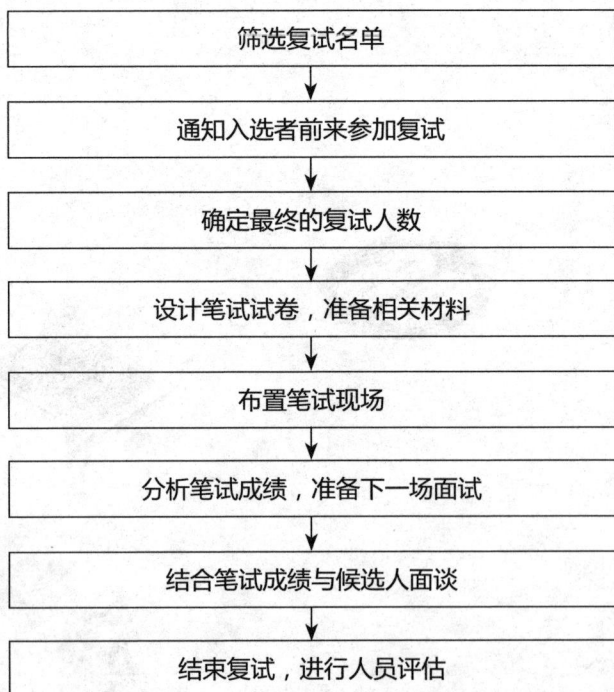

```
┌──────────────────────────┐
│      筛选复试名单          │
└──────────────────────────┘
            ↓
┌──────────────────────────┐
│   通知入选者前来参加复试    │
└──────────────────────────┘
            ↓
┌──────────────────────────┐
│    确定最终的复试人数      │
└──────────────────────────┘
            ↓
┌──────────────────────────┐
│  设计笔试试卷，准备相关材料 │
└──────────────────────────┘
            ↓
┌──────────────────────────┐
│      布置笔试现场          │
└──────────────────────────┘
            ↓
┌──────────────────────────┐
│  分析笔试成绩，准备下一场面试 │
└──────────────────────────┘
            ↓
┌──────────────────────────┐
│   结合笔试成绩与候选人面谈   │
└──────────────────────────┘
            ↓
┌──────────────────────────┐
│    结束复试，进行人员评估    │
└──────────────────────────┘
```

图 8-1

一般来讲，在复试阶段可以采取"先笔试，后面试"的形式来考核候选人，笔试对于专业性比较强的岗位具有非常明显的考核效果，能够拿到高分就足以说明候选人对该岗位知识结构的熟悉。

而再进行面试的作用有3点，一是考核候选人的求职意愿是否强烈；二是再对候选人的整体形象进行考察，如仪表、穿着、谈吐、能力等；三是对从笔试结果中发现的需向候选人了解的信息进行询问。

8.1.2　如何设计笔试题目

在复试时，有的企业可能会根据需要设计笔试测试试卷，来考察面试未能涉及的部分，而如何设计笔试题目，需要 HR 与用人部门的负责人共同研究。一般来说，笔试试卷应包括试卷属性、智力测验、专业知识测验3个基本部分，除此之外，还可以加入管理能力测试（适用于管理人员）、个性特征测试的相关题目。

所谓试卷属性即是对试卷名称、文件编码、页码、编制部门、编制人员、编制日期、审核人员、审核日期等内容进行介绍，这部分虽然不是试卷的核心内容，但却是必不可少的。HR 可以表格的形式在试卷开头和结尾处展示试卷属性的内容。如下例所示是某企业行政秘书的笔试试卷，HR 可用来参考。

| 范例解析 |　企业行政秘书的笔试试卷

试卷名	行政秘书笔试测验试卷		
电子文件编码	XZA012	页数	4 页
编制部门	人力资源部、行政部门	编制日期	2020 年 4 月 21 日

一、智力测试（单项选择题）

1.3、5、9、17、_____。（B）

A.29   B.33   C.30   D.40

2.现有37名人员需要渡河，只有一只小船，每船每次只能载5人，请问需要_____次才能渡完。（C）

A.7   B.8   C.9   D.10

3.如果4个矿泉水空瓶能够换一瓶矿泉水，现有15个矿泉水空瓶，不交钱最多能够换_____多少瓶矿泉水。（C）

A.3瓶   B.4瓶   C.5瓶   D.6瓶

4."印者，信也。"从印章问世时起，作为一种工具，印章的主要功能是_____。（C）

A.封存物品   B.递送物件   C.信用凭证   D.办理结算

5.甲、乙、丙三人买书共花费96元钱，已知丙比甲多花16元，乙比甲多花8元，则甲、乙、丙三人所花的钱的比例是_____。（D）

A.3：5：4   B.4：5：6   C.2：3：4   D.3：4：5

二、专业知识测试（单项选择题）

1.秘书人员要具有的_____美德。（A）

A.谦虚谨慎   B.唯命是从   C.谨小慎微   D.察言观色

2.做会议记录时，除了要把可有可无或重复的语句删除，还要尽可能做到既注重精，又注重详，则需采用_____记录法。（B）

A.纲要   B.精详   C.精要   D.补充

3."人定一"（人定胜天）采用了汉字速记中的_____略写法。（A）

A.成语   B.熟知   C.词组   D.多音节词

4.秘书人员不准向客人索要礼品，如对方主动赠送应婉言谢绝，无法谢绝的应该_____。（B）

A.归自己所有   B.上交公司   C.及时汇报   D.先收下，后退回

5.秘书接待工作的3项主要任务分别是：安排好来宾的工作事宜、接待工作和 _____。（D）

A.学习   B.参观访问   C.培训活动   D.业余文化娱乐活动

6.在接待工作中，最常使用的接待规格是 _____。（C）

A.高格接待   B.低格接待   C.对等接待   D.按以往的接待规格而定

7.对档案存放进行管理和维护的活动属于档案 ____。（B）

A.整理工作   B.保管工作   C.统计工作   D.分析工作

8.档案部门的检索工具，按照编制的方法，其中之一是 _____。（B）

A.人名索引   B.指南   C.全宗指南   D.案卷目录

9.立卷类目是 _____。（C）

A.案卷名册   B.移交目录   C.案卷目录   D.分类归卷方案

10.根据有关规定，中国档案保管期限的档次分为 _____。（B）

A.永久、定期   B.永久、长期、短期

C.永久、长期、短期、不归档   D.永久、长期、短期、不移交

11.标引一份公文文稿，首先是从 _____开始。（C）

A.分析主题   B.查表选词   C.审计文稿   D.概念组配

12.通用文书中指挥性文书有 _____。（A）

A.命令、指示、决定、条例等   B.命令、指示、决定、批复等

C.命令、指示、决定、规定等   D.命令、批示、决定、办法等

三、多项选择题

1.接待工作中的握手礼仪要求为 _____。（ABCD）

A.距离受礼者约一步，上身略向前倾   B.四指并拢，拇指张向受礼者

C.两足立正，伸出右手　　D.由年长者、身份地位高者、女性先伸手

2.文档检索的方法主要有＿＿＿＿＿＿＿。（ABCD）

A.按事件主题检索法　　B.按部门机构检索法

C.地区检索法　　D.时间检索法

3.对一般秘书部门而言，保密工作的主要内容包括＿＿＿＿＿。（ABC）

A.文件保密　　B.会议保密　　C.一般工作保密　　D.来访保密

4.会议的名称能够由以下几个部分构成。（ABC）

A.主办单位的名称　　B.会议的主题

C.内容及会议的性质　　D.会议的范围

四、简答题

您认为秘书人员的主要工作职责是什么？如果您现在已经成功地得到这个职位，您打算如何做好自己的本职工作？（测评要点：计划分析能力、语言表示能力）

_____

_____

五、写作

即将到年底，公司将召开年会，现总经理让您写一份年会发言稿，字数要求：500～800字。（测评要点：公文写作能力）

_____

_____

编制人员	周×、李×、罗×		
审核人员		审核日期	

8.2
掌握薪酬谈判技巧，为公司节省成本

经过几次面试后，如果 HR 对候选人非常满意，就要进入下面一个阶段——薪酬谈判。很多 HR 可能会觉得经过简历筛选、初试、复试这一系列的过程，终于选中了人才即意味着招聘工作的结束。

殊不知，薪酬谈判比起面试更加费时费力，如果 HR 不能妥善处理，很有可能导致之前的工作都白费了。如何在满足人才需求的同时，又能为企业节省成本呢？ HR 需要掌握一些基本的谈判技巧。

8.2.1 定薪依据是谈判基础

在与人才进行谈判之前，HR 自己要有一定的准备才行，所谓不打无把握之仗。虽说 HR 要尽力满足人才的需求，但也不能偏离公司的薪酬体系和企业的基本利益。所以要了解基本的定薪依据，按照定薪依据来与人才谈判，才能做到进退得宜。

无论从市场角度，还是从公司角度，企业的定薪依据有以下几个。

◆ 同行业市场薪酬水平

作为一个专业的 HR 当然要对行业市场薪酬水平有所了解，这样不仅可以在薪酬谈判时加以利用，还可以在设计企业薪酬体系时适当参考。可以说了解了市场薪酬水平，HR 心中就有了一把尺，既不会定出过高的薪酬损失企业利益，也不会给出过低的工资把人才推走。

所以 HR 平时就要对公司内部各岗位的市场薪酬进行留意，多去人才市场逛逛或在招聘网站上搜索对应职位，以此来了解岗位大致的市场薪酬水平，如在前程无忧上搜索"平面设计＋成都"，就能在结果页面看到最近企业招聘平面设计师给出的薪酬，如图 8-2 所示。

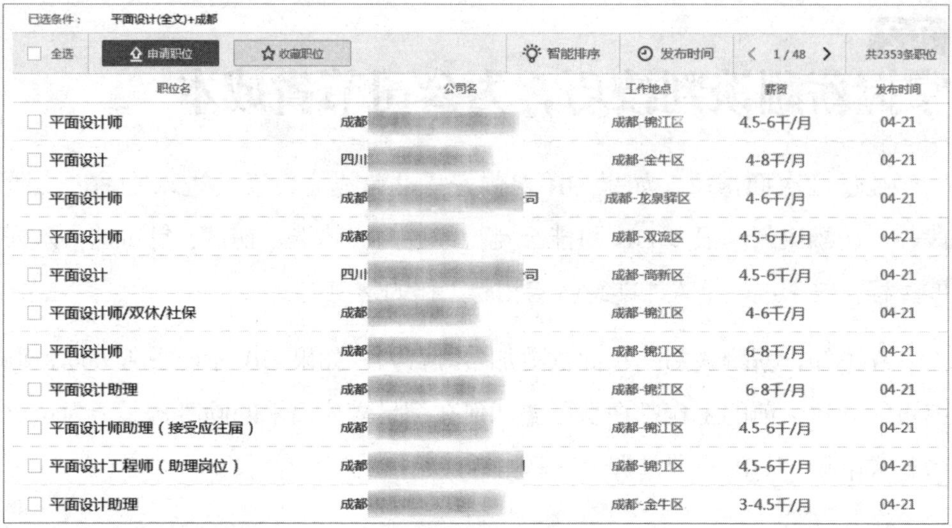

图 8-2

从上图可以看出，当期成都地区的平面设计相关岗位的市场薪酬水平在 4 000 ~ 8 000 元。

◆ 应聘者自身能力

应聘者的自身能力是 HR 要着重观察的一点，其本身的职业素养、学历、毕业院校、工作经验决定其能够为公司带来的利益。如果是高级人才，HR 当然要适当考虑提供其个人薪酬，如果只是普通人才，HR 就不应该随意退步。

◆ 企业薪酬体系

HR 是企业的员工，所有的工作都应该以企业利益为先，所以企业的薪酬体系是一定要参考的，即使企业薪酬体系的岗位薪资与市场薪酬不符合，也要按照企业的薪酬体系来与人才谈判，并尽力去谈妥。

事实上，很多企业都会依据所在行业、公司发展阶段、经营项目、企业文化、所处地区等因素来制定本公司的薪酬体系，那么企业薪酬体系可能会高于或低于市场薪酬水平。如果企业薪酬体系低于市场薪酬水平，HR 在谈判时就要注意引导候选人接受公司的薪酬结构和标准，让其了解除了薪酬还可以从公司得到其他益处。

◆　员工状态

员工的职业状态对 HR 的谈判主动性有一定的影响，如果员工处于离职状态，那么其求职的意愿会更加强烈，自身的经济压力也比较大，所以更有谈判空间，HR 可对比其原薪酬，在原薪酬的基础上有 0 ~ 10%的上浮空间即可。

而还未离职的人才，其求职意愿更加随意，不急于立刻换工作，可以慢慢选择自己心仪的公司，也不存在经济压力，所以 HR 在谈判时会有不小的难度。由于这类人才对薪酬的要求会更高且不会轻易让步，所以 HR 要让其找到更换工作的理由，即更高的薪酬。可在原薪酬的基础上按 0 ~ 30%的空间向上浮动，然后根据其他因素进行最后的定薪。

8.2.2　薪酬谈判的小技巧

薪酬谈判是 HR 与候选人的一场拉锯战，HR 一定要牢记薪酬谈判的目的是吸引人才为公司带来新鲜血液，同时保证内部员工的薪酬结构不会受到影响，如何保持平衡是 HR 首先要考虑的原则。HR 可以借助如表 8-1 所示的谈判技巧，来维持双方的平衡。

表 8-1　薪酬谈判技巧

技巧	具体介绍
候选人询问薪酬	在薪酬谈判时，候选人要是开门见山直接询问试用期工资、转正工资，HR 不要轻易将自己的底牌透露出去，而是根据公司给出的薪酬范围，取最下值和中间值，为自己争取谈判的空间
提早了解员工薪资需求	有经验的 HR 不会等到最后的薪酬谈判环节才了解候选人的薪资需求，而是在整个面试过程中，包括初试、复试、终试，都有意无意地对候选人的薪酬需求进行了解。可以直接询问其期望薪资是多少，这样可以筛选一些不适合的候选人，还能提早针对相应的薪酬需求做好薪酬谈判准备

续上表

技巧	具体介绍
无薪酬标准	企业没有给出相应岗位的薪酬标准，HR 就应该与部门负责人一起参与定薪，并将结果反馈给公司管理人员，得到批准后，再据此进行薪酬谈判
给予压力	在谈判时，HR 不能一味做好好先生，这样不会有任何谈判的效果，要适时给予候选人压力，以免其故意狮子大开口
降低人才价值	HR 心仪的人才自然是优秀的人才，这样的人才对薪酬的要求都很高，HR 给出的薪资可能会无法满足其要求，在这种情况下，HR 可以适当降低或弱化人才的价值和重要性，有意无意透露岗位的竞争性很大，以此降低人才的心理预期
提出薪酬补充	如果薪酬实在难以达到候选人的心理预期，而根据企业内部的薪酬体系，HR 也无法再进行调整，此时可以换一种谈判思路，从企业规模、发展机会、福利待遇、绩效薪酬等方面来提高企业的优势，让候选人看到除薪酬以外的益处，可以加大其接受的可能性
多次谈薪	薪酬谈判不像面试对谈一问一答很快就结束了，由于涉及薪资，所以双方都会不遗余力地争取合适的薪酬。在这种状态下，HR 不要急于求成，就算一次不能谈成，还可以进行第二次或第三次谈判，给对方考虑的时间，也给自己重新寻找合适的候选人的机会

8.3
人员录用和审批

做好薪酬谈判后，人力资源部就要对最终的入职人员进行确定，拟出人选后，就要做好人员背调，然后发出录用通知，按流程为人员安排入职程序。

8.3.1　员工背景审批要重视

为了不使企业受到莫须有的损失，在人员正式录用之前，人力资源部一定要进行背景调查，即 HR 常说的背调，也指证明材料核查，HR 通过咨询应聘者从前的上司、同事、毕业院校、推荐人和专业机构等对象，核查其背景资料和证明材料等的真实性和有效性。

通过背调，可以确定候选人是否真的具备岗位工作的能力，能够为公司带来效益。根据《中华人民共和国劳动合同法》第八条规定：用人单位招用劳动者时，应当如实告知劳动者工作内容、工作条件、工作地点、职业危害、安全生产状况、劳动报酬，及劳动者要求了解的其他情况；用人单位有权了解劳动者与劳动合同直接相关的基本情况，劳动者应当如实说明。

HR 要展开背调工作，首先要了解背调的具体内容，其次要知道常见的背调方式，如图 8-3 所示是某职业背景调查网列出的背调内容。

身份验证	负面社会安全记录	民事诉讼记录
驾驶证记录	金融违规记录	信贷风险记录
专业资格类证书核实	商业利益冲突调查	工作履历核实
失信记录	教育经历核实	自定义工作表现核实

图 8-3

从上图我们可以了解到背调的基本项目，而具体的调查内容如下所示。

◆ **身份验证**：核实候选人的姓名与身份证号，验证身份证信息的合法性。

◆ **负面社会安全记录**：通过中国大陆官方机构对外披露的公开信息或由第三方提供的负面信息核实候选人是否存在公共安全不良记录。

◆ **民事诉讼记录**：将候选人的身份信息与中国大陆各级法院公开诉讼数据库和全国裁判文案数据库进行数据比对，查询立案日期、执行法院、执行情况、执行金额及文书确定义务。

◆ **驾驶证记录**：核实候选人的驾驶信息是否匹配、有效期、当前所处的状态（是否被吊销，扣分）等。

◆ **金融违规记录**：通过中国大陆证监会、银保监会等金融管理部门的官方公开数据库查询候选人是否存在违规行为、处罚类型等。

◆ **信贷风险记录**：通过中国大陆各大互联网金融平台查询是否有贷款逾期记录、贷款日期、贷款金额。

◆ **专业资格类证书核实**：核实候选人的学校名称、专业、毕业时间、学习形式、学历学位等信息。

◆ **商业利益冲突调查**：将候选人身份信息与全国工商系统数据库进行比对，核实候选人在外设立公司及风险评估（公司名称、担任的角色、经营范围、是否在业等工商信息）。

◆ **工作履历核实**：通过候选人提供或独立寻找的方式，与候选人前雇主的 HR 或同事沟通，核实候选人就职时间、职位职责、离职原因、是否存在违规记录及劳动争议、证明人信息、薪资、基本工作表现评价、是否重新共事等。

◆ **失信记录**：将候选人的身份信息与中国大陆法院披露的失信记录数据库比对，查询失信记录、执行金额等。

◆ **教育经历核实**：通过与中国大陆毕业院校合作，核实候选人的学校名称、专业、毕业时间、学习形式、学历学位等信息，核实候选人境外教育信息，如学校名称、专业、毕业时间、学习形式、学历学位等信息。

◆ **自定义工作表现核实**：通过与候选人原直接上级、平级、下级或其他业务相关部门的证明人访谈，对候选人的沟通能力、管理能力、工作效率、同事关系、诚实守信、分析能力、责任感等维度做出客观的评估。

　　了解了需要进行背调的项目，HR 就可以选择适合的方式来调查相关内容，HR 可以选择自己调查，也可以委托专业机构做背调。

　　自行背调主要是通过联系候选人的前上司、同事来了解其工作能力和为人处世，HR 要首先需获得候选人的授权书，准备好背调表，再联系候选人的前上司或同事。背调表主要用于记录背调过程中得到的重要信息，便于HR 整理归档，如表 8-2 所示为常见的背景调查表。

表 8-2　背景调查表

姓名	性别	身份证号码			联系方式
毕业日期	毕业院校	专业	背调日期	背调人	背调方式
公司一	×× 技术工作室				
联系人信息					
背调人信息					
任职情况					
工作表现					
薪资情况					
离职原因					
背调结果					
公司二	×× 有限公司				
联系人信息					
背调人信息					
任职情况					

续上表

工作表现	
薪资情况	
离职原因	
背调结果	

HR 除了自行背调以外，还可以委托专业的调查机构来完成此项工作，这样做更加方便、有保障，而且能节省 HR 的时间做更多要紧的事。对于大型企业或是招聘人数较多的情况，人资部常常会选择第三方背调机构，所以对于市面上常见的背调公司，HR 应该心中有数，如下所示。

◆ i 背调

i 背调（https://www.ibeidiao.com/）是一个与互联网相结合的背景调查平台，其服务项目包括身份验证、学历验证、学位验证、工作履历核实、工作表现核实、金融违规记录、商业利益冲突等，i 背调的官网主页如图 8-4 所示。

图 8-4

◆　人人背调

人人背调（http://www.renrenbeidiao.com/）提供专业的企业员工入职前背景调查 SAAS 服务，团队由人力资源行业的招聘专家及技术专家组成，已经为互联网 IT、金融、制造业、建筑业、医药生物、餐饮业等 1000+ 家企业提供服务。人人背调的官网主页如图 8-5 所示。

图 8-5

◆　猎查查

猎查查（http://www.liechacha.com/）是一家专注于为企业提供员工雇前背景调查的专业化公司。其拥有稳定、专业的背景调查团队，利用强大的调研渠道及完善的调研方法，为全国范围内互联网、金融、房地产、消费品、电子通信、制药医疗、机械制造、广告传媒等十二大行业的企业客户和众多猎头公司提供优质的中高端人才调查服务。

猎查查累积了上千家合作客户，成功为企业规避上千次用人风险，并获得近千家企业的信任与好评。其官网主页如图 8-6 所示。

图 8-6

8.3.2　发出录用通知

候选人通过背调后，HR 就要尽快向其发出录用通知，通知其按时到公司报到。录用通知通常又称为"Offer"，可向求职者提供职位信息、工作时间、注意事项等重要信息。HR 可通过邮件、短信、电话的形式发出 Offer，而 Offer 的内容可以是纯文本展示，也可以有所设计。

人力资源部门可以根据企业的形象、主营业务、企业文化设计相符的 Offer 模板统一使用，不仅可以一劳永逸，还可以展示公司的专业性和特色。人力资源部与企业管理人员可共同商量选择一家专业的设计公司为企业量身打造 Offer 模板。对于中小型企业来说，HR 可自己设计 Offer 模板为企业节省一笔开支。

现在互联网上有很多设计网站，为用户提供了各种 Offer 模板，HR 借助这些设计工具对模板进行适当地修改，就能生成自己的 Offer 电子文件，下面介绍两个常见的设计网站。

◆　图怪兽

图怪兽作图神器（https://818ps.com/）是一个在线图片编辑服务平台，在该平台上提供了丰富的图片模板元素，用户通过替换修改文字来完成图片

设计，满足了企业管理、新媒体运营、HR 行政的图片设计需求。如图 8-7
所示为其官网首页。

图 8-7

◆ Fotor 懒设计

Fotor 懒设计（https://www.fotor.com.cn/）是一款多平台图片编辑和平
面设计工具。它能满足中小型创业公司、自媒体、学生团体和个体经营者的
平面设计需求。如图 8-8 所示为其官网首页。

图 8-8

如图 8-9 所示为特别设计的 Offer 文档，无论从外观、结构、色调都别具一格，HR 通过邮件发送这样的 Offer 一定能给人才留下专业的印象。

图 8-9

8.3.3　Offer 的标准文本

录用通知书的内容可详可略，格式上也没有固定的讲究，HR 可根据企业的具体情况选择要在录用通知上展示的内容。当然，前提是 HR 必须清楚应该在 Offer 中展示的信息内容，如下所示。

录用决定：该部分内容是不能省略的，应在录用通知书的开头部分进行书写，告知候选人其已被录用。

工作岗位：该项信息可融入录用决定中一并说明，当然也可单独列示，明确候选人的录用职位及部门。

薪酬：该部分内容可以省略，不过在双方已经谈妥薪酬的情况下，可以简单说明录用员工的试用期工资和转正工资。

报到所需材料：这部分内容比较多，HR可根据实际需要选择是否在Offer中列明，如无特殊情况或需要特殊资料，可以省略此部分内容。

联系方式：该部分是不能省略的，留下联系人及联系方式，录用员工如有任何疑问和不清楚的地方可以随时致电询问。

公司地址：该项信息最好向录用员工展示，以方便员工查找到公司的公交线路。

用工形式：可以省略，主要是向员工说明合同签订期限、试用期期限。

福利：该部分可以省略，主要介绍员工转正以后在公司能够获得的基本福利，如五险一金等。

回执：在发出Offer的时候，HR也可以同时将回执单一并发送，以确保录用员工收到并认可Offer内容。常见的回执单如下例所示。

| 范例解析 | 回执单模板1

我已阅读并同意Offer的所有内容，接受聘用并按时到岗。

签名： 日期： 年 月 日

| 范例解析 | 回执单模板2

本人已收悉××有限公司人力资源部发来的《录用通知书》，本人对以上信息确认无误并同意上述聘用及相关安排。本人承诺与原单位不存在劳动关系，也没有与原单位签署保密协议、竞业禁止等协议，同时承诺将按照《录用通知书》的要求，按时到公司报到。

受聘人：

身份证：

日期：　　年　月　日

了解了 Offer 的基本内容，HR 可以参考以下的 Offer 内容模板，设计符合公司具体情况的录用通知书。

| 范例解析 |　Offer模板1

尊敬的××女士/先生：

您好！您已经通过我公司的录用考核，现真诚地邀请您加入我公司，现将相关聘用信息和报到材料进行说明。

一、聘用信息

1.报到日期：××年×月××日

2.报到地址：四川省成都市青羊区××道12号1302室。

3.担任职位：××××。

4.薪资为面试时双方商谈的确定薪资，于每月10日发放。

5.公司将为您缴纳五险一金。

二、报到材料

1.红底1寸照片3张。

2.身份证复印件两份（身份证正反面复印在同一张A4纸上），另需提供原件以备核查。

3.最高学历证明、学位证书复印件各1份（大专及以上学历者必须提供），另需提供原件以备核查。

4.社保卡复印件两份或提供最近3~6个月的社会保险缴纳证明（未参加当地社保缴纳的人员可不提供）。

5.原单位离职证明原件，并加盖原单位公章。

6.一个月内二级甲等（含）以上医院或体检中心的合格体检报告1份（须包含肝功能、血常规、内外科检查等项目）。

7.办理××银行卡一张（工资卡），复印件1份。

注：以上材料均作为公司存档材料，不予退回，并在入职当日提交。若因特殊情况无法按时提交的，或所提交资料不全的，须在入职后两周内补齐并提交。若不能在规定期限提交公司所需的相关材料，视为同意按照试用期内不符合公司录用条件予以解除劳动合同。

××有限公司人力资源部

××年××月××日

| 范例解析 |　Offer模板2

××先生/女士：

感谢您应聘我公司××岗位，经公司研究，决定录用您到公司工作，欢迎您加入本公司。请于××年×月×日×时携带下列资料到公司办理入职录用手续：

1.本人真实有效的居民身份证原件及复印件（3份）。

2.本人最高学历的学历证明、相关培训/资格证书的原件及复印件。

3.蓝底免冠一寸照片4张。

4.与原工作单位解除劳动关系的证明。

5.本人真实的健康体检报告原件及复印件。

注：入职前的体检报告查出重大疾病，包括但不仅限于癌症、心脏病、各种传染病及职业病史，视为不符合公司的录用条件，此录用通知书自动失效。

为方便统一管理，录用员工的入职体检需在公司指定的医院进行，医院地址是：北京市朝阳区××号。

请您仔细阅读并了解上述聘用条款和条件，若有任何问题或不明之处，请来电咨询，联系人为人力资源部的黄女士，电话号码：×××××××××××。

×××有限公司

人力资源部

××年××月××日

知识延伸 人员录用的基本流程

人员录用对于任何一个企业来说都是一项重要的人事活动，HR应以企业的规章制度为标准，按照既定的流程来完成人才录用。一般来说，从人力资源部做出录用决策时起，之后要经历背景调查、体检、发出录用通知书、签订试用合同或聘用合同这4个基本步骤，才能让员工真正被公司录用，成为公司的一员。

第九章

入职管理，为正式工作打好基础

新员工入职对于公司各部门都有很大的影响，HR 要做的工作非常多，不仅要安排员工办理入职手续，还要在试用期对员工进行指导，帮助员工尽快融入公司。

9.1
做好入职服务，迎接公司新人

新员工按照录用通知书的规定时间到公司报到，人力资源部和招聘部门就要代表公司欢迎新员工入职。而新员工入职是一个很漫长的过程，需要经历入职手续办理、试用期培训，通过试用期培训后才能转正，办理转正手续，成为正式员工。

9.1.1　按流程为新员工办理入职手续

新员工入职自然要办理入职手续，现在为了节约人力成本，也为了方便员工，提倡简化入职手续，按照公司的规章安排员工入职即可。对于不必要的活动，如入职发布会等能免则免。新员工入职流程主要分为六大步骤，如图 9-1 所示。

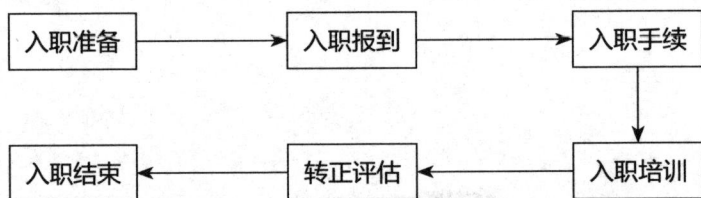

图 9-1

入职准备即是在新员工进入公司之前，人力资源部要做的工作，包括发送录用通知，提醒用人部门负责安排办公位，提醒行政部门准备要发放办公用品，安排信息维修人员调试电脑设备，并为员工办理门禁卡等。

到了公司规定的入职报到那一天，人力资源部需要做好以下工作。

①向新员工提供新员工报到工作单和应聘登记表，请其按照表格内容填写相关信息。如表 9-1 所示为新员工报到工作单模板。

表 9-1 新员工报到工作单

姓名：	部门：	岗位：	入职时间：		
经办部门	工作事项及明细（请在项目下打勾确认）		完成情况	经办人签字及日期	备注（其他要求）
	入职当日的工作事项				
人力资源部	收存以下资料： 1. 录用通知书（□有 □无） 2. 身份证复印件（□有 □无） 3. 学历、学位证书复印件（□有 □无） 4. 原单位离职证明（□有 □无） 5. 社保中止单（□有 □无） 6. 蓝底免冠照片一寸4张（□有 □无） 7. 健康证（□有 □无）				
	□办理考勤卡 □办理工资卡 □通知网络部开通考勤卡权限 □宿舍安排（□需要住宿 □不需要住宿）				
	部门交接人：				
	入职3天内完成				
用人部门	□办公座位安排 □办公电脑（□台式 □笔记本） □办公电话 □办公室钥匙 □办公桌、柜钥匙				
	申领办公用品： □签字笔 □名片 □文件夹 □铅笔 □笔记本 □胶水 □文件架 □橡皮 □计算器 □剪刀 □订书机 □笔筒 □回形针 □便笺 □起钉器 □订书钉				
	OA用户名：	初始密码：			
说明：此表由人力资源部发给新员工，经办部门负责办理相关事宜，并签字确认，此表由部门自行存档。					

如表 9-2 所示为应聘登记表模板。

表 9-2 应聘登记表

应聘职位			应聘部门		
姓名		性别		出生日期	
民族		户籍		身份证号码	
最高学历		专业		毕业院校	
手机号码		紧急联系人及联系电话		电子邮件	
目前住址					

工作经历（从最近的经历开始）

起止日期		工作单位及部门	职位	离职原因	工资	证明方式

当前薪酬、档案、社保及公积金状况

个人档案存放地：

已参加的社会保险项目：□养老保险 □失业保险 □医疗保险 □工伤保险 □失业 保险 □住房公积金

目前薪酬（月薪税前）：_____元／月

期望待遇（月薪税前）：_____元／月

最低期望待遇（月薪税前）：_____元／月

个人声明

本人承诺以上所提供信息的真实性，本人承诺个人提供的电子简历和填写的简历内容是一致的，如有虚假信息，愿意承担被解聘的后果。

应聘人员签名：

②接收并整理新员工交上的各种资料。

③与新员工签订试用期合同、保密协议。

④建立员工档案、考勤卡。

⑤向新员工简单介绍公司的基本情况和需要注意的事项，向新员工发放公司规章制度和员工手册，可带新员工参观公司，然后将新员工移交给用人部门。

⑥在企业 OA 办公系统中更新员工通讯录，发布新员工入职的消息。

9.1.2 HR 应该知道哪些入职法律风险

办理入职手续的同时必然伴随着相关的法律风险，无论哪一个 HR 都不可避免。HR 只有了解入职过程中常见的法律风险才能有所警惕，并在办理入职手续的过程中，时刻注意规避，以保障公司的利益。

◆ 员工身患疾病或职业病

《劳动合同法》第四十条规定："有下列情形之一的，用人单位提前三十日以书面形式通知劳动者本人或者额外支付劳动者一个月工资后，可以解除劳动合同：（一）劳动者患病或者非因工负伤，在规定的医疗期满后不能从事原工作，也不能从事由用人单位另行安排的工作的。"

所以为了避免员工入职后因患病而不能工作，还要公司承担医药费和生活费，在入职之前就要要求员工做体检。对于不符合用工标准的新员工，HR 要拒绝与其签订合同。除此之外，若新员工原工作岗位容易患职业病的，HR 也要注意排查录用人员是否患有职业病。

◆ 外籍人员的聘用风险

《外国人在中国就业管理规定》第二十八条规定："对违反本规定未申领就业证擅自就业的外国人和未办理许可证书擅自聘用外国人的用人单位，由公安机关按《中华人民共和国外国人入境出境管理法实施细则》第四十四条处理。"

《中华人民共和国外国人入境出境管理法实施细则》第四十四条规定："对私自雇用外国人的单位和个人，在终止其雇用行为的同时，可以处 5 000

元以上、5 万元以下的罚款，并责令其承担遣送私自雇用的外国人的全部费用。"

所以公司聘用的新员工如果是外籍人员，HR 要注意查验其是否取得《中华人民共和国外国人就业许可证书》。

◆ 推迟签订劳动合同的隐患

《劳动合同法》第十条规定："建立劳动关系，应当订立书面劳动合同。已建立劳动关系，未同时订立书面劳动合同的，应当自用工之日起一个月内订立书面劳动合同。用人单位与劳动者在用工前订立劳动合同的，劳动关系自用工之日起建立。"

第八十二条规定："用人单位自用工之日起超过一个月不满一年未与劳动者订立书面劳动合同的，应当向劳动者每月支付二倍的工资。"

所以 HR 不要因故推迟与新员工签订劳动合同，否则会令公司承受多余的人工成本。在试用期期间就要签订试用期合同，转正后要在一月之内签订正式的劳动合同。

◆ 未解除劳动关系

《劳动合同法》第九十一条规定："用人单位招用与其他用人单位尚未解除或者终止劳动合同的劳动者，给其他用人单位造成损失的，应当承担连带赔偿责任。"

企业在招聘员工时一定要确认对方是已离职人员，要求对方提供离职证明，否则不能签订劳动合同，以免为公司带来损失。

◆ 扣押员工证件

《劳动合同法》第八十四条规定："用人单位违反本法规定，扣押劳动者居民身份证等证件的，由劳动行政部门责令限期退还劳动者本人，并依照有关法律规定给予处罚。用人单位违反本法规定，以担保或者其他名义向劳动者收取财物的，由劳动行政部门责令限期退还劳动者本人，并以每人五百元以上二千元以下的标准处以罚款；给劳动者造成损害的，应当承担赔偿责任。劳动者依法解除或者终止劳动合同，用人单位扣押劳动者档案或者其他物品的，依照前款规定处罚。"

对于一个正规企业来说，收取押金或扣押员工证件等行为都是不可取的，用人单位只能要求对方提供证件复印件以作为信息核查的依据，一定要避免收取其财物和证件的做法。

9.1.3　新员工入职适应期关怀

对于刚刚入职的新员工，由于其进入一个新的环境各方面都不熟悉，所以工作起来效率较低。为了让新员工更快地适应工作环境，无论是 HR 还是部门负责人都应该对新员工表达关怀，以帮助其尽快地适应工作，与周围的同事友好相处。

人力资源部可以分阶段制订新员工关怀方案，对相关部门、执行事项等进行设置。HR 可以使用图示或表格工具对相关内容进行有效说明。一般来说，可先通过图示展示不同阶段新员工需要的帮助，如图 9-2 所示。

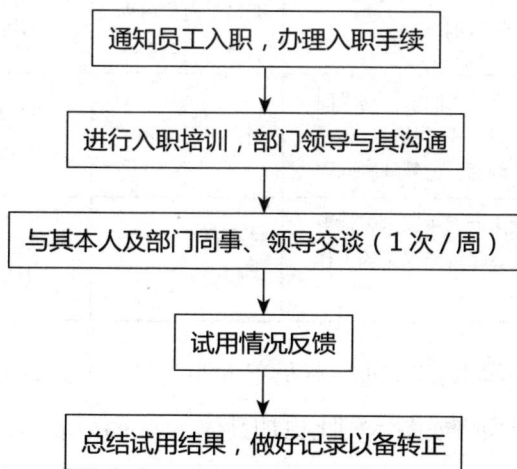

```
┌─────────────────────────────┐
│  通知员工入职，办理入职手续  │
└─────────────────────────────┘
              │
              ▼
┌─────────────────────────────┐
│ 进行入职培训，部门领导与其沟通 │
└─────────────────────────────┘
              │
              ▼
┌───────────────────────────────────┐
│ 与其本人及部门同事、领导交谈（1次/周） │
└───────────────────────────────────┘
              │
              ▼
┌─────────────────────────────┐
│        试用情况反馈          │
└─────────────────────────────┘
              │
              ▼
┌─────────────────────────────┐
│ 总结试用结果，做好记录以备转正 │
└─────────────────────────────┘
```

图 9-2

对于各部门人员要实施的具体事项，人力资源部可通过表格来列明，HR 可以参考如表 9-3 所示的模板。

表 9-3　新员工关怀事项表

安排内容	具体事项	清单	执行时间	执行部门
入职	办理入职手续	新员工报到工作单等相关入职表单	入职日	人力资源部
认识新环境	带新员工认识办公环境	办公区域地图	入职日	人力资源部
	介绍部门领导和同事	公司同事通讯录	入职日	人力资源部
	发送新员工入职公告	员工手册	入职日	人力资源部
安排工作	介绍岗位职责及接下来的工作安排	岗位说明书	入职日	人力资源部
试用期培训	让新员工了解人事管理制度、财务管理制度、公物使用规则	相关制度	入职当月	人力资源部、行政部、财务部
	让新员工了解公司的基本情况、主营业务、生产模式	相关资料	试用期	人力资源部、各职能部门
	岗位培训	新员工岗位培训资料	试用期	用人部门
考核与面谈	新员工入职前 3 周以面谈的方式，及时与新员工沟通，为其解决问题	新员工面谈表	试用期前 3 周	人力资源部、用人部门
	试用期月末通过考核形式，了解新员工的工作能力	《新员工试用期考核表》	试用期月末	用人部门

为了更好地指导各部门进行新员工入职关怀工作，HR 可以设计一份完整的关怀计划，与表格或图示相比更加具体，如下例所示。

| 范例解析 |　新员工试用期关怀计划

一、目的

1.新员工关怀能体现公司的企业文化，促进人才成长，让新员工更快速地融入团队。

2.帮助新员工尽快与同事相互沟通，消除隔阂，减少陌生感。

3.使新员工尽快了解部门及岗位职责，提高工作效率，更好地发挥自己的工作能力，为公司带来效益。

二、实施关怀的程序（图示–略）

三、具体措施（表格–略）

四、注意事项

1.人力资源部审核新员工入职资料是否完整、真实，然后为其办理入职手续。

2.人力资源部人员负责陪同新员工，为其做指引和介绍公司情况，如员工有住宿需要，需提前做好相关的后勤保障工作。

3.正式入职时，人力资源部员工应带领新员工领取工作服。

4.部门领导需安排老员工一对一对新员工进行业务培训。

5.试用期内每周至少一次与新员工进行交谈，了解其工作状态，人力资源部做好记录。

6.人力资源部根据新员工的试用期考核和转正申请表为其办理转正手续。

五、原则与意义

1.执行原则：沟通胜过干预，教会新员工解决的办法胜过替其解决问题。

2.意义：可以让新员工感受到公司的人性化，让新员工对公司更有归属感和认同感。

六、附件

1.新员工报到工作单、应聘登记表

2.新员工入职面谈表

3.新员工试用期考核表

9.2
做好新员工试用期的管理

新员工办理好入职手续后就自然进入到试用期工作，虽然还不是公司正式的员工，HR 和管理人员还是应按照企业的规章制度对新员工进行管理，这样才能让其快速地进入工作角色，并保证公司的日常工作能够顺利进行。

9.2.1 约定好试用期限

从企业和新员工不同的角度来看，对于试用期期限双方可能有完全不同的看法，对新员工来说，当然希望试用期越短越好，尽快转正就能获得更高的福利待遇；而对企业来说，当然想最大限度地考核新员工是否能适应岗位，也能减少一些人力成本。

由于新员工与企业之间的角度不同，所以在试用期期限的问题上会产生纠纷，如果 HR 不对试用期期限做好书面约定，只是口头说明试用期为 1 个月或 3 个月，有很大的可能会为企业带来风险和损失。

《劳动合同法》第十九条规定："劳动合同期限三个月以上不满一年的，试用期不得超过一个月；劳动合同期限一年以上不满三年的，试用期不得超过二个月；三年以上固定期限和无固定期限的劳动合同，试用期不得超过六个月。同一用人单位与同一劳动者只能约定一次试用期。以完成一定工作任务为期限的劳动合同或者劳动合同期限不满三个月的，不得约定试用期。试用期包含在劳动合同期限内。劳动合同仅约定试用期的，试用期不成立，该期限为劳动合同期限。"

为避免出现新员工要求提前转正的情况，企业一定要提前约定试用期期限，并严格按照约定执行，不能超期再给新员工转正。根据规定，试用期是有最长限制的，即不超过 6 个月，HR 在拟定劳动合同的时候一定要注意。如下例所示为某企业劳动合同中约定的试用期条款内容。

| 范例解析 |　试用期条款内容

一、劳动合同期限

第一条 甲、乙双方选择以下第___种形式确定本企业劳动合同期限：

1.有固定期限：自_____年____月____日起至_____年___月___日止。其中试用期自_____年___月____日起至_____年___月___日止。

2.无固定期限：自_____年____月___日起至依法解除、终止劳动合同时止。其中试用期自_____年___月___日起至_____年___月___日止。

3.以完成一定工作（任务）为期限：自_____年___月___日起至_____工作（任务）完成时终止。

9.2.2　入职培训，让新员工上手更快

新员工入职培训是一项非常重要的工作，需要人力资源部、用人部门和各职能部门共同努力。如果培训得宜，能让新员工快速适应企业环境和工作。而仅靠新员工个人的摸索是完全不行的，HR 要在合适的时候给予新员工帮助。在试用期培训期间，HR 要做好哪些工作及注意哪些重点呢？或许可以从以下几方面入手。

◆ 分析新员工需求

刚进入企业的新员工一定会感到无所适从，不知道该做些什么，不知道该向什么人求助。HR 如果能够提前对新员工的需求进行分析，就能在合适的时机给他们提供帮助。如下所示为初入公司的新员工的大致需求。

①企业现状、发展方向、主营业务、生产／办公流程。

②工作目标、培训工作内容。

③公司人事关系、人事结构。

④考勤时间、员工基本规范。

◆ 让新员工受到欢迎

新员工入职对一切都充满了不熟悉感，HR 有责任让其尽快地与公司同事友好交流，不至于有被排开的感受，HR 可通过以下 3 种方法打破双方隔阂，产生联系。

①努力营造团结友好的团队氛围，如为新员工安排迎新会、举行聚餐活动、文娱活动等。

②主动关心新员工，无论在工作或生活中都对新员工表示关心。

③组织工作交流会，让新员工了解老员工的工作方式，有助于其提高自己的工作技巧。

◆ 制订新员工培训计划

HR 应该根据培训内容制订一个完整的培训计划，这样才能更好地达到培训目标，让新员工按照企业的培训计划不断成长。对于培训计划来说，培训流程、培训人员、培训内容和方式、培训预算这四大内容是必不可少的。如下例所示为某企业的新员工培训计划，HR 可作参考。

| 范例解析 |　新员工入职培训计划

一、培训目的

为了有效控制和引导新员工快速融入公司，认同企业的文化价值，提高工作技巧，融入工作团队之中，为之后的工作打下基础。所以人力资源部特制订本培训计划。

二、基本流程

```
新员工入职 ──┬──→ 专业知识培训 ──┐
             │                      ├──→ 培训期考核 ──→ 考核反馈、归档
             └──→ 基本知识培训 ──┘
```

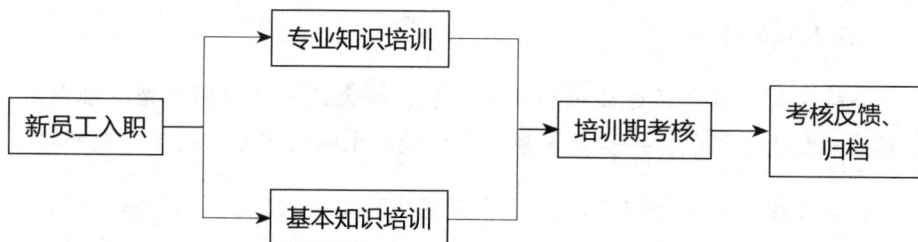

三、培训人员组织架构

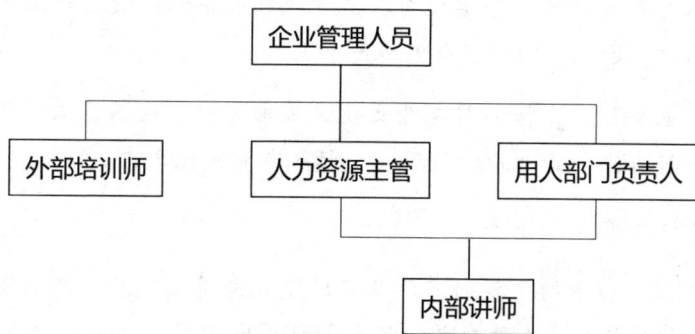

```
              企业管理人员
                  │
   ┌──────────────┼──────────────┐
 外部培训师   人力资源主管   用人部门负责人
                  │
              内部讲师
```

企业管理人员：试用期培训工作的总负责人，负责审批新员工培训方案，指定聘用的外部讲师，审核培训预算。

人力资源主管：主要负责培训期间各部门的协调工作，制订员工培训方案，审定员工培训计划，指定内部讲师，并制作培训资料，包括PPT文稿等。

外部培训师：即公司从外部聘请的专业讲师，包括行业相关领域的专业人士、监管机构的相关人员，可帮助新员工了解行业的相关知识，增加知识储备，方便后续工作。

用人部门负责人：协助人力资源部选择内部讲师，提供部门资料用于培

训，安排新员工上手工作。

内部讲师：从公司内部选择出来的优秀人才，负责对公司的基本职能知识、专业知识进行介绍。内部讲师不但要有熟练的业务经验，还要性格外向，有良好的表达能力，这样才能做培训工作。

四、培训内容及方式

（一）培训内容

1.基本知识培训

公司发展历程：通过公司创立、发展、壮大这一过程的介绍，让新员工了解公司发展过程中的一些重点事项，更能从中明白行业发展生存的规律。

公司管理制度：介绍公司各项管理制度的重点内容，了解公司对新员工的基本要求和各项工作管理办法。

公司人力资源制度：介绍公司人力资源相关条例，使新员工了解公司薪酬、福利的相关条款，明确自身的权利和义务。

公司企业文化：介绍公司企业文化的基本要点，让新员工了解企业的价值观念，并努力接受公司的价值观念、融入企业文化之中。

2.专业知识培训

这是培训过程中的主要内容，其目的是让新员工了解自身的岗位工作、工作流程、岗位职责、人事合作、设备操作等内容。

（二）培训方式

1.集中培训：如果招聘的新员工人数较多，可以采用集中培训的方式将所有人员集中在一起，通过内部优秀人才讲课的方式，进行基础知识的培训。集中培训需要HR安排一个培训地点，如会议室。

2.岗位培训：从部门工作场所入手，让新员工在各自的工作岗位，由相关人员进行指导，学习并操作相关工作内容，学以致用，能尽快将岗位知掌握得更彻底。

五、培训考核与反馈

（一）培训考核

1.基础知识考核

由公司人力资源部负责，通过测试试卷的方式进行考核，考核时间由人力资源部另行通知。不过需要给新员工一周的准备时间，并在试用期结束前完成此次考核。

2.专业知识考核

由用人部门自行组织，在试用期结束前一周进行考核，可以笔试、实际操作、完成工作任务等形式进行打分，考核结果应交与人力资源部。

（二）结果反馈

1.人力资源部整理好考核结果后，需将其以书面形式反馈至新员工个人和用人部门，并归进员工档案，以备相关人员查验。

2.基础知识不合格的新员工，HR应该做好后续处理，与新员工面谈，了解情况，适时安排重新测验。

3.专业知识不合格的新员工，由部门负责人决定是重新考核还是劝退。

4.考核完成后，应向新员工发放不记名的调查问卷，对培训内容的合理性、侧重点等进行评估，可帮助人力资源部不断改进培训内容。

六、培训预算

试用期培训的主要开支为讲师费用。

内部讲师：基本知识讲师每次授课给予100元的课时补贴；岗位课程讲师每次授课给予150元的课时补贴。

外部讲师：根据合同协议价格支付，预计费用在3 000元以内。

9.2.3　试用期考核决定去留

试用期员工的去留要根据考核的结果来决定，而 HR 在培训方案中设计了考核内容，各考核内容的得分高低可能各有不同，HR 需要通过为考核内容设置标准和权重来判断员工的综合能力，而这也是新员工去留的关键。

一般来说，新员工培训内容可分为基本知识培训和专业知识培训，HR 可从这两类培训内容中提炼出考核标准并设置相应的权重，这样就能公正、客观地得到新员工的综合能力。一般来说，对新员工的考核标准有以下一些。

◆ 对公司和行业的了解和熟悉度。（5%）

◆ 岗位职责熟悉度，即是否明确岗位的基本工作，并有条理地安排岗位工作。（10%）

◆ 适应能力，即在工作岗位中能够与同事友好交流，能否快速对工作作出反应。（5%）

◆ 工作效率，即是否能按时完成负责人交代的工作任务，或是提前完成。（20%）

◆ 工作效果是否令负责人满意，有没有敷衍了事。（5%）

◆ 工作是否有技巧，能不能举一反三，会不会使用工具，能不能做到事半功倍。（20%）

◆ 工作态度是否认真，有没有对工作节奏表示不满。（5%）

◆ 是否遵守工作纪律，按时出勤、收工，有没有按规矩请假，有无频繁迟到或早退的现象。（5%）

◆ 人际交往是否正常，有没有与同事发生意见不合或争执。（5%）

◆ 小组协作时是否有团队意识。（5%）

◆ 学习新知识是否快速，能不能有效理解相关知识和工作技巧。（5%）

◆ 有没有工作责任心，是否将工作搁置，是否承担起自己的工作责任。（10%）

如果在设置培训考核标准和权重时，觉得太过杂乱，HR 可借助表格来梳理相关条目，并记录考核分数。如表9-4所示为新员工试用标准表。

表9-4　新员工试用标准表

日期：　　年　月　日

人事资料			
姓名		毕业学校	
年龄		所属部门	
职位		学历	
报到时间		专业	
甄选方式	□公开招聘　　　□推荐遴选　　　□内部提升		
工作经验	相关_____年，非相关_____年，共_____年		
试用计划			

1. 试用职位：
2. 试用期限：
3. 督导人员：
4. 督导人员工作：□观察　　　□训练
5. 拟安排工作：
6. 训练项目：
7. 试用薪资：

核准：　　　　　　　　拟订：

试用结果考察

1. 试用期间：自　年　月　日到　年　月　日
2. 安排工作及训练项目：
3. 工作情形：□满意　　□尚可　　□差
4. 出勤情况：返退_____次，病假_____次，事假_____次
5. 评语：□拟正式任用　　□拟予辞退
6. 正式薪资拟核：

人事经办：　　　　　核准：　　　　　考核：

通过表格能够将新员工的基本资料、考核内容、考核标准都进行列明，HR可以根据自己的考核计划进行修改，以完成最终的考核。

9.2.4　处理试用期解聘工作

如果经过试用期培训，新员工并没有通过考核或是有其他什么特殊员工，公司要对试用员工做辞退处理。试用期解雇员工也是一件极为复杂的事，如果签订了合同就更加麻烦，所以 HR 在处理这类事情的时候一定要谨慎，以免给自己和公司带来法律风险。

首先 HR 要对相关法律规定进行了解，与试用期相关的法律条款有如下一些：

《劳动合同法》第二十一条规定："在试用期中，除劳动者有本法第三十九条和第四十条第一项、第二项规定的情形外，用人单位不得解除劳动合同。用人单位在试用期解除劳动合同的，应当向劳动者说明理由。"

第三十九条规定："劳动者有下列情形之一的，用人单位可以解除劳动合同：（一）在试用期间被证明不符合录用条件的；（二）严重违反用人单位的规章制度的；（三）严重失职，营私舞弊，给用人单位造成重大损害的；（四）劳动者同时与其他用人单位建立劳动关系，对完成本单位的工作任务造成严重影响，或者经用人单位提出，拒不改正的；（五）因本法第二十六条第一款第一项规定的情形致使劳动合同无效的；（六）被依法追究刑事责任的。"

第四十条规定："有下列情形之一的，用人单位提前三十日以书面形式通知劳动者本人或者额外支付劳动者一个月工资后，可以解除劳动合同：（一）劳动者患病或者非因工负伤，在规定的医疗期满后不能从事原工作，也不能从事由用人单位另行安排的工作的；（二）劳动者不能胜任工作，经过培训或者调整工作岗位，仍不能胜任工作的。"

通过法律条款我们可以知道，HR 要想在试用期内解聘员工，必须满足以下 4 个条件。

◆　与新员工签订的劳动合同中对录用条件进行了规定。

◆　HR 有书面材料证明新员工在试用期的表现不符合约定的录用条件。

◆　解聘的时间应在试用期结束之前。

◆　解聘通知应在试用期结束之前交由新员工签字确认，或进行公告。

为了处理好解聘工作，让双方都没有意见，HR 主要应该做好如图 9-3 所示的几个点。

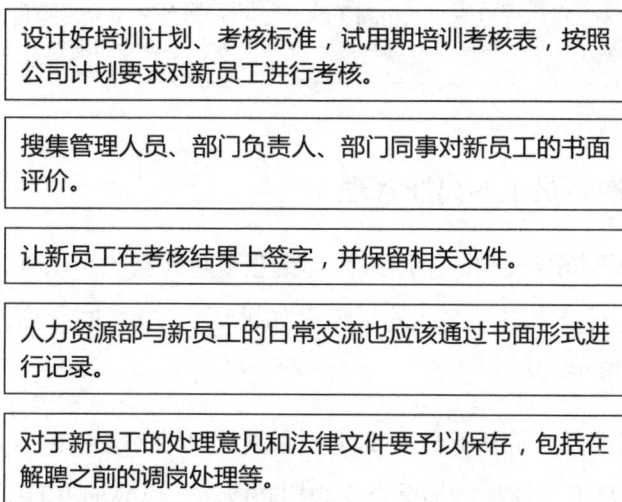

设计好培训计划、考核标准，试用期培训考核表，按照公司计划要求对新员工进行考核。

搜集管理人员、部门负责人、部门同事对新员工的书面评价。

让新员工在考核结果上签字，并保留相关文件。

人力资源部与新员工的日常交流也应该通过书面形式进行记录。

对于新员工的处理意见和法律文件要予以保存，包括在解聘之前的调岗处理等。

图 9-3

而企业正式决定解聘试用期员工时，HR 要按照以下的流程来办理解聘事项。

①人力资源部根据公司相关制度拟好解聘通知，交由总经理或管理人员审批。

②人力资源部将解聘通知发给新员工本人，说明辞退原因、薪酬结算内容。

③新员工按照公司的制度办理离职手续，HR 需进行指导。

④新员工对解聘通知内容有不满或疑问的，可向人力资源部进行申诉，

人力资源部要处理好新员工的申诉，并在一定时间内将结果告知对方。

> **知识延伸** | 了解试用期的相关法律规定
>
> 《中华人民共和国劳动合同法》第二十条规定："劳动者在试用期的工资不得低于本单位相同岗位最低档工资或者劳动合同约定工资的百分之八十，并不得低于用人单位所在地的最低工资标准。"
>
> 《中华人民共和国劳动合同法》第十九条规定："试用期包含在劳动合同期限内。劳动合同仅约定试用期的，试用期不成立，该期限为劳动合同期限。"在试用期员工与企业也签订了劳动合同，所以形成了劳动关系，企业应为员工办理社保。

9.2.5 试用期新员工的离职管理

除了因为不符合公司的录用条件，企业要解聘新员工以外，在转正之前还有可能出现新员工自动离职的现象。如果新员工主动提出离职申请，HR应该怎样处理呢？

通过招聘准备、简历筛选、面试一系列的环节才选中的人才，HR当然不能轻易让其离职，这样会加重企业的招聘成本，也会加重HR的工作负担。所以在新员工提出离职时，HR应该及时与其进行面谈，了解其具体的想法和离职原因，然后尽量解决相关的问题，以此挽留新员工。但若挽留失败，HR就只能按照公司的规章制度来为其办理离职手续了。

人力资源部应该设置好试用期离职管理制度，这样在发生离职事件的时候就能照章办事，不至手忙脚乱。制度内容应该包括离职类型、离职办理事项这两项核心内容，如下例所示为某公司试用期离职管理制度。

| **范例解析** | 试用期离职管理制度

一、离职是指员工与公司解除或终止劳动合同的行为，包括辞职、辞退、自离、开除和自然终止劳动关系5种。

1.辞职：指员工因个人原因主动向公司提出解除劳动关系。

……

二、辞职

1.新员工在试用期内提出辞职的，应该提前3天进行书面申请，填写《离职申请审批表》，经审批后办理离职手续。

2.新员工在辞职期内违反公司制度、消极怠工，公司可以提前与新员工解除劳动关系。

3.新员工辞职正式离开岗位前，应该进行工作交接，填写《员工离职交接表》，办理完交接手续后，方可离职。没有办理交接手续，造成损失的由新员工承担。

4.新员工离职手续资料由人力资源部负责存入员工档案，保存期至新员工离职后3年，3年后可以进行封存或销毁。

……

三、新员工离职，由人力资源部负责开具《解除/终止劳动合同证明》，一式两份，由新员工签收，一份存入员工档案，一份由新员工保存。

9.3
新员工转正，正式欢迎新同事

转正指企业的非正式成员变成正式成员，新员工转正即代表 HR 这一段时间的招聘工作终于告一段落，HR 要尽力做好最后的转正工作，以让自己的工作真正发挥作用，给企业顺利输送一批人才。

经过试用期的磨合时间，员工与企业都对彼此有一定的了解，能够通过试用期考核的员工就能够申请转正了。HR 要如何为员工办理好转正手续呢？首先得设计好转正流程，再按流程办妥相关工作。一般来说，企业的转正流程如图 9-4 所示。

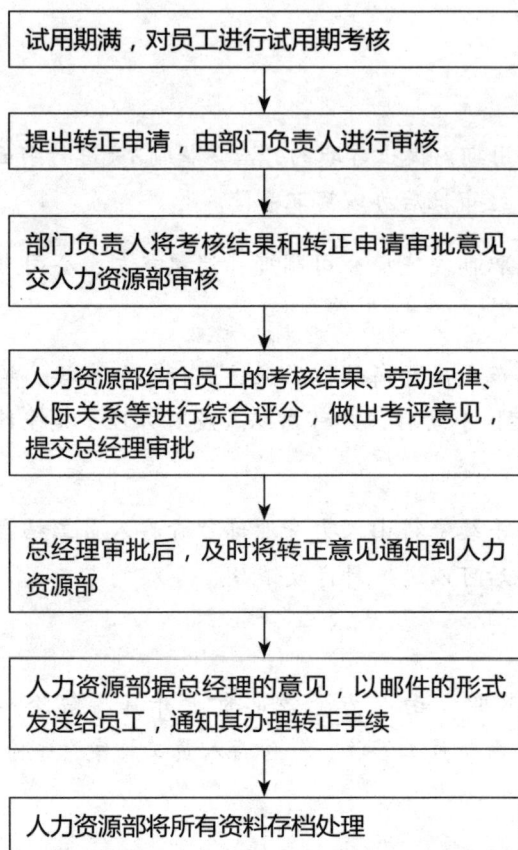

图 9-4

根据转正流程，HR 还应该设计好员工转正申请表，如表 9-5 所示为该表模板。

表 9-5　员工转正申请表

填表日期：　年　月　日

姓名		性别		学历	
籍贯		部门		职位	
入职时间		试用结束		试用时间	

续上表

主要工作职责 （范围）	
试用期期间的 工作总结及自 我评估（由本人 填写）	
部门负责人 意见	试用期考核意见： □不符合录用条件 □按期转正 □提前转正，转正日期：_____年____月_____日 □转正后建议薪资：_____
人力资源部 意见	 人力主管签字：
总经理审批	审批意见： 审批转正薪酬：_____
备注：此表需有部门负责人出具的转正意见，经总经理审批后生效。	

员工的转正申请一旦通过，HR 就要及时拟定转正通知书，如下例所示。

| 范例解析 |　转正通知书

转正通知书

字第（　　）号

××先生/女士：

很高兴通知您通过试用期考察及综合评定，现批准您□提前___月转正；

□按期转正；□延期＿＿月转正，转正日期为＿＿年＿＿月＿＿日。

您需办理的事项有如下一些：

1.健康证原件交到人力资源部。

2.提供社保卡号（已办理社保员工）。

特此通知

××有限公司

人力资源部

年 月 日

第十章

法律法规，掌握才能防范招聘风险

　　录用新员工到公司工作，要贴出招聘启事，办理入职手续，签订劳动合同，这一系列环节都有可能涉及法律问题。如果 HR 不加以注意，了解其中的法律风险，就有可能给企业带来不小的损失。

10.1
行使雇佣双方的知情权

只要涉及劳动雇佣关系，就会产生雇佣纠纷，无论是雇佣者还是被雇佣者都有可能受到侵权。为了保证企业的权益，HR 需要明白在建立雇佣关系的时候，企业应该行使的权利，这样可以最大限度地保证公司权益不受损害。

10.1.1 用人单位知情权的行使

《中华人民共和国劳动合同法》第八条规定："用人单位招用劳动者时，应当如实告知劳动者工作内容、工作条件、工作地点、职业危害、安全生产状况、劳动报酬，及劳动者要求了解的其他情况；用人单位有权了解劳动者与劳动合同直接相关的基本情况，劳动者应当如实说明。"

根据此规定说明了法律赋予了用人单位知情权，即用人单位知悉信息和情报的权利，具体是指用人单位应该知晓劳动者的相关信息，包括其自然信息和劳动关系状况。

◆ 自然信息

《劳动合同法》第十七条规定："劳动合同应当具备以下条款：（一）用人单位的名称、住所和法定代表人或者主要负责人；（二）劳动者的姓名、住址和居民身份证或者其他有效身份证件号码。"

可见用人单位应对员工的姓名、住址、年龄（不得低于 16 岁）、健康状况、职业技能、工作经历和居民身份证或者其他有效身份证件号码等进行了解。劳动者也应按企业要求提供真实可靠的信息，若提供虚假信息，企业可要求劳动合同作废。

◆　劳动关系状况

《劳动合同法》第六十九条规定："非全日制用工双方当事人可以订立口头协议。从事非全日制用工的劳动者可以与一个或者一个以上用人单位订立劳动合同；但是，后订立的劳动合同不得影响先订立的劳动合同的履行。"

《劳动合同法》第三十九条规定："用人单位单方解除劳动合同（过失性辞退）劳动者有下列情形之一的，用人单位可以解除劳动合同：（四）劳动者同时与其他用人单位建立劳动关系，对完成本单位的工作任务造成严重影响，或者经用人单位提出，拒不改正的。"

我国的劳动合同法并未禁止双重劳动关系，并且只有在对企业工作造成严重影响的时候，用人单位才能解除劳动合同。所以为了避免企业遭受不明的损失，应该在录用员工的时候要求其提供原单位的离职证明。

《劳动法》第九十九条规定："用人单位招用尚未解除劳动合同的劳动者，对原用人单位造成经济损失的，该用人单位应当依法承担连带赔偿责任。"

根据《劳动法》的规定，双重劳动关系在法律上对现单位是非常不利的，不仅可能造成公司机密被泄露，还有可能承担连带的赔偿责任，HR 应该注意员工的任职状态。

10.1.2　劳动者知情权的行使

劳动者和用人单位双方的权利和义务是对等的，既然用人单位可以行使知情权，劳动者同样可以行使知情权，而企业同样要依据法律规定告知劳动者其应该了解的相关信息。

《中华人民共和国职业病防治法》第三十三条规定："用人单位与劳动者订立劳动合同（含聘用合同，下同）时，应当将工作过程中可能产生的职业病危害及其后果、职业病防护措施和待遇等如实告知劳动者，并在劳动合同中写明，不得隐瞒或者欺骗。劳动者在已订立劳动合同期间因工作岗位或者工作内容变更，从事与所订立劳动合同中未告知的存在职业病危害的作业时，用人单位应当依照前款规定，向劳动者履行如实告知的义务，并协商变更原劳动合同相关条款。"

《职业病防治法》第三十九条规定："劳动者享有下列职业卫生保护权利：（三）了解工作场所产生或者可能产生的职业病危害因素、危害后果和应当采取的职业病防护措施。"

《职业病防治法》第二十六条规定："用人单位应当按照国务院卫生行政部门的规定，定期对工作场所进行职业病危害因素检测、评价。检测、评价结果存入用人单位职业卫生档案，定期向所在地卫生行政部门报告并向劳动者公布。"

《职业病防治法》第三十五条规定："对从事接触职业病危害的作业的劳动者，用人单位应当按照国务院卫生行政部门的规定组织上岗前、在岗期间和离岗时的职业健康检查，并将检查结果书面告知劳动者。"

《职业病防治法》第三十六条规定："劳动者离开用人单位时，有权索取本人职业健康监护档案复印件，用人单位应当如实、无偿提供，并在所提供的复印件上签章。"

以上的规定结合《劳动合同法》第八条规定，企业应该向员工提供工作内容、工作条件、工作地点、职业危害、安全生产状况、劳动报酬等一系列的信息，不能隐瞒或拒绝提供，否则会违反有关的法律规定，需要承担违法的后果，得不偿失。

10.2
招聘歧视要不得，这些禁忌需了解

在招聘的过程中，HR 和公司负责人都会对候选人的任职条件做种种要求，但这并不代表可以对员工的某些特质进行变相贬低，HR 一定要规避招聘面试中的歧视性条款，违反法律法规，造成公司形象受损。在各类招聘信息中最常见的歧视性条款，主要有性别歧视、健康歧视及其他歧视。

10.2.1　性别歧视是大忌，HR 要避免

性别歧视主要是针对女性求职者而言，通过直接提出不招女性员工，不招聘未婚未育女性职工，或要求女性应聘者承诺在未来几年内不会生育等来限制女性求职。

相信很多 HR 或是企业管理人员为了保证企业的经济效益，都会担忧女性员工在进入公司后的未来一段时间内结婚生育，从而耽误公司事务。而这种想法是非常短浅的，一来企业属于社会中的组织机构，应该承担相应的社会义务，抛弃自己的社会责任，只能故步自封，难以发展壮大；二来有可能错过非常优秀的女性人才，得不偿失。

现在随着劳动者的法律意识提高，应聘者也会积极维护自己的个人权益，如果企业在此情况下还要搞性别歧视这一套，一定会带来很多的法律风险。

《中华人民共和国就业促进法》第二十七条规定："国家保障妇女享有与男子平等的劳动权利。用人单位招用人员，除国家规定的不适合妇女的工种或者岗位外，不得以性别为由拒绝录用妇女或者提高对妇女的录用标准。用人单位录用女职工，不得在劳动合同中规定限制女职工结婚、生育的内容。"

根据上述法律条款规定，在企业招聘时除非能够客观证明岗位工种不适

合女性，否则不能在任职条件中明确提出不招女性或限招男性。如果某项工作或工种确实劳动强度大，不适合女性，HR 可以说明具体情况，作为招聘信息的补充，但绝不能直接在招聘中硬性规定。

10.2.2 歧视乙肝病毒携带者，违反法律规定

很多企业在招聘员工的时候会要求员工做好体检，只有通过体检才能正式入职，虽然企业这一做法无可厚非，不过对有些应聘者的健康问题，HR却不能将其纳入拒绝入职的条件。

这些健康问题对工作没有什么影响，却被用人单位单独提出拒绝录用，即会造成健康歧视，对社会产生不好的影响，使有这些健康问题的人士受到更多的歧视和不公待遇。常见的健康歧视有乙肝病毒携带者、身有残疾者、色盲、色弱患者、贫血、肥胖、长相等。

《就业促进法》第三十条规定："用人单位招用人员，不得以是传染病病原携带者为由拒绝录用。但是，经医学鉴定传染病病原携带者在治愈前或者排除传染嫌疑前，不得从事法律、行政法规和国务院卫生行政部门规定禁止从事的易使传染病扩散的工作。"

《劳动保障部 卫生部关于维护乙肝表面抗原携带者就业权利的意见》中规定："用人单位在招、用工过程中，可以根据实际需要将肝功能检查项目作为体检标准，但除国家法律、行政法规和卫生部规定禁止从事的工作外，不得强行将乙肝病毒血清学指标作为体检标准。各级各类医疗机构在对劳动者开展体检过程中要注意保护乙肝表面抗原携带者的隐私权。"

所以根据法律规定，企业应该充分展示人道主义关怀，不得在招聘条件中对乙肝病毒携带者进行限制，并且不能在体检项目中检查乙肝病毒，一旦被应聘者举报就有可能面临劳动行政部门的罚款。

《就业促进法》第二十九条规定："国家保障残疾人的劳动权利。各级人民政府应当对残疾人就业统筹规划，为残疾人创造就业条件。用人单位招用人员，不得歧视残疾人。"

对于残疾人应聘，企业应该根据实际情况来考虑，而不是只要对方身患残疾就不予考虑。如身患脚部残疾者，是可以胜任办公文员类的职位，企业不能以此作为淘汰的条件，而需经常出差的职位就属于客观条件上的不合适了。

10.2.3 其他法律规定的歧视行为要避免

除了社会上严重注意的性别歧视和乙肝病毒携带者歧视之外，还有一些常见的歧视行为也是不可取的，企业 HR 一定要注意避免。

◆ 歧视少数民族

《就业促进法》第二十八条规定："各民族劳动者享有平等的劳动权利。用人单位招用人员，应当依法对少数民族劳动者给予适当照顾。"

社会上有很多的企业可能会出现依据民族来筛选应聘者的情况，直接在面谈条件中提出来的相信是少数，不过变相的歧视仍然层出不穷，如有的公司会特意要求应聘者备注自己的民族，或是告知应聘者"少数民族已招满""××民族已招满"。这种招聘歧视不仅会造成企业形象受损，还会受到相应的惩罚。

◆ 歧视农村户口

《就业促进法》第三十一条规定："农村劳动者进城就业享有与城镇劳动者平等的劳动权利，不得对农村劳动者进城就业设置歧视性限制。"

用人单位在招聘人才时，对于农村户口进城务工的应该予以相同的待遇，不能借故歧视对方。所以 HR 要避免提出与户口有关的任何问题，以免给求职者造成不好的影响。

10.3
订立劳动合同，基本要件不能少

要与应聘者建立劳动关系就必须在规定的时间内与之签订劳动合同，不过劳动合同的要素过多，HR 和企业管理者应该充分了解，保证劳动合同条款包含完整，并符合法律规定，这样才能保障企业的基本利益，以免因为约定条款不完善而陷入法律纠纷。

10.3.1　有哪些劳动合同类型

劳动合同是指劳动者与用人单位之间确立劳动关系，明确双方权利和义务的协议。订立和变更劳动合同，应当遵循平等自愿、协商一致的原则，不得违反法律、行政法规的规定。劳动合同依法订立即具有法律约束力，当事人必须履行劳动合同规定的义务。

员工入职时用人单位要与之签订劳动合同，确定劳动关系，这样在将来出现劳动纠纷的时候才有法律依据。根据《中华人民共和国劳动合同法实施条例》第十八条、第十九条规定，劳动合同可分为固定期限劳动合同、无固定期限劳动合同和以完成一定工作任务为期限的劳动合同。

◆　固定期限劳动合同

固定期限劳动合同是指用人单位与劳动者约定合同终止时间的劳动合同，即指劳动合同双方当事人在劳动合同中明确规定了合同效力的起始和终止的时间，劳动合同终止时间一到，劳动关系即告终止。

如果双方有意愿并协商一致，还可以续订劳动合同，延长期限。固定期限劳动合同不受时间长短的限制，可以是半年、一年，或是五年、十年。

◆　无固定期限劳动合同

无固定期限劳动合同是指用人单位与劳动者约定无确定终止时间的劳动

合同。如何理解无确定终止时间呢？主要是指劳动合同的期限不能确定，并不意味该合同没有终止时间。无固定期限合同一经签订，双方就建立了一种相对稳固和长远的劳动关系，只要不出现法律规定的条件或者双方约定的条件，劳动合同就不能解除。

在什么样的情况下，劳动关系双方会订立无固定期限劳动合同呢？如表10-1所示。

表10-1　订立无固定期限劳动合同的情形

订立情形	具体介绍
双方协商	根据相关法律法规规定，只要双方协商一致，没有采取胁迫、欺诈、隐瞒事实等非法手段，并符合法律的相关规定，就能订立无固定期限劳动合同
续订合同	在法律规定的情形出现时，劳动者提出或者同意续订劳动合同的，应当订立无固定期限劳动合同。而在以下3种情况下续订合同的，一般都是无固定期限劳动合同： 1. 劳动者已在该用人单位连续工作满10年的。 2. 用人单位初次实行劳动合同制度或者国有企业改制重新订立劳动合同时，劳动者在该用人单位工作满10年且距法定退休年龄不足10年的。 3. 用人单位和劳动者连续订立两次固定期限劳动合同
未订立书面劳动合同	《劳动合同法》第十四条第3款规定："用人单位自用工之日起满一年不与劳动者订立书面劳动合同的，视为用人单位与劳动者已订立无固定期限劳动合同。"

◆　以完成一定工作任务为期限的劳动合同

以完成一定工作任务为期限的劳动合同是没有固定期限的，它以完成某项工作的时间为期限，目的是要劳动者为用人单位办妥某项工作。

10.3.2　劳动合同的涉及条款

劳动合同的内容一般可分为两方面，一方面是必备条款的内容，另一方面是协商约定的内容。

《劳动法》第十九条规定："劳动合同应当以书面形式订立，并具备以下条款：（一）劳动合同期限；（二）工作内容；（三）劳动保护和劳动条件；（四）劳动报酬；（五）劳动纪律；（六）劳动合同终止的条件；（七）违反劳动合同的责任。劳动合同除前款规定的必备条款外，当事人可以协商约定其他内容。"

从以上规定我们可以了解到劳动合同的必备条款有 7 项，具体该如何对这 7 项重点内容进行设计呢？

◆ 劳动合同期限

在上一小节我们了解了劳动合同的期限可分为 3 种，分别是固定期限、无固定期限、以工作项目为期限。在实际的劳动合同中是如何规定该项条款的呢？如下例所示。

| 范例解析 | 劳动合同期限的设计示例

【固定期限劳动合同期限条款】

第三条 本合同为固定期限劳动合同。

本合同于_____年___月___日生效，其试用期至_____年___月___日止。本合同于_____年___月___日终止。

【无固定期限劳动合同期限条款】

第三条 本合同为无固定期限劳动合同。

本合同于_____年___月___日生效，其中试用期至_____年___月___日止。

【单项工作劳动合同期限条款】

第一章 合同的类型与期限

第一条 本合同适用于以下几种用工需要：单项工作、可按项目承包的工作、因季节原因需临时用工的工作等。

第二条 甲乙双方协商一致，签订以完成一定工作任务为期限的劳动合同。劳动合同自____年___月___日起至_____工作任务完成时即行终止。

◆　工作内容

工作内容条款即双方对与工作内容有关的要件进行约定，包括工作地点、工作数量、工作质量、工作岗位等内容。在约定工作岗位时，HR 要尽量避免具体的岗位描述，最好约定较宽泛的岗位概念，或是签订短期的岗位协议作为劳动合同的附件，又或者是约定在某种条件下可以变更岗位的条款等。这样，当公司业务发生变化或需要变更岗位工作内容时企业不会处于被动状态中。如下例所示为一般劳动合同中对工作内容条款的规定。

| 范例解析 |　劳动合同中关于工作内容条款规定的示例

二、工作内容和工作地点

第四条 根据甲方工作需要，乙方同意从事_____岗位工作，乙方的工作地点为_____。甲方根据生产经营需要，可以变更乙方工作地点。

第五条 乙方具体的工作内容及岗位要求详见相关职务说明。乙方同意甲方可根据生产经营需要调整乙方的工作岗位。

第六条 乙方应按照甲方的要求，履行甲方制定的岗位职责和职务，按时、按质、按量完成本职工作和甲方安排的工作。

◆　劳动保护和劳动条件

劳动保护和劳动条件这两部分主要是对员工的工作时间和休假情况、各项劳动安全与卫生措施、女职工和未成年工的劳动保护措施、工作条件等进行约定。如下所示为常见的劳动合同中关于劳动保护和劳动条件的相关条款内容。

| 范例解析 |　劳动合同中关于劳动保护和劳动条件条款规定的示例

三、工作时间和休息休假

第六条 甲方依法制定员工工时、休息和休假制度；乙方须遵守甲方依法制定的员工工时、休息和休假制度，并按照规定上下班。

第七条 甲乙双方同意按标准工时制确定乙方的工作时间，即每日工作8小时，每周工作不超过40小时，每周至少休息一日。

第八条 甲方由于业务经营需要延长工作时间的，按《劳动法》执行。

第九条 乙方依法享有法定节假日、婚假、产假、丧假等假期。乙方的其他休息休假安排，按甲方有关规章制度执行。

六、劳动保护、劳动条件和职业危害防护

第十七条 甲方为乙方提供符合国家规定的劳动标准的工作条件和必要的劳动防护用品，切实保护乙方在工作中的安全和健康。

第十八条 甲方按照法律、法规及规章性文件的要求为乙方提供职业危害防治等相关措施、条件。

第十九条 甲方负责对乙方进行业务技术、劳动安全卫生及有关规章制度的教育和培训，乙方应自觉遵守国家和本公司规程。

◆ 劳动报酬

劳动报酬项目的内容主要是对劳动者的标准工资、加班工资、奖金、津贴、补贴的数额及支付时间、支付方式等进行约定。如下例所示为劳动合同中关于劳动报酬条款的约定。

| 范例解析 | 劳动合同中关劳动报酬条款规定的示例

四、劳动报酬

第八条 甲方根据法律、法规的规定，遵循按劳分配的原则，结合本公司实际和乙方的工作岗位，确定乙方的工资水平。甲方支付给乙方的工资不低于当地政府公布的当年度最低工资标准。

第九条 乙方月工资标准为_____元，试用期满后的工资标准按甲方依法制定的薪酬管理办法执行。

第十条 甲方有权根据其生产经营状况、乙方工作岗位的变更和依法制定的薪酬管理办法等公司制度调整乙方的工资待遇。

第十一条 甲方于每月15日以货币形式，按照公司规定的月工资标准足额向乙方支付工资，如遇节假日则提前一天或延至节假日满支付。

第十二条 甲方通过银行转账方式将工资支付到乙方提供的账号上。因乙方提供银行账号有误，致使甲方依法支付的工资乙方无法收到，由此造成的经济损失由乙方全部承担，甲方不负任何责任。

第十三条 公司实行个人薪资保密制度，任何员工的薪资不仅属个人隐私，也属于公司的保密资料，禁止员工打听他人的薪资待遇或泄露自己的薪资待遇。

五、社会保险和福利待遇

第十四条 甲方按规定为乙方购买社会保险（属于乙方承担的部分费用由乙方负责）。

第十五条 乙方患病或非因工负伤，甲方按国家和省、市有关规定执行。

第十六条 乙方患职业病、因工负伤的，按《职业病防治法》《工伤保险条例》等有关法律法规的规定执行。

第十七条 甲方依法制定员工薪酬福利管理办法，为乙方提供福利待遇。

◆ 劳动纪律

HR应当将企业内部的规章制度印刷成册，作为合同附件进行简要约定，这样能够规范员工按照公司的规章制度行事。如下例所示。

| 范例解析 | 劳动合同中关于劳动纪律条款规定的示例

七、规章制度

第二十条 甲方依法制定的规章制度，将通过甲方OA系统或宣传栏进行公示，还可以通过文件方式下发乙方所在部门告知乙方。

第二十一条 乙方应遵守国家和省、市有关法律法规和甲方依法制定的规章制度，按时完成工作任务，提高职业技能，遵守安全操作规程。

第二十二条 乙方应严守甲方商业秘密，不得将甲方界定为商业秘密的客户资料、信息、拟投资项目等内容泄露给第三方。如乙方违反甲方有关商业秘密管理规定，应承担相应的法律责任。

◆ 劳动合同终止的条件

HR 须注意，在合同中约定劳动合同终止条件条款时不得将法律规定的可以解除合同的条件约定为终止合同的条件，以避免出现用人单位应当在解除合同时支付经济补偿金而改为终止合同不予支付经济补偿金的情况。这在法律上是不认可的，因为对劳动者来说非常不利。常见的约定条款如下例所示。

| 范例解析 | 劳动合同中关于劳动合同终止条件条款规定的示例

八、劳动合同的变更、解除、终止和续订

第十五条 甲乙双方在本劳动合同的有效期内，可以遵循平等自愿、协商一致的原则，依法变更劳动合同部分条款。

第十六条 订立劳动合同所依据的法律、法规、规章制度发生变化导致本合同内容发生变化时，可以对本合同相关内容进行变更。

第十七条 订立本合同的客观情况发生重大变化，致使本合同无法履行的，经甲乙双方协商同意，可以变更本合同相关内容或解除本合同。

第十八条 经甲乙双方协商一致，本合同可以解除。

第十九条 甲乙双方解除劳动合同，必须按国家有关法律、法规及甲方依法制定的相关制度执行。

第二十条 有下列情形之一，本合同自行终止：

1.合同期满且双方不能就劳动合同续签达成一致的。

2.甲方经营状况不佳或已经破产关闭。

3.乙方应征入伍或者履行国家规定的其他法定义务的。

4.法律法规规定的其他情形。

第二十一条 本合同期满前，甲乙双方应按照有关规定就合同续订或者终止事宜表明自己的意见，并办理相关书面手续。

◆　违反劳动合同的责任

在合同中一般会约定两种违约责任形式，一是一方违约赔偿给对方造成的经济损失，即赔偿损失的方式；二是约定违约金的计算方法，违约金的具体金额要根据员工的承受能力来约定，一定不能出现显失公平的情形。常见的违约情况有职工违约离职等，下面来看相关条款约定。

| 范例解析 |　劳动合同中的违约责任约定示例

十、经济补偿

第二十二条 因乙方原因给甲方造成经济损失的，乙方应当向甲方承担赔偿责任。

第二十三条 乙方未提前30天向甲方提出辞职或有其他擅自离职情形的，甲方将在乙方办理交接工作后支付乙方的当月工资和办理相关的离职手续；由此给甲方造成经济损失的，乙方应承担相应的赔偿责任。

第二十四条 因甲乙双方工作需要，由甲方出资送乙方外出学习、培训，或甲方同意乙方先行出资参加外部学习、培训技术，结束后，甲方按实际发生额全额报销。乙方外出学习、培训取得的相应资格证书应交甲方存档备案，双方应另行签订服务期协议明确乙方的服务期限。乙方在服务期限内要求解除劳动合同的，乙方应承担违约责任。

第二十三条 甲乙双方任何一方违反本合同及其附件的约定，给对方造成经济损失的，应根据实际造成的损失依法给予对方赔偿。

除了以上法律规定的合同必备条款，企业还可以自行与员工约定相应的条款。这类条款多为一些随机性的条款，常会约定试用期、企业商业秘密事项、企业内部福利待遇、房屋分配或购置等内容。

10.3.3　劳动合同的生效要件

劳动合同生效是指具备有效要件的劳动合同按其意思表示的内容产生了法律效力，此时劳动合同的内容才对签约双方具有法律约束力。《劳动合同法》第十六条第 1 款规定："劳动合同由用人单位与劳动者协商一致，并经用人单位与劳动者在劳动合同文本上签字或者盖章生效。"

根据法律规定我们可以了解到，合同当事人签字或盖章是合同生效的必要条件。但如果在合同中还规定了其他的生效条件，还需要满足生效条件才能令劳动合同生效，具体可归纳为以下 5 个部分。

劳动合同主体合法。劳动者和用人单位具备作为劳动合同主体双方的主体资格。即公民个人参与劳动法律关系必须具备劳动权利能力和劳动行为能力，而用人单位参与劳动法律关系成为合法主体，也必须具备相应的用人权利能力和用人行为能力。

劳动合同内容合法。劳动合同必须完全具备法定必备条款，且全部条款都须符合劳动法律、行政法规的要求。

劳动合同双方当事人意思表示真实。劳动合同双方在订立合同时必须平等自愿、协商一致，意思表示都出于本人自愿且与本人内在意志相符，不存在由欺诈、胁迫、乘人之危等因素而导致的意思表示不真实。

劳动合同形式合法。劳动合同必须具备法律规定的形式，法律明确要求订立书面合同的情况下，欠缺书面形式的，会导致劳动合同的无效。

劳动合同订立程序合法。在劳动合同订立过程中必须遵守法定的程序，如果依照法律规定，合同需要按国家规定鉴证或按当事人约定需公证的，必须将合同文本送交法定劳动合同鉴证机构或公证机构进行鉴证或公证劳动合同才依法生效。

10.3.4　劳动合同无效的争议

无效的劳动合同是指当事人所订立的劳动合同不符合法律、法规规定，或缺少有效要件，导致全部或部分不具有法律效力的劳动合同。有关如何界定无效的劳动合同是最容易起劳动纠纷的。为了保护劳动者，法律规定了在某些情况下合同是无效的，用人单位对此一定要了解清楚，以免约定了无效的合同条款，让企业权益受损。

《劳动合同法》第二十六条规定，下列劳动合同无效或者部分无效：

1. 以欺诈、胁迫的手段或者乘人之危，使对方在违背真实意思的情况下订立或者变更劳动合同的。

2. 用人单位免除自己的法定责任、排除劳动者权利的。权利一定是相对的，为了保障劳动者的合法权益，用人单位如约定"一律不支付经济补偿金""发生任何意外情况都与企业无关"等免除己方法定责任的条款属无效条款。

3. 违反法律、行政法规强制性规定的。我国在《劳动法》及相关的法律规定中，有很多强制性的规定，用人单位必须遵守。如果违反法律的强制性规定，则相关条款无效。

而对劳动合同的无效或者部分无效有争议的，由劳动争议仲裁机构或者人民法院确认。其他如劳动行政部门、劳动争议调解委员会、工会等机构都不具有认定劳动合同效力的权利。一旦劳动合同被认定为无效，双方都要承担相应的法律后果，具体有以下两种。

①劳动合同被确认无效，劳动者已付出劳动的，用人单位应当向劳动者支付劳动报酬。劳动报酬的数额，参照本单位相同或者相近岗位劳动者的劳动报酬确定。

②劳动合同被确认无效，给对方造成损害的，有过错的一方应当承担赔偿责任。

而对于劳动合同部分无效的，根据《劳动合同法》第二十七条规定："劳动合同部分无效，不影响其他部分效力的，其他部分仍然有效。"有效的劳动条款对双方当事人仍有约束力。

10.3.5　劳动合同的变更管理

劳动合同的变更是指劳动合同依法订立后，在合同尚未履行或者尚未履行完毕之前，经用人单位和劳动者双方当事人协商同意，对劳动合同内容作部分修改、补充或者删减的法律行为。劳动合同的变更是原劳动合同的派生，是双方已存在的劳动权利义务关系的发展。

《劳动合同法》第三十五条规定："用人单位与劳动者协商一致，可以变更劳动合同约定的内容。变更劳动合同，应当采用书面形式。变更后的劳动合同文本由用人单位和劳动者各执一份。"

根据法律规定，劳动合同在双方协商一致时是可以变更的，HR或企业管理者在企业面临客观情况改变的时候，可能需要调整经营业务和岗位，这种情况下，企业与员工订立的劳动合同就有可能需要改变。而什么样的客观情况改变需要变更劳动合同呢？主要有如表10-2所示的4个原因。

表10-2　变更合同的客观原因

客观情况	具体介绍
订立劳动合同所依据的法律、法规已经修改或者废止	如果合同签订时所依据的法律、法规发生修改或者废止，却不对合同内容进行变更，就可能出现与法律、法规不相符甚至是违反法律、法规的情况，导致合同因违法而无效
用人单位方面的原因	用人单位经上级主管部门批准或者根据市场变化决定转产、调整生产任务或者生产经营项目等，在这种情况下，有些工种、产品生产岗位可能因此而撤销，或为其他新的工种、岗位所替代，原劳动合同就可能因签订条件的改变而发生变更

续上表

客观情况	具体介绍
劳动者方面的原因	如劳动者的身体健康状况发生变化、劳动能力部分丧失、所在岗位与其职业技能不相适应、职业技能提高等，造成原劳动合同不能履行，或者如果继续履行原合同规定的义务对劳动者明显不公平，此时就需要变更合同
客观方面的原因	①由于不可抗力的发生，使得原来合同的履行成为不可能或者失去意义。 　②由于物价大幅度上升等客观经济情况变化致使劳动合同的履行会花费太大代价而失去经济上的价值。这是民法的情势变更原则在劳动合同履行中的运用

　　《劳动合同法》第四十条第三款规定：劳动合同订立时所依据的客观情况发生重大变化，致使劳动合同无法履行，经用人单位与劳动者协商，未能就变更劳动合同内容达成协议的，用人单位提前三十日以书面形式通知劳动者本人或者额外支付劳动者一个月工资后，可以解除劳动合同。

　　根据以上法律条款，我们可以知道在双方协商不能达成一致时，用人单位可以选择解除劳动合同，当然前提是"劳动合同订立时所依据的客观情况发生重大变化"。

10.3.6　劳动合同的台账管理

　　与劳动者签订劳动合同一定有书面协议，为了在发生劳动争议时有据可依，公司一定要对劳动合同妥善保管。有经验的 HR 会对所有签订的劳动合同进行分类管理，并对每份合同的详细信息进行登记，形成劳动合同管理台账。

　　一般来说，此类台账多是以表格的形式展示，如表 10-3 所示为某公司的劳动合同管理台账，HR 可以进行参考。

表 10-3　××公司劳动合同管理台账

序号	合同编号	姓名	性别	所属部门	职位	身份证号码	年龄	联系电话	合同起始日期	合同期限（年）
1	0122	张一	男	行政	专员	……	23	……	2019/8/30	3
2	0123	赵昜	男	行政	前台	……	45	……	2019/9/2	3
3	0124	周月	女	行政	主管	……	41	……	2019/10/2	5
4	0125	罗雨	女	行政	助理	……	23	……	2019/12/3	5
5	0346	陆然	男	生产	员工	……	25	……	2020/4/15	3
6	0347	刘力	男	生产	经理	……	36	……	2020/4/30	3
7	0348	明与	男	生产	主管	……	35	……	2020/5/10	3

第十一章

管理提升，借助心理学辅助工作

一直以来，都有企业利用心理学效应来管理公司，并且取得了非常好的效果。对于 HR 来说，如何运用各种技巧，尤其是心理学技巧，来实现人事管理，是非常重要的一课。

11.1
招聘环节是没有硝烟的心理战场

招聘就是 HR 与应聘者之间的互相博弈，博弈的结果要么是双赢，要么是两败俱伤。在这场博弈之间，除了实际的考核外，还有心理战场。面试者会受到各方面的压力导致实力减弱，而 HR 会受到各项心理因素的干扰，无法判断真正的优秀人才，以致面试效果降低。

11.1.1 控制招聘收益率，别让面试者挤破门

企业在招聘之前，为了让招聘效率更高，会做好一系列的准备工作，如招聘预算、预招人数、部门岗位资料等，而通过控制招聘收益率能够帮助 HR 达到该目的。

招聘收益率是非常重要的招聘绩效指标，常指应聘者从招聘环节的一个阶段过渡到另一个阶段的比例，每个阶段的计算主体都不一样，如图 11-1 所示。

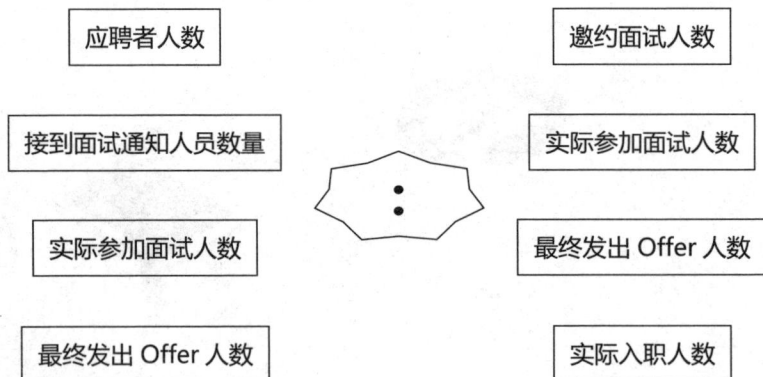

图 11-1

通过招聘收益率可以衡量被雇佣的候选人与总候选人数的比例，如某公司需招聘 5 名采购员，根据行业或公司内部的招聘收益率可以反推出每个阶

段的应聘者人数，再根据计算出的大概人数，指导 HR 控制预算、筛选人数，让招聘工作更高效、招聘成本更低廉。

先来看看下面一个案例。

| 范例解析 | 未提前计划应聘者人数而导致招聘效率低

××文化创意公司打算招聘两名广告文案编辑，刚进公司半年的HR罗某负责了此次招聘任务。为了尽快为公司招到人才，罗某十分认真，不仅立刻发布了招聘信息，还在短时间内做好了招聘计划。

一周的时间收到了50份文案编辑的求职简历，盘算着公司只需要招两名编辑，便在50份简历中选出8份非常优秀又符合公司招聘需求的人才，并一一通知其前来面试。

结果面试当天只来了4人，经过初试，其中一位求职者由于不满薪酬待遇放弃了复试机会。在复试中，一位候选人由于经验略显不足被面试官淘汰。最后，只剩下两名候选人得到Offer，正当罗某以为此次招聘工作顺利完成时，入职当天却只来了一人。

没办法，为了完成招聘任务，罗某只得重新筛选面试人员，并计划面谈活动，浪费了面试官的时间及公司的资源，这次简单的人员招聘一共持续了一个多月，可以说是效率极低。

通过上述案例，我们可以知道提前计划好应聘者的人数有多么重要，而通过计算招聘收益率就可以做到。如何计算招聘收益率呢？我们可通过下面的例子来了解。

| 范例解析 |

某公司在招聘行政助理时收到了100份求职简历，HR在分析任职条件后筛选出了40份简历并发出了邀请通知，有32人接受了面试邀请。在面试当天只有18人前来面试，经过初试有10人获得复试资格，经过复试有5人拿到了公司Offer，最后入职的人数是4人。根据这一招聘活动，我们可以随之计算出的招聘收益率依次是：

1.求职者人数÷面试通知人数——100÷40=5：2=2.5。

2.面试通知人数÷接受面试邀请人数——40÷32=5：4=1.25。

3.接受面试邀请人数÷面试参与人数——32÷18=16：9=1.78。

4.面试参与人数÷复试参与人数——18÷10=9：5=1.8。

5.复试参与人数÷录用通知人数——10÷5=2：1=2。

6.录用通知人数÷实际报到人数——5÷4=5：4=1.25。

通过计算得出了每个阶段的招聘收益率，结合几次同类型的招聘活动后，就可以大致确定招聘收益率，并运用在之后的招聘活动中。如一年后，公司又要招聘行政助理，这次公司计划招聘3名行政助理，通过如表11-1所示的招聘收益率表，可轻松得出面试通知人数，方便HR筛选简历。

表11-1　招聘收益率

名称	人数	比例
招聘人数	3	1.25
录用通知人数	4	2
复试参与人数	8	1.8
面试参与人数	15	1.78
接受面试邀请人数	27	1.25
面试通知人数	34	2.5
求职者人数	85	

在确定招聘各环节人数时，HR要注意以下一些要点。

◆ 录用通知人数一定要比实际招聘人数多，如实际招聘人数是3名，可以发4~5份Offer，以免出现意外导致入职人数不够，如果人数超过预期可以在试用期中进行考核筛选。

◆ 一般来说，比起纯技术类职位，非技术类岗位的应聘者的入职率更高，HR要根据经验做好人数预估。

◆ 内部推荐的面试者由于对公司有更多的了解，其入职率约等于
100%。

◆ 通知时间对招聘收益率的影响较大，如邀请面试通知、复试通知和
录用通知在3天内发出，和在5天内发出，最后得到的效果完全不同，
时间越近人数越多。

11.1.2 降低顺序效应的影响，找到合适的人才

在招聘面试环节，HR 要与候选人进行面谈，以此来了解候选人的各方
面情况。不过在面试面谈的过程中，由于时长、天气、面试者状态等的影响，
面试官的心理状态也会出现改变，如常见的顺序效应，受到这种心理因素的
影响，HR 在面试时就难以保证公正、客观。

所以 HR 应该了解顺序效应产生的原因，努力克服这种心理情绪。所谓
顺序效应，是指刺激呈现的顺序会影响人们判断的现象。

在进行招聘工作的时候，面试官一般要连续与多名候选人进行面谈，并
依次对其进行面试评估，而这种评估很有可能受面试顺序影响，变得不够客
观，如下例所示。

| 范例解析 | 顺序效应影响面试评估

××有限公司最近在开展招聘活动，希望为公司招聘一批新人，所以
招聘任务较重，HR作为主要面试官之一，几乎每一场面试面谈活动都参与
了，工作压力比起部门负责人更加大。在最后一场面试面谈中，HR一连面
试了好几个候选人，其表现都不好，所以在面对一个各方面都表现平平的人
选时，突然觉得眼前一亮，随即就打了高分。

由上例可知，对员工能力的评估很容易受顺序效应的影响，在相反的情
况下，如 HR 连续面试了几位能力不错的候选人，在面对更加优秀的候选人
时，也就不会觉得他非常突出了。这种心理效应对我们的招聘有不利的影响，
HR 如何做才能降低顺序效应的影响呢？

①设置面试评分标准，对每个应聘者采用同一套测试问题，这样能减少主观意识的干扰。

②仅仅通过面谈的方式来评估候选者，太容易受主观感受影响了，HR应结合多种面试方式，包括笔试、实地考核、情景模拟等，可将主观评估的权重拉低。

③直接设置第一印象分，并设置较低的权重，然后在后续的评分系统中分项目为候选人打分，精细化的打分系统能够避免评判的笼统性。

④HR应克服自己的个人喜好偏向，理性对待每一个候选人。

⑤避免一对一的面试方式，这样可以将自己的主观意见影响力降低。

⑥HR要注意调节个人状态，避免长时间进行面试面谈工作，更不要连续参加几场面试工作，这需要人力资源部在人员安排上做好规划。

11.1.3　避免首因效应与晕轮效应，招聘更客观

面对招聘工作的压力，作为面试官的HR很难保证一如既往的客观，除了顺序效应外，还会受到首因效应与晕轮效应的影响。

◆　首因效应

首因效应由美国心理学家洛钦斯首先提出的，也叫首次效应、优先效应或第一印象效应，具体是指交往双方形成的第一次印象对今后交往关系的影响，与我们常说的"先入为主"的概念十分类似。

在面试中，HR也会因为面试者的第一印象来判断其综合能力。一般来说，HR会对候选人的两个方面产生首因效应，一是外貌，二是谈吐。这看似理所当然，却有可能令HR失去优秀的人才，如下例所示。

| 范例解析 | 受首因效应影响错失优秀人才

××有限公司最近在招聘广告策划师，经过初试和复试，面试环节进入了终试阶段，HR从一众人才中筛选出两个最优秀的，由于本次招聘名额只有一名，所以需要从二者中择其一。在最后的面谈过程中，性格开朗的李某态度积极，全程面带微笑，虽然有些问题回答得不好，却给HR留下了非常好的印象；而含蓄内敛的张某却显得有些拘谨，不过有问必答，很好地完成了面试考核。最后HR因为对李某具有好感，忽略了其面试中的瑕疵，最后录用了李某。

其实招聘广告策划师应该更加看重其绘画和设计能力，性格外向或是内向对其工作效果是没有影响的，HR这种筛选方式直接错过了更优秀的张某，这对公司来说是一种损失。

HR要想招到对的人，应该想办法摆脱首因效应带来的影响，最重要的就是增加对他人的接纳性。HR要记住"45秒原则"，形成对候选人的第一印象一般在刚接触的45秒中，HR在这45秒中只要做到不下结论、不定义对方，就能在之后的过程中保持客观。

◆ 晕轮效应

晕轮效应又称成见效应，是指在人际知觉中所形成的以点概面或以偏概全的主观印象。在日常的社会交往中，我们总是会对他人的某个突出特点、品质所吸引，产生错觉，掩盖了其整体品质和形象。

在面试中，如果面试官对候选人某种特点尤为关注，无论是优势还是不足，都会将这种影响夸大。面试官要是欣赏应聘者的某一特质，就会以正面积极的角度看待其一切行为举止；反之，就会对其处处挑刺。如在面试环节中，受晕轮效应的影响，HR可能会做出以下的判断。

◆ 求职者穿着体面、精致，其工作起来一定很有条理吗？

◆ 求职者气质安静内敛，一定沉稳可靠，能够专注在工作中吗？

◆ 面试迟到代表该位求职者态度敷衍，工作效率不高吗？

不过通过表面的现象，我们还可以得出如下可能。

◆ 穿着体面、精致——只在特定情况下。

◆ 气质安静内敛——熬夜打游戏没睡好，精神不佳。

◆ 面试迟到——公交晚点、塞车、路遇突发情况。

总的来说，晕轮效应的特征具体表现为以下 3 点。

遮掩性。误以为个别特征等于本质，进而从部分推及整体，甚至无中生有。

表面性。仅从表面现象判断对方，并没有进行实际的、深入的了解，所以只专注在一些外在特征上。

弥散性。以对某人的整体印象，扩散至与其有关的各种事项上。

而晕轮效应的特征在面试上会带来不小的负面影响，主要体现在以下一些方面。

①HR 容易对面试者形成认知偏见，导致错失优秀人才。

②只注意表面的优点，忽略人才的实际能力，不利于 HR 筛选人才。

③HR 在评分时难以通过各种标准客观评分，导致不同候选人的评分标准各有不一，影响招聘体系的公正性。

11.1.4 利用胜任特征高效选拔人才

胜任特征是指能将某一工作中优秀者与普通者区分开来的个人的深层次特征，可由动机、特质、自我形象、态度、某领域知识、认知或行为技能等测量或计数得到。一般来说，胜任特征包含以下几个层面的内容。

◆ **知识**：特定职业领域所需要的信息，如涉及财务管理的会计专业知识。

◆ **技能**：完成特定生理或心理任务的能力，在职场中具体是指专业技术的使用能力，如绘图技能、安装技能、编程技能。

◆ **社会角色**：意欲在他人面前展现的形象，如企业领导等角色。

◆ **自我认知**：对自己身份的认知或知觉，如个体的态度、价值观或自我形象。

◆ **特质**：个人身体特征、对外反应及典型的行为方式，如善于倾听、谨慎等。

◆ **动机**：个体行为的内在动力，或决定个人外在行为的内在思想，如想要高工资、希望获得更好的发展。

胜任特征并不是同一水平线上的特征，其显现方式更像一座冰山。水面上方漂浮可见的部分为表层特征，如专业知识、工作技能等；水面下方部分为深层特征，很难被他人了解，如特质、动机等，如图11-2所示。

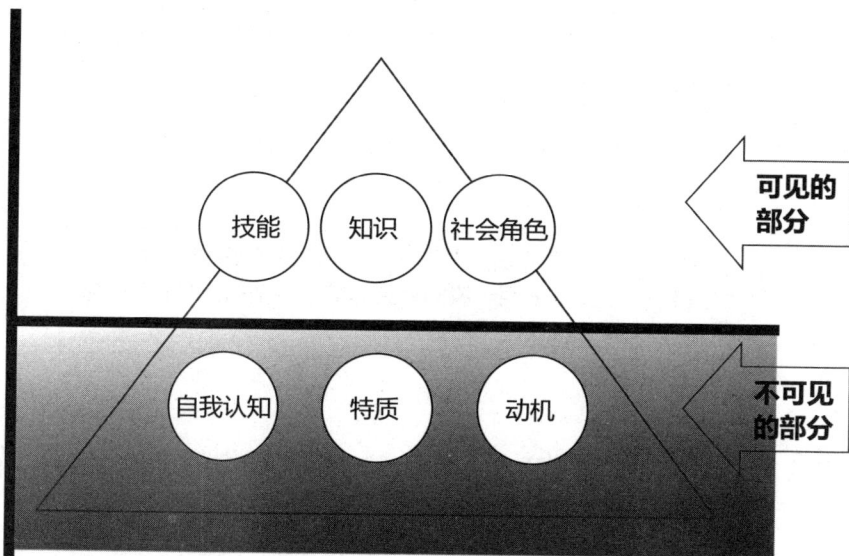

图 11-2

在招聘时，利用胜任特征的各项内容，能帮助 HR 找到筛选人才的重要依据，具体操作步骤如图11-3所示。

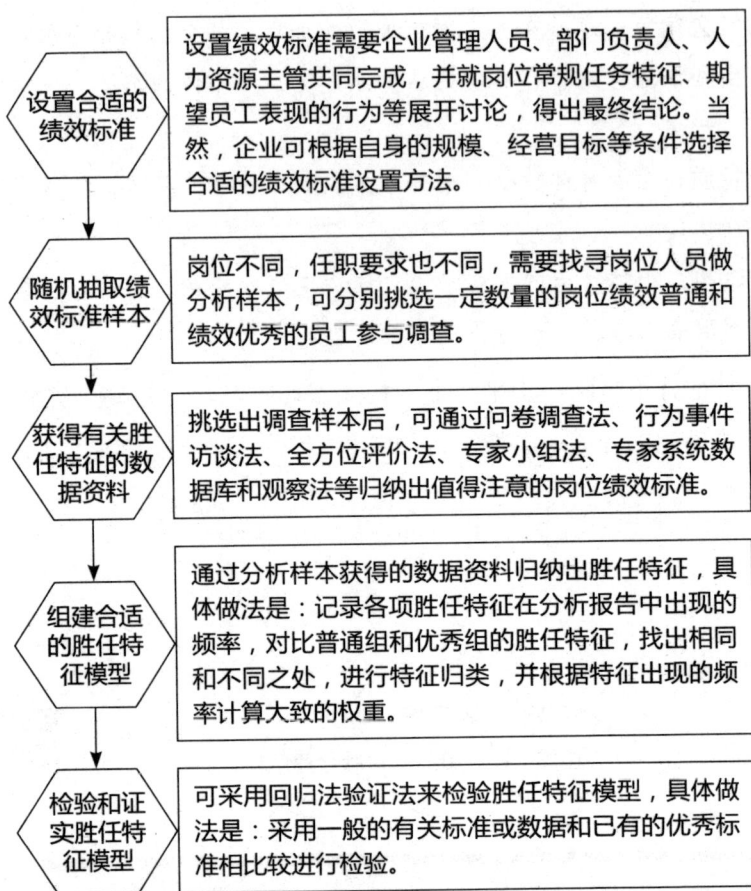

设置合适的
绩效标准

设置绩效标准需要企业管理人员、部门负责人、人力资源主管共同完成，并就岗位常规任务特征、期望员工表现的行为等展开讨论，得出最终结论。当然，企业可根据自身的规模、经营目标等条件选择合适的绩效标准设置方法。

随机抽取绩效标准样本

岗位不同，任职要求也不同，需要找寻岗位人员做分析样本，可分别挑选一定数量的岗位绩效普通和绩效优秀的员工参与调查。

获得有关胜任特征的数据资料

挑选出调查样本后，可通过问卷调查法、行为事件访谈法、全方位评价法、专家小组法、专家系统数据库和观察法等归纳出值得注意的岗位绩效标准。

组建合适的胜任特征模型

通过分析样本获得的数据资料归纳出胜任特征，具体做法是：记录各项胜任特征在分析报告中出现的频率，对比普通组和优秀组的胜任特征，找出相同和不同之处，进行特征归类，并根据特征出现的频率计算大致的权重。

检验和证实胜任特征模型

可采用回归法验证法来检验胜任特征模型，具体做法是：采用一般的有关标准或数据和已有的优秀标准相比较进行检验。

图 11-3

通过上图所示的步骤，HR 可以制作出非常精细的胜任特征模型，如表 11-2 所示为某岗位胜任特征要素。

表 11-2　胜任特征要素

胜任特征	内容定义	评判维度
职业技能	具备能够解决工作中出现的技术问题的能力，或是掌握开发新产品的知识，及设计新方案的专业知识	对公司的技术知识工作有一定了解，明白相关技术的实施细节和具体流程，对专业的工作能有自己的见解，能够对相关技术工作起到担起主要责任

续上表

胜任特征	内容定义	评判维度
工作能力与工作态度	无论何种工作总是积极完成，能够及时掌握要点，梳理重点内容和流程，最终达成工作结果	参与工作的积极性很高，工作能力稳定，对突发事件能够及时处理，有预知风险的能力，懂得变通，灵活做出工作决策
团队精神	能团结工作小组，即使是多人合作也能减小摩擦，彼此信赖完成工作	能够培养友好的工作氛围，主动与同事沟通，团队默契度高，分工科学合理，并且有很好的领导能力协调同事之间的想法，引导团队做出成绩
学习能力	有"活到老，学到老"的心态，乐于接受新鲜事物和高端设备	不断学习岗位知识，记录工作中遇到的问题，通过学习来提高工作能力，在学习和工作中不断总结。除了自己总结，也要为团队成员制作可行的学习提高计划，优化团队建设
外联能力	无论是与合作公司谈判，还是与客户沟通，都能够将公司利益最大化	了解合作公司，明确客户的实际需求，提高自己的服务水平，与外部建立良好的关系，为公司带来更多资源，使公司能够持续发展，不断扩大规模
个人魅力	具备基本的号召力、领导力，能够引导身边的同事完成工作	无论外部人员还是内部员工，都能说服其赞同自己的想法，因此在对内培训的过程中能够发掘员工的潜能，使大家共同成长，进而带动企业发展

　　除了上表所示的一些胜任特征之外，工作效率、设计能力、销售能力、沟通能力、谈判能力、适应能力、预知风险能力等都可以作为胜任特征模型的参考要素。HR在设计胜任特征模型时，一定要考虑到行业或岗位的特殊性，才能更精准地招聘人才。

11.1.5　了解简历申请表中的隐藏信息

简历是了解候选人的有利工具，HR 从简历中可以得到很多信息，如候选人的基本资料、工作经历、学历信息等。不过对于那些隐藏在简历之中的信息，HR 都能找到吗？一般来说，普通的简历会包括如图 11-4 所示的一些内容。

基本信息					
姓　名		性　别		出生年月	
民　族		籍　贯		婚姻状况	
身　高		体　重		Email	
身份证号				移动电话	
现住地址				住址电话	（照片）
期望薪资		政治面貌		QQ	
紧急联系人		关　系		联系电话	
学　历		专　业		毕业学校	

教育经历				
起止时间	学校名称	学　历	就学形式	专　业

工作经历				
起止时间	工作单位	部　门	职　务	证明人及电话

职业技能与特长		
技能名称	技能描述	工龄

郑重申明	本人保证以上所填资料属实，否则一切后果愿意自负。

说明：

图 11-4

以上图为例，我们可以简单分析一下其中隐藏的信息，乍看之下，可能会觉得这份简历没有什么问题，不过求职意向这一重要内容却不充分，求职意向主要包含有以下 5 点内容。

◆ **目标职位**：填写自己希望应聘的岗位。

◆ **目标行业**：填写自己希望应聘的行业范围。

◆ **期望薪资**：填写自己期待的工资水平福利需求。

◆ **期望地区**：填写自己希望工作的地区、城市范围。

◆ **到岗时间**：填写自己能够多长时间内到任新岗位。

候选人没有在简历中充分地提及自己的求职意向，说明其可能对自己的职业没有规划，跳槽的概率会很大。如果 HR 想要招聘到优秀并有职业目标的人才，就要对这样的简历注意了，结合其求职意向和工作经历来了解其是否属于得过且过类型的。

只从一点我们就能知道简历中隐藏的信息很多也很重要，下面根据具体的案例，来试着分析其中的隐藏信息。

| 范例解析 |　从简历中分析隐藏信息

求职人名叫李云，本地人，性别女，毕业于××大学国际贸易专业，年龄30岁，已婚已育，拥有初级会计师资格证。

其求职简历中附有个人照片，身着白衬衣，看起来非常干练，长相清秀。在紧急联系人栏填写的是父母的联系方式，平日爱好唱歌。现居住地址在城东，距离公司车程半小时之内。

李云的第一份工作是8年前，在某会计师事务所做办公室文员，两年后跳槽到某中小企业做出纳，历时一年。第三份工作也是在某中小企业担任普通财务会计，历时两年，随后她去了一家乳制品连锁公司做管理会计，历时两年。

接下来，由于个人家庭的原因，李云有一年的时间没有从事任何工作，在个人生活安排好后，李云才决定重新求职，希望加入位于城东的××食品公司做财务会计。

李云的期望薪资为6 000元，与该公司的招聘条件也比较吻合，浏览李云的简历，没有发现一个错别字，标点与语法的运用都完全正确，也没有出现成语误用的情况，字迹工整，没有涂改痕迹。

根据上例所示的一些信息我们可以从中得到哪些隐藏信息？可参考以下的分析思路。

①李云是国际贸易专业毕业的，而其从事的岗位却是会计，两者之间没有共同点，说明李云对国际贸易类的工作没有兴趣，或是其专业课成绩不佳，遂考虑转行。

②李云没有什么特殊的兴趣爱好，可见私人生活较为普通，不会占用太多的工作时间。

③李云的第一份工作是某会计师事务所的文员，其所做工作不会有太大的技术含量，不过对于转行来说，这是非常靠谱的求职路径。可以推测出李云是在会计师事务所工作的时候，逐渐接触会计知识，并开始自学。说明其职业规划清晰，自身的学习能力也较强。

④其外表清秀，对于求职来说，应该具有一定优势。穿着打扮也很有职业感，可见其非常注重细节。

⑤李云的第二份工作是出纳，第三份工作是普通的财务会计，第四份工作是管理会计，其在具备基础能力的基础上，一步一步从事自己想要的岗位，在每个岗位上李云都任职了一到两年，即可说明其跳槽的频率并不算太高。这也间接说明她有足够能力，并且不会轻易离开公司。

⑥按照李云的职位规划目标，其本该在接下来的时间不断提高自己，考取中级会计师资格，从事财务管理的工作，不过却有了一年的空白期，由于李云已婚已育，很有可能在这一年的时间里生育小孩，一年后才开始回归工作，这样说明其工作的愿望非常强烈。

⑦从简历书写正确性说明其文化水平很高，并且认真细致，可能其对于自我评价等内容进行了反复修改，所以才能够做到文法和标点都正确无误，说明其性格沉稳。

⑧其对教育背景和工作经历的描述精确到月份，说明其思维清晰，对数字敏感，适合从事财务工作。

⑨李云填写的紧急联系人是父母，由于其已婚已育却没有填丈夫的联系方式，可以分析出李云的先生在外地工作的时间多，而李云对小孩的养育责任更重，因此其选择了同在城东的公司。这样可以说明，其必须兼顾家庭，加班工作对她来说有些困难。

根据所述分析，李云是一个希望能够朝九晚五、按时下班的员工，其可以在工作岗位上踏实办公，并能保证很小的工作失误。这样 HR 就要考虑是想要招一个工作认真的普通员工，还是积极上进，能将工作摆在私人生活之前的员工。

由此可见，从一份简单的简历中，HR 就能得到这许多的信息，对一个优秀的 HR 来说，其应具备的工作技能不止在招聘面谈上，还包括心理分析、材料分析等。

11.2
员工的入职心理引导与选拔

新员工入职进入陌生环境，HR 的职责就是帮助其尽快适应工作环境，除了按照公司流程为其办理入职手续外，HR 还可以从心理层面或者其他技术层面来帮助入职的新员工。

11.2.1　巧用职业生涯规划稳定员工

李某刚刚大学毕业，为了尽快找到工作，所以一连参加了好几场招聘会，并四处投简历，只要稍微有些适合他的公司李某都投递了简历，而在面试的时候李某总是表现不佳，因为面试官总要询问其一个问题——你的职业规划是什么？而李某总是回答不出来。

对于一个刚刚毕业的大学生来说，其只想尽快地找到工作，所以从未考虑过职业规划的问题，所以其参加的几次面试都不成功。

等到李某受过挫折以后，她才开始慢慢思考职业规划到底是什么，根据其本身的专业出发，她决定从事与汉语言文学相关的工作，包括文字编辑、文案策划、宣传工作等。自此以后，李某只投出版业、媒体业、广告业等相关行业的职位。最后，顺利地通过了面试，找到一份图书编辑的工作。

可见，职业规划对于每一个求助者来说都非常重要。职业规划是针对个人职业选择的主观和客观因素进行分析和测定，确定个人的奋斗目标并努力实现这一目标的过程。在企业内部，切实可行的职业规划能让员工拿出自己的干劲，与企业共同进步，朝着相同的目标前进，如图 11-5 所示。

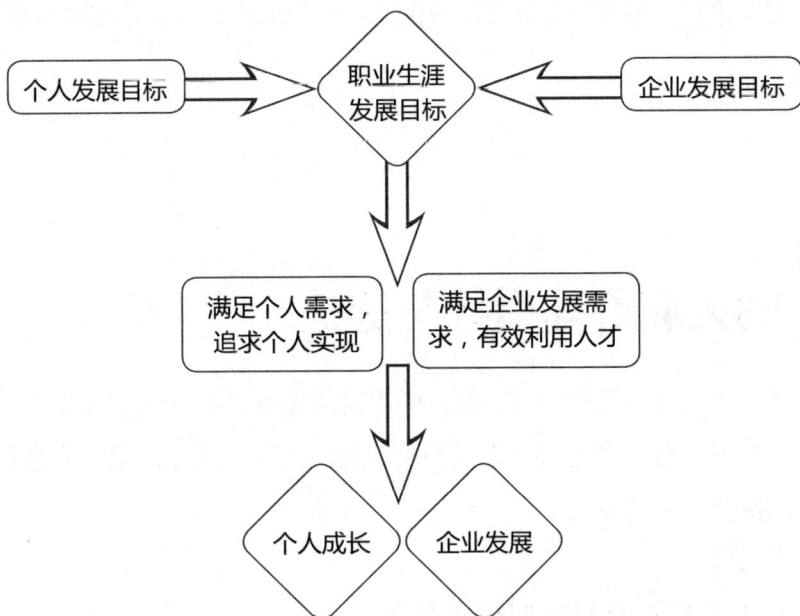

图 11-5

HR 应该在员工刚入职的时候结合企业发展目标，帮助员工做好职业规划，让员工在不断成长的同时为企业发展贡献力量。有效的职业规划应该具备以下一些特性。

◆　**可行性**：职业规划应切实可行，不能好高骛远，否则即使设计了职业规划也形同虚设。

◆　**时限性**：职业规划首先应该设定时间期限，如3年、5年，这样在环境、能力发生变化后才能设定更适合的职业目标。

◆　**延展性**：职业规划是能够及时调整的，这样才能更适合不断变化的环境。

◆　**明确性**：职业规划应该具体，不能单单只是我要达成什么目标就可以了，还应包括要学习什么知识、技能、实现步骤等。

一般来说，设计职业规划应该按一定的步骤进行，如图11-6所示。

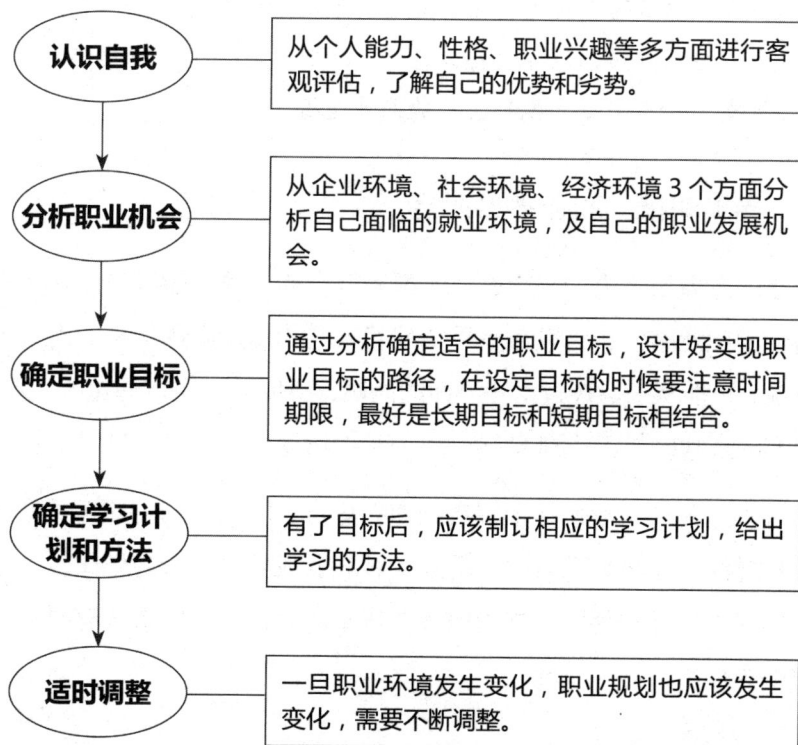

图 11-6

作为 HR，应该在员工设计职业规划的各个环节提供相应的帮助，可以通过以下 5 个问句来引导员工。

◆ "你是怎样的人？"（让员工对自己进行深刻反思，列出自己的优点和缺点）

◆ "你想要干什么？"（了解员工的职业发展的心理趋向，帮助其找到自己的兴趣点和目标）

◆ "你能干什么？"（这是对员工潜力和能力的分析，员工的个人能力决定了其发展空间，在该阶段，员工应该了解自己的知识结构和能力结构）

◆ "环境支持或允许你干什么？"（环境就是实现个人职业目标的各种外在因素的总和，包括经济发展、人事政策、企业制度、同事关系等，这些因素都对员工的职业发展有一定的影响）

◆ "你自己最终的职业目标是什么？"（这可以为员工提供一个总的框架，让员工据此规划自己的职业生涯）

11.2.2 兴趣测试，职业类型初筛

职业的选择与个人的兴趣、特质都有很大的关系，能够在一开始就了解自己适合的职业路线，可以最大可能地将自己的潜能发挥出来。而对于很多员工来说，可能从未考虑过这一方面的问题，所以 HR 可以通过"兴趣测试"等诸多方法来帮助员工找到方向。

通过兴趣测试，我们能了解自己的兴趣点，匹配不同的职业类型。一般来说，兴趣测试是将求职者的兴趣同各种职业成功者的兴趣做比较，来判断其适合的岗位，并作为职业规划的参考依据。兴趣测试的方式有很多，常用的有如下 3 种。

（1）库德职业兴趣量表（Kuder Occupational Interest Survey，简称KOIS）

库德兴趣量表是一种职业兴趣评估工具，通过设计的量表计分，再依据得分高低确定感兴趣和不感兴趣的职业领域。常见的库德兴趣量表有一般兴趣调查表和职业兴趣调查表两种，前者适合中小学生，后者适合大学生与职场新人。

库德职业兴趣量表采用三选一的方式，让测试者在3个内容选项中选出最喜欢与最不喜欢的一项，如表11-3所示。

表 11-3　库德职业兴趣量表

题目编号	内容	选项	
1	参观美术画廊 参观图书馆 参观博物馆	M（　） M（　） M（　）	L（　） L（　） L（　）
2	收集真迹石板复制品 收集硬币 收集石头	M（　） M（　） M（　）	L（　） L（　） L（　）
3	在合唱团队中唱歌 在医院做义工 在野外宿营	M（　） M（　） M（　）	L（　） L（　） L（　）

库德职业兴趣量表把所有职业分为了户外活动、机械、计算、科学、游说、艺术、写作、音乐、社会服务和文书10个领域，根据测试者的选择计算最后得分，将分数与参照的标准职业组的测试成绩进行比较，即可知道测试者感兴趣的职业。

（2）霍兰德职业性向测试（Self-Directed Search，简称SDS）

美国心理学家霍兰德提出了一种职业性向理论——人格类型论，他认为个人职业兴趣特性与职业之间应有一种内在的对应关系，只有当人格类型与职业选择相匹配，才能发挥员工自身的潜能。

根据兴趣的不同，人格可分为研究型（Investigative）、艺术型（Artistic）、社会型（Social）、企业型（Enterprise）、传统型（Conventional）、现实型（Realistic）6 个维度，每个人的性格都是这六个维度的不同程度组合。可用六边形模型对此概念进行诠释，模型的顶点可代表 6 种不同的人格类型，如图 11-7 所示。

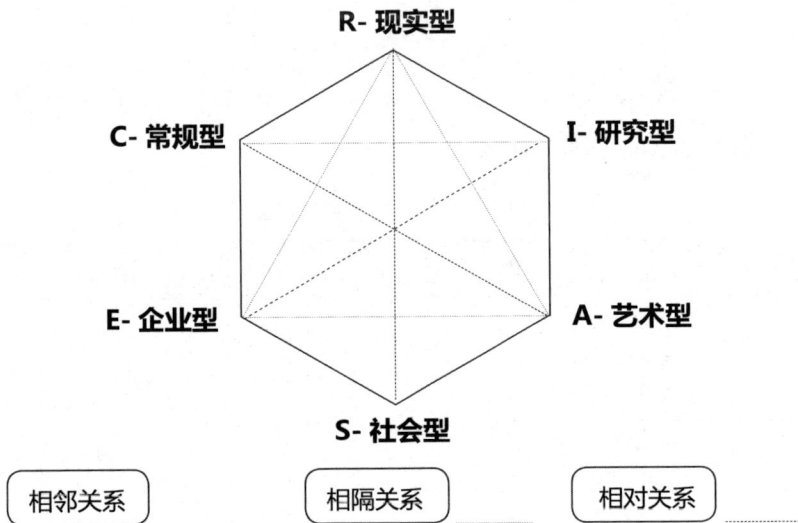

图 11-7

在上图中，不同类型的位置代表了不同的内在联系，相邻关系的共同点最多，距离远的相对关系则差异最大。

这种测试方法为是非题，通过回答"是"或"否"来计分，得到自己的职业倾向，测试者要根据自己的直觉来回答，此类测试是没有对错之分的。题目示例如下。

◆ 喜欢把一件事情做完后再做另一件事。
◆ 欣赏音乐或戏剧。
◆ 以自己的意志影响别人的行为。
◆ 检查与评价别人的工作。
◆ 能和大家一起友好相处地工作。

◆ 在工作中喜欢独自筹划，不愿受别人干涉。

◆ 能安排会议等活动顺序。

◆ 有效利用自身的做法调动他人。

◆ 能快速记笔记和抄写文章。

◆ ……

霍兰德测试的6个维度的具体含义和特征是怎样的呢？如表11-4所示。

表11-4　霍兰德六边模型含义

类型	特点	典型职业
现实型（Realistic）	愿意使用工具、机器从事操作性工作，动手能力强，手脚灵活，动作协调。 偏好于具体任务，不善言辞，做事保守，较为谦虚。缺乏社交能力，通常喜欢独立做事	适合使用工具、机器，需要基本操作技能的工作。如技术性职业（计算机硬件人员、摄影师、制图员、机械装配工），技能性职业（木匠、厨师、技工、修理工、农民、一般劳动）
研究型（Investigative）	抽象思维能力强，求知欲强，肯动脑，善思考，不愿动手。喜欢独立的和富有创造性的工作。知识渊博，有学识才能，不善于领导他人。考虑问题理性，做事喜欢精确，喜欢逻辑分析和推理，不断探讨未知的领域	适合智力的、抽象的、分析的、独立的定向任务，要求具备智力或分析才能，并将其用于观察、估测、衡量、形成理论、最终解决问题的工作。如科学研究人员、教师、工程师、电脑编程人员、医生、系统分析员
艺术型（Artistic）	有创造力，乐于创造新颖、与众不同的成果，渴望表现自己的个性，实现自身的价值。做事理想化，追求完美，不重实际。具有一定的艺术才能和个性。善于表达、怀旧，心态较为复杂	不善于事务性工作，适合艺术方面（演员、导演、艺术设计师、雕刻家、建筑师、摄影家、广告制作人），音乐方面（歌唱家、作曲家、乐队指挥），文学方面（小说家、诗人、剧作家）等工作
社会型（Social）	喜欢与人交往、不断结交新的朋友、善言谈、愿意教导别人。关心社会问题、渴望发挥自己的社会作用。寻求广泛的人际关系，比较看重社会义务和社会道德	适合从事为他人提供信息、启迪、帮助、培训、开发或治疗等的工作。如教育工作者（教师、教育行政人员），社会工作者（咨询人员、公关人员）

类型	特点	典型职业
企业型 （Enterprise）	追求权力、权威和物质财富，具有领导才能。喜欢竞争、敢冒风险、有野心、抱负。 为人务实，习惯以利益得失、权利、地位、金钱等来衡量做事的价值，做事有较强的目的性	建议可从事发挥经营管理能力的工作。如项目经理、销售人员，营销管理人员、政府官员、企业领导、法官、律师
常规型 （Conventional）	尊重权威和规章制度，喜欢按计划办事，细心、有条理，习惯接受他人的指挥和领导，自己不谋求领导职务。 喜欢关注实际和细节情况，通常较为谨慎和保守，缺乏创造性，不喜欢冒险和竞争，富有自我牺牲精神	比较适合从事注意细节、精确度、有系统、有条理的职业。如秘书、办公室人员、记事员、会计、行政助理、图书馆管理员、出纳员、打字员、投资分析员

（3）斯特朗–坎贝尔职业兴趣量表（Strong-Campbell Interest Inventory，简称 SCII）

斯特朗–坎贝尔职业兴趣量表有 60 多年的发展历史，期间经过多次修订，适用对象为大学生及成人，采用答案卡计分。问卷的内容包括如下 8 个部分。

◆ **职业**：135 个职业名称，对其中每一个做出反应——喜欢（L），无所谓（I），不喜欢（D）。

◆ **学校科目**：39 个学校科目，对其中每一个作出反应——喜欢（L），无所谓（I），不喜欢（D）。

◆ **活动**：46 个一般职业活动，对其中每一个作出反应——喜欢（L），无所谓（I），不喜欢（D）。

◆ **休闲活动**：29 个娱乐活动或爱好，对其中每一个作出反应——喜欢（L），无所谓（I），不喜欢（D）。

◆ **不同类型的人**：20 类人，对其中每一类作出反应——喜欢（L），无 所谓（I），不喜欢（D）。

◆ **两种活动之间的偏好**：30 对活动，对每对活动指出偏爱左边的活动 （L）或右边的活动（R），或没有偏好（＝）。

◆ **你的个性**：12 种个性特点，根据其是否描述了自己，并做出反应—— 是、不知道、否。

◆ **对工作世界的偏好**：6 对观念、数据和事物，在每对中指出偏爱左边 的题目（L）或右边的题目（R），或没有偏好（＝）。

斯特朗 – 坎贝尔职业兴趣量表的常见测试题目如表 11-5 所示。

表 11-5 斯特朗 – 坎贝尔职业兴趣量表

项目	内容	选项
职业	销售	L 喜欢（ ） I 无所谓（ ） D 不喜欢（ ）
学校课程	天文学	L 喜欢（ ） I 无所谓（ ） D 不喜欢（ ）
娱乐方式	看电视	L 喜欢（ ） I 无所谓（ ） D 不喜欢（ ）

由于量表测试复杂，需要在专业机构进行测试。至于测试结果会通过计 算机进行分析，HR 参考最终的分析结果就可为员工指明工作方向，或为员 工换岗。

11.2.3 透彻分析职业性格，找准职场定位

职业性格是除职业兴趣之外的能够找到员工职业方向的工具，通过对职 业性格的测试，能够更准确地对员工进行定位。常见的分析员工职业性格的 问卷有两种，其有不同的特点。

（1）MBTI 问卷

Myers Briggs Type Indicator，简称 MBTI。MBTI 问卷是最为流行的职业

人格评估工具，它可以从纷繁复杂的个性特征中归纳提炼出关键要素，然后对其进行分析判断，从而把不同个性的人区别开来。

MBTI 问卷目前被广泛应用于世界 500 强企业，企业 HR 通过这种测试方法能够了解员工的职业性格，为其指明职业方向。该类问卷要求测试人按最符合自己的来选择，如表 11-6 所示为常见的题目类型。

表 11-6　MBTI 测试题目

题目	选项	
认识你的人倾向形容你为	（　）逻辑和明确	（　）热情而敏感
你拥有广泛的人际圈	（　）是的	（　）更愿意独自待着
你看肥皂剧的时候会很投入	（　）是的	（　）不会
电话铃声突然响起或类似这样的突发性事件，你习惯最先做出回应	（　）是的	（　）不会
当你遇到新朋友时，你＿＿＿＿＿＿＿	（　）说话的时间与聆听的时间相同	（　）聆听的时间会比说话的时间多
你擅长＿＿＿＿＿＿＿＿	（　）在有需要时同时协调进行多项工作	（　）专注在某一项工作上，直至把它完成为止
你参与社交聚会时＿＿＿＿＿＿＿	（　）总是能认识新朋友	（　）只跟几个亲密挚友待在一起
当你尝试了解某些事情时，一般你会＿＿＿	（　）先要了解细节	（　）先了解整体情况，细节容后再谈
你对下列哪方面较感兴趣？	（　）知道别人的想法	（　）知道别人的感受

MBTI 问卷将职业人格分为 4 个维度，每个维度有两个方向，共计 8 个方面。

◆ 外向（E）和内向（I）——我们与世界的相互作用是怎样的？

◆ 感觉（S）和直觉（N）——我们自然留意的信息类型？

◆ 思考（T）和情感（F）——如何做决定？

◆ 判断（J）和知觉（P）——做事方式?

4 个维度，两两组合，共有 16 种类型。以各个维度的字母表示类型，如表 11-7 所示。

表 11-7　MBTI 人格列表

名称	特点	适合职业
ISTJ	1. 安静务实、严肃、全力投入、逻辑、真实及可信赖。 2. 十分留意且乐于任何事（工作、居家、生活均有良好组织及有序）。 3. 负责任、重视传统与忠诚	信息系统分析师、天文学家、会计、房地产经纪人、行政管理、调研人员
ISFJ	1. 安静、和善、负责任且忠诚。 2. 安定性高，能在项目工作中给予同事信心。 3. 愿意投入、吃苦及力求精确，对细节事务有耐心。 4. 考虑周到、知性且会关心他人感受。 5. 意在创造有序、和谐的工作环境	营养师、图书管理员、设计师、客户服务、教师
INFJ	1. 坚忍、有创意、有目标，会在工作中投入最大的努力。 2. 默默关心他人、坚守原则、行事磊落且坚守价值观。 3. 提出顾全大家利益的发展目标而受尊重。 4. 想掌握激励别人的方法	培训师、职业策划咨询顾问、心理咨询师、网站编辑、作家
INTJ	1. 具有强大的动力，能策划所担任职务的工作并完成。 2. 多疑、挑剔、独立、果断，对专业水准及绩效要求高	财政主管、律师、工程师、医生、媒体策划、网络管理员、建筑师
ISTP	1. 安静、预留余地、弹性。 2. 有好奇心、喜欢探究技术工作的原理。 3. 善于分析各种资料，找出核心问题，找出解决方式	程序员、警察、游戏开发员、私人侦探、药剂师
ISFP	1. 害羞、和善、敏感、亲切且行事谦虚。 2. 不喜争论，不对他人强加已见或价值观。 3. 忠诚、办事不急躁，安于现状，喜欢有自己的空间办事日程	室内设计师、按摩师、服装设计师、厨师、护士、旅游管理

续上表

名称	特点	适合职业
INFP	1 安静观察者、理想主义、忠诚，具有好奇心且很快能看出机会所在。 2. 常负责创意工作，行事有弹性、适应力高、承受力强。 3. 环境对其影响极小，做事全神贯注	心理咨询师、人力资源管理、翻译、社会工作者、编辑
INTP	1. 安静、自律、行事有弹性、适应力强。 2. 特别喜爱追求理论与科学事理，以逻辑分析来解决问题。 3. 喜欢创意性工作，对聚会与闲聊无大兴趣。 4. 按兴趣从事相关职业	风险投资者、金融分析师、经济学家、音乐家、法律工作者
ESTP	1. 遇到问题及时解决，热爱工作，享受工作过程。 2. 喜好技术类事务，适应性强、务实。 3. 不喜欢冗长概念的解释及理论，精于可操作、处理、分解或组合的真实事务	职业运动员、股票经纪人、健身教练、游戏竞技者、企业家
ESFP	1. 外向、和善、能接受新鲜事物、乐于分享。 2. 喜欢与他人合作，对事情有预见性。 3. 擅长人际交往，对周围环境有很强的适应能力，热爱生命、人、物质享受	幼教老师、公关专员、职业策划咨询师、舞蹈演员、动物学家、兽医
ENFP	1. 热情、活力充沛、聪明、富有想象力，全力完成自己感兴趣的工作。 2. 喜欢迎难而上，并对他人施以援手，凡事不爱规划准备。 3. 执行力强	心理学、演员、平面设计师、艺术指导公司团队培训师
ENTP	1. 反应快、聪明、技能多，直言不讳，敢于挑战，也容易忽略细节。 2. 兴趣多元，会识人	企业家、创意总监、咨询顾问、文案策划、演员、主持人
ESTJ	1. 务实，具有技术天分，不喜欢抽象理论。 2. 喜好组织与管理活动，注重效率，有决断力，关注细节	企业管理者、军官、精算师、保险经纪人、教师、物业经理

续上表

名称	特点	适合职业
ESFJ	1. 诚挚、爱说话、合作性高、受欢迎、重和谐。 2. 常做对他人有好处的事情，希望被人鼓励，希望可以影响到他人的生活。 3. 喜欢与他人共事，并准时完成工作	房地产经纪人、零售商、护士、销售、教练、导游
ENFJ	1. 热忱、有责任心，善鼓励他人，关心他人的想法。 2. 能创造团队讨论的氛围，爱交际、受欢迎及富同情心。 3. 对他人的评价很在意	广告客户管理、培训师、制片人、市场专员、作家、调解员、人力资源管理
ENTJ	1. 坦诚、具决策力的活动领导者。 2. 善于公众演讲，有求知欲，乐于接受新鲜事物。 3. 愿意表达自己，会出现过度自信的情况。 4. 能做长期规划及目标设定	创业者、法官、管理咨询顾问、政治家、商人、导师

（2）DISC 问卷

DISC 是国外企业广泛应用的一种人格测验，用于测查、评估和帮助人们改善其行为方式、人际关系、工作绩效、团队合作、领导风格等。DISC 个性测验由 24 组描述个性特质的形容词构成，每组包含 4 个形容词，这些形容词是根据支配性（D：Dominance）、影响性（I：Influence）、服从性（C：Compliance）和稳定性（S：Steadiness）这 4 个测量维度及一些干扰维度来选择的，要求被测试者从中选择一个最适合自己或最不适合自己的形容词。测试题目如下所示。

| 范例解析 | **DISC问卷示例**

测试前须知：

1.参加测试的人员请务必诚实、独立地回答问题。

2.测试结果展示的是你的性格倾向，没有好坏，只有不同，请按第一印象以最快速度选择。

3.本测试共40题，需时约10分钟。

1.（　）请填字母。

□富于冒险：愿意面对新事物并敢于下决心掌握的人。（D）

□生动：充满活力，表情生动，多手势。（I）

□适应力强：轻松自如，适应任何环境。（S）

□善于分析：喜欢研究各部分之间的逻辑和正确的关系。（C）

2.（　）请填字母。

□善于说服：用逻辑和事实而不用威严和权力服人。（D）

□喜好娱乐：开心，充满乐趣与幽默感。（I）

□平和：在冲突中不受干扰，保持平静。（S）

□坚持不懈：要完成现有的事才能做新的事情。（C）

3.（　）请填字母。

□意志坚定：决心以自己的方式做事。（D）

□善于社交：认为与人相处是好玩，而不是挑战或者商业机会。（I）

□顺服：容易接受他人的观点和喜好，不坚持己见。（S）

□自我牺牲：为他人利益愿意放弃个人意见。（C）

4.（　）请填字母。

□竞争性：把一切当作竞赛，总是有强烈要赢的欲望。（D）

□使人认同：因人格魅力或性格使人认同。（I）

□自控性：控制自己的情感，极少流露。（S）

□体贴：关心别人的感受与需要。（C）

5.（　）请填字母。

□善于应变：对任何情况都能作出有效的反应。（D）

□使人振作：给他人清新振奋的刺激。（I）

□含蓄：自我约束情绪与热忱。（S）

□尊重他人：对人诚实、尊重。（C）

6.（　）请填字母。

□自立：独立性强，只依靠自己的能力、判断与才智。（D）

□生机勃勃：充满生命力与兴奋。（I）

□满足：容易接受任何情况与环境。（S）

□敏感：对周围的人与事过分关心。（C）

7.（　）请填字母。

□积极：相信自己有转危为安的能力。（D）

□推动者：动用性格魅力或鼓励别人参与。（I）

□耐性：不因延误而懊恼，冷静且能容忍。（S）

□计划者：先做详尽的计划，并严格按计划进行，不想改动。（C）

……

通过测试，可以对最终的结论进行分析，了解员工的性格特点、团队定位、受到压力的表现状态，每种类型的职业人格的特点都不一样，其分析具体如表11-8所示。

表 11-8　DISC 特质分析

分析	支配型（D）	影响型（I）	稳定型（S）	服从型（C）
性格特点	爱冒险、有竞争力、大胆直接、果断、坚持创新	有魅力、乐观自信、有说服力、热情、鼓舞人心、令人信服、受欢迎、好交际、可信赖	友善亲切、好的倾听者、有耐心、放松、热诚、稳定、善解人意	谨慎、谦恭、圆滑、高标准、成熟、有耐心、严谨、有分析力
团队定位	问题解决者、自我激励者、基层组织者、预见型人才、挑战型人才、创新型人才	解决问题者、激励型人才、团队合作者	可靠的团队合作者；服务型人才；逻辑性思维人才	善于获得信息并进行分析的人；综合性问题解决者；小团体亲密关系的维持者
压力倾向	高要求、紧张、具备侵略性、自负	自我提高、过分乐观、言语过多、不现实	情绪不外露、冷漠、犹豫不决	悲观、挑剔、过分批评、紧张、大惊小怪
可能缺陷	标准太高、缺乏圆滑和变通、承担过多责任、易怒	不注意细节、无法准确评价他人、随意相信人、不善于倾听	逃避争论、无法决定优先权、不喜欢非正当的变化	受批评时采取防御措施、过分注重细节、依赖环境、有点冷漠和疏远
理想环境	不受控制、监督和琐事困扰的环境；革新、以未来为导向的环境；表达思想和观点的论坛或集会	密切联系、不受控制和琐事困扰的环境；有活动自由的环境；传播思想的论坛或集会；民主环境	稳定的、可预测的、变化较慢的环境；冲突较少的长期合作环境；限制较少的环境	需要批判性的思维的环境；技术或专业领域

11.2.4　善用心理学效应，默默诱人主动学习

新员工进入企业首先要参加企业的岗位培训，学习岗位技能知识和公司经营状况。为了让新员工的学习效果更好，HR 要引导新员工自主学习，积极地投入到培训工作中。

想要提高新员工的学习效率，除了更科学的学习方法外，让员工明确自己的学习动机和目标也非常重要。这是员工投入到学习中的重要动力，HR 可以通过利用心理学效应，让员工愿意主动学习。

◆ 正反馈效应

所谓的正反馈效应就是某人做了符合他人价值观、要求的事情，并受到夸奖、鼓励，进而做事人就会继续努力地把这件事情做好，而且会越做越好。运用到职场中，当员工取得了小的岗位学习成果时，HR 可以做出正反馈，及时夸奖、鼓励员工，会让员工更加努力的学习。

◆ 结伴效应

结伴效应是指在结伴活动中，两个人或几个人结伴从事相同的一项活动时（并不进行竞赛）相互之间会产生刺激作用，个体会感到某种社会比较的压力，能够提高活动效率。在让员工进行培训时，最好分小组完成学习和工作任务，几人一组的环境，每个人都会受到细微的竞争压力，从而促进学习效率。

◆ 罗森塔尔效应

罗森塔尔效应亦称为人际期望效应，指的是教师对学生的殷切希望能戏剧性地收到预期效果的现象。这种效应的原理就是教师对优秀学生和一般学生的期望会不同，并自然而然以不同的方式对待他们，从而维持了他们本来的状态。

在企业培训中，如果员工要进行统一学习，并由讲师授课，HR 可提前向讲师透露某位员工的潜力不错，讲师会在不经意的时候，流露出对其的关注，并影响该名员工，让其产生巨大的学习动力。

◆ 鲶鱼效应

鲶鱼效应是指在捕捞沙丁鱼的时候放入一条鲶鱼，这样可以让沙丁鱼保持警惕性，不断游动，鲶鱼在搅动沙丁鱼生存环境的同时，也激活了其求生能力。这种效应常常用于企业管理方面，在培训员工时，HR 可以制造一个相对紧张的氛围，让一名非常优秀的员工和普通的员工同组学习，一定能给普通员工带来学习的动力。

这些心理学效应，各有各的用处和益处，HR 在运用时也要考虑实际情况，对员工的能力、性格等进行了解和分析，这样才能保证心理因素的引导效果加倍。

11.2.5　直观评估选拔值得晋升的人才

新入职的员工在经过培训期后，一定会有高下之分，HR 当然要对该批员工进行评估，并选拔出优秀者重点关注，或是委以重任。HR 可以采用一些常见的评估选拔方式，以精确、科学地选出优秀员工。

（1）柯氏四级培训评估

柯氏四级培训评估模式是美国心理学家唐纳德 .L. 柯克帕特里克于 1959 年提出的，简称"4R"，主要内容如下所示。

◆ Level1，反应评估（Reaction），评估被培训者的满意程度。

◆ Level2，学习评估（Learning），测定被培训者的学习获得程度。

◆ Level3，行为评估（Behavior），考察被培训者的知识运用程度。

◆ Level4，成果评估（Result），计算培训创出的经济效益。

具体的评估方式如表 11-9 所示。

表 11-9　柯氏四级培训评估的具体方式

级别	方式	询问问题
反应评估	在员工培训结束时，向其发放满意度调查表或是调查问卷，征求其对培训的反应和感受。问题的设置可包含以下一些内容： 1. 对讲师培训技巧的反应 2. 对课程内容设计的反应 3. 是否在将来的工作中用到 4. 培训知识和技能	1. 是否对培训内容感兴趣？ 2. 觉得培训是否有用？ 3. 对培训师或培训内容是否有意见或建议

续上表

级别	方式	询问问题
学习评估	可通过笔试、面谈、实操、模拟工作等形式来确定员工在培训结束时，是否在知识、技能、态度等方面得到了提高	1. 是否积极主动参与培训？ 2. 能掌握培训内容吗？ 3. 知识与技能提高的情况如何？ 4. 学到了什么
行为评估	确定员工在培训后有多大的进步空间，正式测评也可以，非正式观察也可以	1. 员工培训后是否在实际工作中运用了？ 2. 所学技能是否为实际工作带来了良性的影响？ 3. 能否灵活运用所学的知识
成果评估	考察培训后，员工进入部门工作，是否为部门带来了一定的影响，如生产率、离职率等	1. 受训者行为的改变对企业是否有用？ 2. 培训能否促进企业发展？ 3. 培训为企业带来了什么影响

（2）领导力测验

领导力指在管辖的范围内充分利用人力和客观条件，以最小的成本办成所需的事，提高整个团体的办事效率的能力。对员工进行领导力测试，可以了解其是否适合从事管理工作，尤其是新员工，如果其具备领导力，可以在新人中担任负责人，这样既给员工锻炼的机会，也能很好地管理新员工。

作为领导者或是管理者，其要担负起制定工作目标、提供任务思路、帮助员工的工作，所以没有相应的能力很难胜任。HR 可以通过领导力调查问卷来测验员工的领导能力，如表 11-10 所示。

表 11-10　领导力测试

行为描述	不符	较不符	一般	较符合	符合
1. 对本部门的发展和规划心中有数	（　）	（　）	（　）	（　）	（　）
2. 关注国家政策，明确政策对企业的影响	（　）	（　）	（　）	（　）	（　）
3. 分配工作时，能够耐心讲解	（　）	（　）	（　）	（　）	（　）
4. 能够仔细聆听他人的意见	（　）	（　）	（　）	（　）	（　）

通过对测试表的分析，我们可以得到员工是否具备各种领导能力的结论，包括沟通能力、激励技术、控制力、执行力、授权技巧等，HR 应该根据公司内部的实际情况和环境选择不同的领导力类型，如沟通力更好的、授权技巧更好的。领导力组成因素的不同，领导类型也有差别，不同领导类型的特点如下：

◆ **教练型**：善于给员工提供帮助，像教练一样在工作的时间、目标、步骤、流程上指示员工。

◆ **指令型**：不参与具体的工作任务，只向员工下达指令，并适时监督进度，要求严格。

◆ **支持型**：与员工共同协作完成工作，并就重要事项与员工进行讨论，了解员工的想法，接受员工的意见。

◆ **放权型**：不太干涉员工的工作，鼓励员工大胆行事，将工作全权交给员工处理，最后检验工作成果。

HR 应明白，以上四种类型没有优劣之分，适合于不同工作性质或特定的工作环境。